고린도전서 핵심주석

저자소개_ 황원하

고신대학교 신학과(B.A.)와 고려신학대학원(M.Div.)을 졸업하고, 남아공화국의 University of Pretoria에서 신학석사 학위(Th.M.)와 신학박사 학위(Ph.D.)를 받았다. 귀국 후 모교인 고신대학교와 고려신학대학원에서 신약학을 가르치다가 현재 대구 산성교회 담임목사로 재직하고 있으며, 고신총회 성경주석 편집장, 총회성경연구소 연구위원, 개혁주의 학술원 부이사장, 월간고신 기획위원장, 고려신학대학원 외래교수(신약학 담당) 등의 직책을 맡아 활발히 활동하고 있다. 우리나라 정서와 현실에 맞는 '한국형 개혁교회' 건설에 각별한 관심을 가지고서 산성교회와 한국교회를 섬기고 있다.

저서와 역서: 「The theological role of signs in the Gospel of John」(Verlag Dr. Müller, 2008), 「40일간의 성경여행」(공저, SFC, 2009), 「설교자를 위한 마가복음 주해」(CLC, 2009), 「요한문헌 개론」(역서, CLC, 2011), 「요한복음 해설노트」(SFC, 2011), 「목회서신 주해」(교회와 성경, 2014), 「마태복음: 고신총회 성경주석」(총회 출판국, 2014), 「갈라디아서 주해」(교회와 성경, 2014), 「하이델베르크 요리문답 해설」(교회와 성경, 2015), 「담임목사가 되기 전에 알아야 할 7가지」(공저, 세움북스, 2016), 「응답하라 신약성경」(세움북스, 2016), 「교회의 직분자가 알아야 할 7가지」(공저, 세움북스, 2017), 「요한복음」(SFC, 2017), 「성도가 알아야 할 7가지」(공저, 세움북스, 2018), 「베드로전서 주해」(교회와 성경, 2018), 「언약의 관점에서 본 다니엘서」(교회와 성경, 2018), 「사도행전: 고신총회 성경주석」(총회 출판국, 2019), 「전염병과 마주한 기독교」(공저, 다함 출판사, 2020), 「요한복음」(개정판, SFC, 2021), 「기독교 사용 설명서: 십계명」(세움북스, 2021), 「요한복음: 성경원문 새번역 노트」(SFC, 2022), 「개혁신앙으로 시대읽기」(편저, 담북, 2024), 「기독교, 시대에 답하다」(편저, 고신언론사, 2024), 「새 가족 안내서」(생명의 양식, 2024), 「성도의 헌금생활」(생명의 양식, 2025), 「신앙고백을 어떻게 실천할 것인가」(SFC, 2025), 「로마서: 바이블 키 주석」(생명의 양식, 2025), 「누가복음: 쉬운성경주석」(생명의 양식, 2025)

연구 논문: "The identity of the recipients of the Fourth Gospel in the light of the purpose of the Gospel," Hervormde Teologiese Studies 63/2(2007/June) 등 다수의 연구 논문을 발표했다.

* <표지그림> AD 175-225 파피루스 46 (고린도전서 11:33-12:9)

고린도전서 핵심주석

초판 1쇄 발행 2025년 10월 27일

지은이 황원하
펴낸이 허태영
펴낸곳 에스에프씨(SFC)출판사
주소 (06593) 서울특별시 서초구 고무래로 10-5 2층 SFC출판부
Tel (02)596-8493
Fax (02)537-9389
홈페이지 www.sfcbooks.com
이메일 sfcbooks@sfcbooks.com
기획・편집 편집부
ISBN 979-11-992988-6-6 (93230)
값 23,000원

잘못 만들어진 책은 언제든지 교환해 드립니다.

고린도전서 핵심주석

ΠΡΟΣ ΚΟΡΙΝΘΙΟΥΣ Α'

황원하 지음

SFC

목차

머리말 _7

추천사 _9

고린도전서 서론 _11

고린도전서 본문 주석

1:1-9 인사와 감사 _23

1:10-17 온전히 합하라 _30

1:18-31 하나님의 능력과 지혜 _37

2:1-16 하나님의 일은 하나님의 영으로 _44

3:1-23 교회의 속성 _51

4:1-21 그리스도의 일꾼 _61

5:1-13 음행한 자를 판단함 _72

6:1-11 신자들 간의 송사 _79

6:12-20 몸으로 하나님께 영광을 돌리라 _86

7:1-16 결혼과 이혼 _92

7:17-40 결혼과 독신 _100

8:1-13 우상에게 바쳐진 제물 _111

9:1-27 권리를 포기함 _121

10:1-13 역사로부터 배우는 교훈 _130

10:14-11:1 교훈을 적용함 _138

11:2-16 남자와 여자 _148

11:17-34 성찬에 참여하는 자세 _156

12:1-31 성령의 은사 _164

13:1-13 사랑: 은사를 사용하는 방법 _175

14:1-25 방언과 예언 _181

14:26-40 품위 있고 질서 있는 예배 _188

15:1-34 부활의 확실성 _193

15:35-58 부활한 몸과 부활한 삶 _202

16:1-24 마지막 권면과 인사 _210

부록: 요하네스버그 한인교회와 선교 _217

정은일 목사님께 이 책을 바칩니다.

머리말

고린도전서 주석을 세상에 내놓게 되었다. 지금까지 많은 신학자들에 의해서 고린도전서 주석이 많이 출간되었다. 그러나 한국인 신학자들에 의해 저술된 것은 많지 않다. 더욱이 어떤 주석은 설명이 지나치게 복잡하고 방대하여 읽기가 부담스럽고, 어떤 주석은 설명이 너무 빈약하고 부실하여 본문을 이해하는 데 도움이 되지 않았다. 특히 신학자는 목회 현장을 이해하지 못하고, 목회자는 본문 해석의 전문성이 부족한 경우가 많았다. 그래서 신학자이자 목회자인 내가 이 일을 수행하는 것이 적합하겠다고 생각했다. 나는 일반 주석의 정보 과잉이나 난해함 없이, 본문과 독자 사이를 효과적으로 연결할 수 있도록 돕고자 했다. 이를 위해서 본문의 의미를 정확하게 파악하는 것을 중요하게 여겼다. 헬라어 원문을 꼼꼼히 분석했고, 관련 문헌을 최대한 많이 탐독했다. 독자들이 이해하기 쉽게 쓰기 위해 최선을 다했다. 고린도전서에는 난해한 구절이 많은데, 이 구절들을 피해 가지 않았다. 하지만 가독성과 편리성을 위하여, 본문의 의미를 밝히는 데 꼭 필요한 내용과 굳이 필요하지 않은 내용을 선별했다. 이 책의 목적상 각주와 참고문헌을 달지 않았으니 더 깊은 연구를 원하는 분들은 그에 맞는 주석을 참고하시기를 바란다.

고린도 교회는 문제를 많이 가지고 있었다. 예를 들어, 교인들 간의 분쟁, 성, 결혼, 소송, 성만찬, 우상에게 바쳐진 음식을 먹는 문제, 교회에서 여자의 위치, 성령의 은사, 육체의 부활 등의 문제들이 있었다. 바울은 이러한 문제들에 답변을 주기 위해

이 서신을 기록했다. 그런데 고린도 교회가 지니고 있었던 문제들은 그 교회에만 존재한 것이 아니라 모든 세대의 교회가 보편적으로 겪는 문제들이었다. 오늘날 교회가 겪고 있는 문제들은 고린도 교회에 존재한 문제들과 크게 다르지 않다. 그래서 나는 고린도전서를 깊이 연구하는 것이 교회를 보다 건강하고 바르게 세워가는 데 기여할 것이라고 믿게 되었다. 즉, 고린도 교회의 여러 문제에 대한 바울의 가르침을 정확하게 해석해서 적실하게 적용한다면 교회가 훨씬 견실하게 되리라고 생각했다. 그런 면에서 이 책은 성경 주석서지만 교회 운영 지침서 역할도 한다고 볼 수 있다. 이에 따라서 내가 몇 군데에 기고한 목회와 관련된 글을 '특주'로 구성하여 교회의 방향성을 제시해 보았다.

이 책을 정은일 목사님께 바친다. 오래전 남아프리카 공화국 프레토리아 대학교에서 유학할 때, 정은일 목사님이 시무하시던 요하네스버그 한인교회에서 협동 목사로 봉사했다. 정목사님은 가난하고 외로운 유학생이었던 나를 따뜻하게 보살펴 주셨다. 정목사님이 아니었으면 유학 생활을 지속하기 어려웠을 것이다. 지금 나는 정은일 목사님의 목회 철학과 방식을 따르려 노력하고 있다. 물론 그분의 비범함에 비견할 수는 없다. 그저 흉내 낼 따름이다. 정목사님이 베풀어 주신 은혜와 사랑을 평생 잊지 않을 것이다. 이 책에 그분을 향한 나의 감사와 존경을 조금이나마 담아본다. 그런 생각에 이 책 마지막에 정은일 목사님의 글을 실었다. 정목사님이 30년 넘게 요하네스버그 한인교회를 목회하면서 이룬 업적이 상당히 많지만, 특히 아프리카 선교와 관련된 사역들은 매우 탁월하여 이를 소개할 수 있는 글을 써 주시기를 간곡히 부탁드렸다. 이 글이 한국교회뿐만 아니라 해외 한인교회의 선교 역량 강화에도 큰 도움이 되리라고 믿는다.

2025년 7월
황원하

추천사

　5월, 이팝나무에 꽃이 흐드러지게 피어 나무에 마치 눈이 소복이 내려앉은 듯한 어느 화창한 날, 전화벨이 울렸습니다. 내가 아끼고 사랑하는 후배 황원하 목사의 음성이었습니다. 이번에 고린도전서 주석을 집필했다고 원고를 보내겠다는 것입니다. 내심 놀라기도 하고 한편으로는 부럽기도 했습니다. 우선, 황원하 목사는 목회자이자 학자입니다. 제가 남아공화국 요하네스버그 한인교회를 담임할 때 그는 프레토리아 대학교(Pretoria University)에서 유학하면서 저희 교회에서 저를 도와 협동 목사로 섬겼습니다. 그 가운데 성경신학(신약학)으로 Th.M.과 Ph.D. 학위를 취득했습니다. 지금은 대구 산성교회를 담임하고 있는 목회자입니다. 제가 그의 목회 현장을 여러 번 방문한 적이 있기 때문에 그의 사역이 어느 정도인지 충분히 짐작할 수 있었습니다. 당회원들과 온 성도들로부터 신뢰와 존경을 충분히 받고 있다는 인상을 받았습니다. 그렇다면 그가 아주 신실하게 성도들을 돌보며 목회하고 있다는 의미일 것입니다. 그런데 그런 바쁜 목회 사역 가운데서도 틈틈이 집필하여 성경 주해나 교리해설서 등 목회자들에게 도움이 되는 책들을 꾸준히 출간하고 있습니다.

　모든 주석이 다 그렇겠지만 이번에 출간하게 된 고린도전서 주석은 성경을 연구하고 설교와 목회를 병행하는 목회자들에게 큰 도움이 되는 책입니다. 사실 고린도 교회는 성경에 기록된 초대교회들 가운데 가장 복잡하고 다양한 문제들을 안고 있는 교회입니다. 예를 들어, 교회 안에 분파 문제를 비롯해 신자의 윤리 문제, 세상 법정으로의 소송 문제, 교회 안에서의 남녀의 지위 문제, 예전, 우상 제물, 은사, 그리고 부활에 관한 논쟁 등 정말 다양한 문제들을 가지고 있었습니다. 그런데 고린도 교회가 안고 있는 이런 문제들은 오늘 이 시대 현대교회에서도 동일하게 일어나고 있는 문제들입니다. 그런 면에서 목회자들이 고린도전서를 연구하고 정확하게 해석하여 성도들에게 가르치는 것은 중요한 일일 것입니다.

본서에서 저자는 본문의 내용을 주석함에 있어서 원문의 의미를 꼼꼼하게 살펴서 성경 본문을 깊이 있게 이해하는 데 많은 도움을 주고 있습니다. 그뿐만 아니라 이 주석서는 독특하게 좀 특이하게 각 주제를 다루고 마지막 부분에 '특주'를 넣어서 현 교회가 안고 있는 문제에 대한 현실적인 대안을 제시하고 있습니다. 이런 부분은 현장 목회자로서 느끼고 경험한 바에 대한 실질적인 적용이라고 할 수 있습니다. 이런 면에서 이번에 출간되는 이 고린도전서 주석이 성경을 정확하게 이해하고 가르치고자 하는 목회자들에게 많은 도움을 주는 좋은 참고서가 될 것으로 확신하여 적극 추천하고자 합니다.

정은일 목사
(요하네스버그 한인교회 원로목사)

고린도전서 서론

1. 저자

고린도전서의 저자는 바울이다. 1:1에서 바울은 자신을 저자로, 소스데네를 동역자(아마도 필사자)로 소개한다. 학자들 가운데 바울이 고린도전서 저자라는 사실을 의심하는 이는 거의 없다. 바울 서신에 상당한 비평을 가했던 튀빙겐 학파조차도 서신들의 바울 저작권을 검증할 때, 로마서, 고린도후서, 갈라디아서와 더불어 고린도전서를 바울 서신으로 간주하였다.

1) 외적 증거

로마의 클레멘트가 고린도인에게 보낸 서신, 폴리갑이 빌립보인에게 보낸 서신, 이레니우스의 이단 반박론, 터툴리안의 이단 반박론, 이그나티우스의 서신, 알렉산드리아의 클레멘트가 쓴 책들, 무라토리아 단편, 말시온 정경 등은 고린도전서의 저자를 바울이라고 말한다.

1) 내적 증거

사도행전 18장에 기록된 바울의 고린도 사역은 고린도전서에 언급된 사건들과 조화를 이룬다. 그리고 이 서신에 기록된 바울의 주장, 사상, 문체 등은 다른 바울 서신과 일치한다. 따라서 이 서신의 저자를 바울로 보는 데에는 전혀 무리가 없다.

2. 독자

1) 고린도

고린도(Corinth)는 아테네에서 서쪽으로 80km 떨어져 있다. 주전 146년 로마 집정관 뭄미우스(Mummius)는 군대를 이끌고 고린도에 들어와서 도시를 완전히 파괴했으며, 그 결과 약간의 신전과 기둥만 남게 되었다. 하지만 주전 44년 로마 황제 율리우스 카이사르(Gaius Julius Caesar)는 이 지역을 제국의 항구와 군사 기지로 삼고자 새로운 도시를 건설하고 사람들을 거주하게 했다. 주후 29년부터 이 지역은 아가야(Achaia)라는 로마 행정 구역의 수도가 되어 로마 총독이 거주하는 곳이 되었다.

고린도는 로마와 소아시아와 이집트를 동서로 연결하는 국제 무역 항구도시로서 상업적으로나 군사적으로 매우 중요한 도시였다. 고대에 플루타르크(Plutarch)는 파트레(Patrae)와 아테네(Athen)와 더불어 고린도를 그리스의 3대 금융 도시로 꼽았다. 주후 2세기 후반에 살았던 아데나이우스(Athenaeus)는 고린도 인구가 76만 명(일반 시민 30만+노예 46만)에 육박한다고 진술했는데, 당시에 이는 엄청난 규모였다.

그러나 고린도는 타락한 도시였다. '고린도 사람처럼 산다'라는 헬라어 '코린씨아제인'은 '성적 문란함'을 뜻했다. 주후 1세기 말, 역사가 디오 크리소스톰(Dio Chrysostom)은 고린도에서 기생들이 부자들의 저녁 식사 한 부분으로 성적인 유희를 제공한다고 말했다(참고. 10:7). 실제로 고린도 유적지에서는 많은 나체의 동상들과 조각들이 발견되었는데, 이는 종교적 행위를 통한 성적 문란함을 조장했던 당시의 상황을 고스란히 보여준다.

고린도의 고산 지대인 아크로고린도(Acrocorinth)는 높이가 540m나 되는 암반 요새인데, 이곳에 아프로디테(Aphrodite) 신전이 자리 잡고 있었다. 아프로디테는 사랑의 여신이자 미의 여신으로, 당시 1,000명이 넘는 창녀들이 신전에서 봉사했다고 한다. 아크로고린도 아래에는 항해의 수호신 멜리케르테스(Melicertes), 치유의 신 아스클레피오스(Asklepios), 그리고 음악과 노래와 시의 신 아폴로(Apollo)의 신전이 있었다. 시장 근처에는 결혼과 여자의 성적인 생활을 관장했던 여신 헤라 아르게이아(Hera Argaea) 신전이 있었다(참고. 7:14).

고린도에는 신비주의(열광주의)적 경향을 가진 사람들이 많았다. 당시에 동서양 교통의 요충지였던 고린도에는 아시아와 이집트로부터 신비주의가 들어와서 혼합주의 형태의 신앙이 만들어졌다. 이것은 12-14장에 있는 은사에 대한 교훈의 배경이 된다. 그리고 고린도의 잇스미아(Isthmia)라는 곳에서는 세계적인 체육대회가 열렸다. 즉 그리스의 4대 경기장 중 하나가 고린도에서 동쪽으로 16km 정도 떨어진 잇스미아 지역에 있었는데, 여기서 국제 규모의 체육대회가 주기적으로 개최되었다. 이러한 사실은 9:24-25에 있는 '달음질 비유'의 배경이 된다.

2) 고린도 교회

바울은 제2차 전도 여행 때 아테네를 떠나 고린도에 이르렀다(참고. 행 18:1-18). 그는 이곳에서 아굴라-브리스길라 부부를 만났다. 주후 49년에 로마 황제 클라우디우스(Claudius, 주후 41-54년에 재임)는 모든 유대인에게 로마를 떠나라고 명령했다(참고. Claudius 25.4 in *De Vita Caesarum*). 이는 '크레스투스'(Chrestus: 크리스투스[그리스도]의 오역으로 보임)라는 인물로 인해 로마에서 믿는 유대인들과 믿지 않는 유대인들 사이에 상당한 다툼이 일어나서 로마가 시끄러워졌기 때문이다. 이때 로마에 살고 있던 브리스가(브리스길라)와 아굴라 부부는 고린도로 갔고, 거기서 바울을 만나게 되었다(참고. 행 18:1-2). 사도행전에는 아굴라가 본도(Pontus) 출신의 유대인이라고 소개되지만, 그의 아내 브리스길라에 대해서는 아무런 언급이 없다. 이는 아마도 브리스길라가 유대인이 아니기 때문으로 보인다. 그들은 바울이 도착하기 얼마 전에 고린도에 도착했다. 바울과 이들 부부는 같은 일(천막 만드는 일)에 종사했다.

바울은 평일에 일하고 안식일에 회당에서 가르쳤다. 그는 자비량으로 복음을 전했다(참고. 살전 2:9-10). 이때 실라와 디모데가 마게도냐로부터 바울과 합류함으로써 복음을 더욱 힘차게 전할 수 있게 되었다. 아마도 그들은 데살로니가 교회의 지원금을 가지고 왔을 것이다(참고. 살전 3:6-7). 그동안 바울은 고린도에서 재정의 어려움으로 인하여 생계를 위하여 일했기 때문에, 복음을 제대로 전할 수 없었으나, 이제 재정이 채워지고 든든한 동역자들이 합류함으로써 더 많은 시간을 투자하여 복음을 전할 수 있게 되었다.

그러나 유대인들이 바울을 싫어했기 때문에 그는 회당을 떠나 회당 옆에 있었던 디도 유스도(Titus Justus)의 집에서 복음을 전했다. 그는 고린도에 머무는 동안 이방인 선교에 주력하겠다고 결심했다. 그의 사역으로 인하여 놀라운 열매가 맺혔다. 회당장 그리스보와 그의 가족을 비롯하여 많은 사람이 예수님을 믿었다. 이때 유대인들은 바울을 미워하여 그를 로마 법정에 고소했다. 당시 그 지역의 로마 총독은 갈리오(Lucius Bunius Gallio)였는데, 그는 주후 51년 7월에 아가야의 총독으로 고린도에 부임했다. 갈리오는 유대인들 사이의 문제에 관여하기를 꺼려서 유대인들의 고소를 받아주지 않았다. 더군다나 유대인들은 바울이 로마 시민권자였기에 함부로 대할 수도 없었다. 이 때문에 바울을 대신하여 그의 동역자 소스데네가 성난 유대인 군중들로부터 큰 고통을 겪어야 했다(참고. 행 18:17).

바울은 고린도에서 1년 6개월간 말씀을 전했다(참고. 행 18 11). 그 후(주후 52년 봄) 브리스길라-아굴라와 함께 고린도를 떠났는데, 그들을 에베소에 남겨두고 자신은 안디옥으로 갔다. 이들이 고린도를 떠난 후 유대인 아볼로가 에베소에 와서 브리스길라-아굴라에게 양육을 받고, 에베소 교회의 파송을 받아 고린도에 와서 바울의 사역을 이어갔다(참고. 행 18:24-28).

고린도전서 본문을 통해서 추정해 볼 때, 고린도 교회의 구성원은 이방인 하층민이 다수를 차지하고 있었으나(참고. 1:26-29; 12:2), 유대인들도 있었고(참고. 7:18), 부유한 사람들도 조금 있었던 것으로 보인다(참고. 11:21-22).

3. 기록 장소와 시기

바울은 제3차 전도 여행 중, 에베소에서 이 서신을 기록했다(참고. 16:8, 19; 행 19:21-22). 그가 16:5-8에서 마게도냐를 방문한 후에 고린도에 갈 계획이나 오순절까지는 에베소에 머물 것이라고 밝히는 것으로 볼 때 오순절이 이르기 얼마 전에 이 편지를 기록한 것으로 보인다. 그렇다면 주후 54년 말(겨울)이나 55년 초(봄)에 이 서신을 기록했을 것이다. 아마도 디모데를 통해서 이 서신을 고린도 교회에 보낸 것 같다(참고. 4:17; 16:10).

4. 기록 목적

바울이 이 서신을 기록한 목적은 두 경로로 전해 들은 고린도 교회의 문제에 답하기 위해서이다. 따라서 이 서신은 고린도 교회가 당면한 다양한 문제들을 다룬다. 하지만 서신에 담긴 바울의 권면은 성경 전체에 제시된 가르침과 일치한다. 즉 이 서신은 교회 전체에 적용될 수 있다.

1) 글로에 집의 사람들에게서 들은 소식에 답함(1:11): 1-6장
   분쟁(1-4장); 음행(5장); 법정 송사(6장)

2) 고린도 교회의 대표자들이 보낸 편지에 답함(7:1): 7-15장
   혼인(7장); 우상에게 바쳐진 제물(8-10장); 교회에서 여성의 역할과 성만찬(11장); 성령의 은사(12-14장); 부활(15장)

5. 구조

1:1-9 서두: 인사와 감사
1:10-15:58 본론: 고린도 교회의 문제에 답함
16:1-24 결어: 마지막 권면과 인사

6. 바울과 고린도 교회의 서신 왕래

당시에 바울과 고린도 교회의 서신 왕래는 최소한 네 차례 있었다.

1) 바울이 기록한 첫 번째 편지(5:9: '내가 너희에게 쓴 편지')는 현존하지 않는다. 그러나 일부 학자들은 고린도후서 6:14-7:1을 이 편지의 일부라고 추정한다.

2) 이후 바울은 '글로에 집의 사람들'에게서 고린도 교회의 소식을 들었다(참고. 1:11). 여기에는 분쟁(1-4장), 음행(5장), 법정 송사(6장) 등의 문제가 언급되어 있었다. 그런데 얼마 지나지 않아서 바울은 또다시 '고린도 교회의 대표자들'로부터 편지를 받았다(참고. 7:1). 여기에는 혼인(7장), 우상에게 바쳐진 제물(8-10장), 교회에서 여성의 역할과 성만찬(11장), 성령의 은사(12-14장), 부활(15장) 등에 관한 질문이 담겨 있었다. 아마도 16:17에 거론된 스데바나, 브드나도, 아가이고 등이 고린도 교회 대표자들의 편지를 가지고 왔을 것이다. 이러한 고린도 교인들의 질문에 바울이 답장으로 쓴 서신이 고린도전서이다.

3) 바울은 고린도전서를 보냈으나, 교회 문제가 해결되지 않자, 직접 고린도 교회를 방문한다. 하지만 일부 교인들의 공개적인 반대를 받고 철수한다(참고. 고후 2:1-5). 그리하여 에베소에 머물면서 '눈물의 편지'(고후 2:4)를 기록하여 디도 편으로 보낸다. 이 편지는 현존하지 않는다. 하지만 일부 학자들은 고린도후서 10-13장에 편지의 일부가 남아 있다고 생각한다.

4) 바울은 디도로부터 '눈물의 편지'를 통하여 고린도 교회의 상황이 나아졌다는 소식을 들었다(참고. 고후 7:6 이하). 그리하여 기쁨으로 고린도후서를 기록하여 보낸다. 이 편지에서 바울은 고린도 교인들에 대한 자신의 사랑을 표현하고, 이전에 부탁했던 예루살렘 교회를 위한 연보 모금을 조속히 마쳐 달라는 부탁 등을 한다. 그러나 어떤 학자들은 바울이 고린도후서 1-9장을 기록하여 보낸 후, 시간이 조금 지나서 다시 고린도 교회에 문제가 생기자(바울의 연보 모금에 관한 오해 때문에), 이를 해결하기 위해 고린도후서 10-13장을 기록해서 보냈다고 주장한다. 그렇다면 바울이 고린도 교회에 보낸 편지는 모두 다섯 개가 되는 셈이다. 하지만 이러한 소위 '두 편의 편지가 결합된 고린도후서'에 대한 분명한 증거는 없다.

7. 고린도전서에서 제기된 주요 신학 주제

1) 분쟁: 다양한 구성원이 존재하는 교회, 의견 차이와 갈등 해소

2) 윤리: 음행, 송사, 혼인, 우상 제물
3) 예전: 예배 질서, 성만찬
4) 은사: 방언과 예언
5) 부활: 예수 그리스도의 부활과 신자들의 부활

8. 고린도전서에 담긴 바울의 권면

1) 성도 간의 분쟁을 피해야 한다. 서로 연합하고 일치해야 한다.
2) 참된 지식과 지혜는 그리스도 안에 있는 지식과 지혜이다.
3) 십자가의 도에 대한 깊은 인식과 이해가 필요하다. 복음을 알아야 하며, 복음의 능력을 갖추어야 한다.
4) 동역자 정신이 있어야 한다. 함께 힘을 합하여 주님의 일을 해야 한다. 그러나 겸손히 자기를 숨겨야 하며, 오직 하나님의 영광을 드러내야 한다.
5) 음행을 피해야 한다. 음행은 심각한 죄이다.
6) 신자들 간에 세상 법정에 송사하지 말아야 한다. 교회 문제를 세상에 드러내는 것은 부끄러운 일이다.
7) 결혼할 것인지, 독신으로 살 것인지는 하나님의 영광과 사역, 그리고 개인의 행복과 윤리를 고려해서 결정해야 한다.
8) 우상에게 바쳐진 제물을 주의해야 한다. 귀신과 교제하지 말아야 한다.
9) 말과 행위가 다른 사람들에게 피해를 주지 않게 해야 한다.
10) 자신의 권리를 포기해야 한다. 복음에 방해가 되지 않도록 노력해야 한다.
11) 무엇을 하든지 다 하나님의 영광을 위해서 해야 한다.
12) 사람들의 기쁨과 유익을 구하면 그 사람들이 구원받을 기회가 될 수 있다.
13) 예배 시에 복장과 용모를 단정하고 경건하게 갖추어야 한다.
14) 남자와 여자의 성적 구별이 분명해야 한다. 남자는 남자다운 용모, 여자는 여자다운 용모를 가져야 한다.
15) 교회에서 함께 식사할 때 신분과 지위의 차이를 없애야 한다.
16) 성찬의 의미를 알고 바르게 참여해야 한다.

17) 은사는 성령께서 그분의 뜻대로 각 사람에게 나누어주시는 것이다.

18) 은사는 주님의 일을 하기 위한 도구이다. 성도들은 다양한 은사를 받아서 다양한 영역에서 봉사한다.

19) 사랑은 은사를 사용하는 가장 좋은 방법이다. 사랑이 없는 은사 사용은 유익하지가 않다.

20) 모든 은사가 중요하지만, 교회적인 측면에서 볼 때는 예언(말씀)이 낫다. 방언은 개인의 덕을 세우고, 예언은 교회의 덕을 세운다.

21) 교회에서(특히 예배 때) 모든 것을 품위 있게 하고 질서 있게 해야 한다.

22) 예수 그리스도의 부활은 역사적 사실이다. 부활은 복음의 핵심이다. 부활이 없다면 믿음과 수고가 헛것이다.

23) 신자들은 마지막 날에 부활한다. 그날은 최종 승리의 날이다.

24) 부활을 믿는 사람들은 견실하며 흔들리지 말아야 하고, 항상 주님의 일에 더욱 힘써야 한다. 이는 복음을 열심히 전하는 것과 의를 행하는 것을 뜻한다.

25) 성도를 위하는 연보를 시행할 필요가 있다. 어려운 형제를 도와야 한다. 이것은 교회의 연합과 일치를 이룬다.

26) 교회의 지도자들에게 순종해야 하며, 일꾼들을 잘 대접해야 한다.

27) 주님의 재림을 기다리면서 깨어 있는 삶을 살아야 한다(마라나 타).

고린도전서 본문 주석

1:1-9 인사와 감사

1:1-9는 서신의 '서두'이다. 여기서 바울은 서신 전체를 통해 전하려는 메시지가 무엇인지를 밝힌다. 따라서 서신을 정확히 이해하기 위해서는 이 단락을 꼼꼼히 살펴야 한다.

1:1-3 발신자, 수신자, 인사말

바울은 당시 그리스-로마 서신의 형식을 따라 발신자와 수신자와 인사말을 한다. 그런데 여기에 나오는 언급들은 단순한 형식이 아니라 의도를 담은 것이다. 즉 바울은 발신자를 언급하고 수신자를 거론하고 인사말을 전하는 가운데 서신 전체에서 말하려는 것을 넌지시 던진다.

1절: 서신의 발신자는 바울이다. 바울은 자신에 대하여 "그리스도 예수의 사도로 부르심을 받은 바울"이라고 소개한다. '사도'(apostle)란 '하나님에 의해 보내심을 받은 사람'이라는 뜻이다. 사도는 배타적인 개념으로 특정 사람에 한정된다. 아무나 사도가 될 수 없다. 초기 기독교에서 사도들은 교회의 기초를 놓았다 (참고. 엡 2:20). 그들이 기록한 성경에 근거하여 기독교인들은 정체성과 방향성을 가졌다. 그리고 그 직분을 바탕으로 교회의 직분자가 세워졌다.

바울은 "하나님의 뜻"을 따라 사도가 되었다고 말하는데, "하나님의 뜻"은 '하나님의 의지', '하나님의 작정', '하나님의 계획' 등을 의미한다. 또한, 그는 그리스도 예수의 사도로 "부르심"을 받았다고 하는데, 이러한 사실은 "하나님의 뜻"과 연관되어 그의 사도적 권위를 견고히 한다. 그는 스스로 원해서가 아니라, 하나님에 의해서 사도가 되었다는 사실을 강조한다.

'사도'라는 용어는 이 서신에 10번 나오는데(예. 1:1; 4:9; 9:1, 2, 5; 12:28, 29; 15:7, 9[2회]), 다른 바울서신들보다 많다. 이 용어가 고린도전서에 많이 나오는 이유는 고린도교회에서 바울의 사도직이 오해와 의심을 받았기 때문이다(참고. 9:1-23; 고후 4:1-15). 그는 이곳에서 오랫동안 사역했으나 이런 일을 겪었다. 하지만 그가 사도직을 강조한 것은 자신의 명예와 위신을 위해서가 아니었다. 그는 이를 통해 자신이 전한 교훈의 권위를 입증하고자 했다.

바울은 소스데네를 소개한다. 그는 소스데네를 '형제'라고 부른다. '형제'는 당시 기독교인들 간에 통용되던 용어이다(참고. 마 23:8). 그들에게 있어서 '형제'는 인종, 성별, 계층, 빈부 등 모든 조건과 상태를 초월했다. 예수 그리스도 안에서 거듭난 사람은 누구나 형제가 되었다. 그들은 하나님을 아버지로 모신 가족이라고 생각했고, 이는 교회의 결속력을 강화했다.

소스데네는 고린도 회당의 지도자였다(참고. 행 18:17). 따라서 고린도 성도들에게 잘 알려져 있었다. 서신을 시작하면서 바울이 소스데네를 언급하는 것은 서신의 무게감을 더해 주었을 것이다. 아마도 소스데네는 이 편지의 필사자일 가능성이 있다(참고. 16:21). 그는 과거에 고린도에서 바울을 대신하여 많은 어려움을 겪었는데, 지금 바울과 함께 에베소에 머물고 있다. 그는 바울의 든든한 동역자이다.

2절: 서신의 수신자는 "고린도에 있는 하나님의 교회"이다. 여기서 '교회'에 해당하는 헬라어 단어는 '에클레시아'이다. 이 단어는 이 서신에 22회나 나온다(예. 1:2; 4:17; 6:4; 7:17; 10:32; 11:16, 18, 22; 12:28; 14:4, 5, 12, 19, 23, 28, 33, 34, 35; 15:9; 16:1, 19[2회]). 따라서 이 서신은 매우 교회적이다. 우리는 이 서신을 통하여 올바른 교회론을 정립할 수 있다.

바울은 교회에 속한 사람들을 "거룩하여지고 성도라 부르심을 받은 자들"이라고 말한다. '거룩한 자'와 '성도'(거룩한 사람)는 같은 단어이다. 이는 '구별된 자'

를 의미한다. 하나님은 이스라엘 백성들을 다른 백성들로부터 구분하셨다(참고. 출 19:5-6). 그리고 하나님은 그들에게 거룩해지라고 명하셨다(참고. 레 11:44-45; 19:2). 이는 이스라엘 백성들이 다른 백성들과 확실히 구별된(거룩한) 믿음과 사상과 생활 방식을 가져야 한다는 뜻이다.

바울이 고린도 교인들을 향해 "부르심을 받은 자들"이라고 표현한 것은 그가 1:1에서 자신에 대해 "그리스도 예수의 사도라 부르심을 받은 바울"이라고 말한 것과 연관된다. 즉 바울은 사도인 자신뿐 아니라 고린도의 성도들도 하나님의 부르심을 받았다고 말함으로써, 그들이 하나님에 의해서 선택된 신적 공동체의 일원이라는 사실을 알리려고 한다. 성도는 스스로 하나님께 나아오지 못하며, 오직 부르심을 받아야만 나아올 수 있다. 즉 하나님의 선택과 초청이 있어야 하나님의 자녀가 될 수 있다. 그러므로 그들의 모임은 신성하고 복되다.

바울은 수신자를 말하면서 "각처에서 우리의 주 곧 그들과 우리의 주 되신 예수 그리스도의 이름을 부르는 모든 자들"이라고 설명한다. 각처에서 그리스도의 이름을 부르는 모든 자는 '보편교회'를 뜻한다. '보편교회'란 세상에 존재하는 모든 교회(정통교회)이다. 모든 성도는 개체교회에 속하면서, 동시에 보편교회에 속한다. 따라서 이 서신의 수신자는 당시 고린도 지역의 교인들만이 아니라 오늘날 우리이기도 하다. 보편교회는 "우리의 주 곧 그들과 우리의 주 되신 예수 그리스도"를 모신다. 곧 예수 그리스도는 보편교회 성도들의 주님이시다. 이런 면에서 세상에 있는 교회들은 '하나'(보편적)이다. 그들은 서로 유기적으로 연결되어 있다. 이러한 보편교회 사상이 고린도전서에 가득하다(참고. 4:17; 7:17; 11:16; 14:33, 36).

결국, 우리는 이 구절에 나오는 일련의 표현을 주목해야 한다. '하나님의 교회', '거룩하여진 자', '성도', '부르심을 받은 자', '예수 그리스도의 이름을 부르는 자' 등이다. 이러한 표현들은 교회(교인)의 정체성과 방향성을 잘 보여준다. 모든 교회는 이러한 표현을 구현하는 일을 목표로 삼아야 한다. 세속적인 표준과 실례가 교회의 목표가 될 수 없다. 그리고 교회에 속한 모든 교인은 이러한 명칭에 걸맞게 살아야 한다. 하나님의 부르심에 합당한 삶을 추구해야 한다.

3절: 발신자와 수신자에 이어서 인사말이 나온다. 이는 바울서신의 전형이다.

바울은 수신자들에게 "은혜와 평강"이 있기를 기원한다. '은혜'는 헬라식 인사말이고, '평강'은 유대식 인사말이다. 바울은 이 두 용어를 결합하여 헬라 문화권에서 사는 헬라인 그리스도인들과 더불어 유대인 그리스도인들에게 인사한다. 바울서신 전반을 살펴볼 때 바울은 "은혜와 평강"에 신학적 의미를 부여했음이 분명하다. "은혜"는 하나님의 구원 행위 근거이며, 하나님의 사랑과 자비로서 기독교인의 존재 기반이다. "평강"은 하나님의 구원 행위 결과이다. 하나님의 은혜로 구원받은 사람은 평강을 얻게 된다. 구원은 곧 평강이다.

그런데 "은혜와 평강"은 둘 다 "하나님 우리 아버지와 주 예수 그리스도로부터" 온다. 예수님은 요한복음 14:27에서 "평안을 너희에게 끼치노니 곧 나의 평안을 너희에게 주노라 내가 너희에게 주는 것은 세상이 주는 것과 같지 아니하니라 너희는 마음에 근심하지도 말고 두려워하지도 말라"라고 하셨다. 이 세상이 주는 평안과 위로는 일시적일 뿐 영원하지 않다. 오직 하나님이 우리에게 참된 은혜를 주시고, 우리는 그에 따라 진정한 평화를 누린다.

1:4-9 감사

바울서신에는 발신자, 수신자, 인사말 이후에 일반적으로 감사가 나온다. 그런데 그의 감사는 단순한 감사로 그치지 않고 그가 전하고자 하는 권면과 연결된다. 즉 그가 앞으로 말할 내용이 감사 문구에 집약되어 있다. 그는 고린도 교인들이 잘 수행하고 있는 것들을 언급하면서 그들이 이 방면에 더욱 진보를 보이기를 기대한다. 곧 그들의 장점을 칭찬하면서 더욱 잘하게끔 의지를 불러일으킨다. 칭찬은 효과적인 교육 방식이다.

4-5절: 바울은 고린도 교인들이 하나님의 은혜를 받은 것으로 인하여 하나님께 감사한다고 말한다. 그들이 받은 하나님의 은혜는 "모든 언변과 모든 지식"에 풍족하게 된 것이다. 그들은 하나님의 은혜로 탁월한 언변과 지식을 갖추었다. "언변"(speech)과 "지식"(knowledge)은 당시 고린도를 비롯한 헬라 세계에서 대단히 중요한 덕목들이었다(참고. 8:1-3, 10; 12:8; 13:2; 14:1-40). 따라서 당시 사람들은 언변과

지식을 갈고닦기 위해서 노력했다. 언변과 지식은 서로 긴밀하게 연결되어 있다. 지식에서 언변이 나오며, 언변이 지식을 구체화한다.

고린도 교인들이 언변과 지식을 풍성하게 가지고 있었던 것은 하나님의 은혜 덕분이었다. 그리고 그것은 그들의 큰 장점이었다. 그러나 그들에게 문제가 된 것 역시 이 때문이었다. 그들은 풍족한 언변과 지식 때문에 교만해졌다(참고. 4:8). 그리고 이러한 일로 인하여 분열하게 되었다(참고. 8:1-3, 10; 12:29-30; 14:4). 즉 그들에게 문제가 생긴 것은 재능이 부족했기 때문이 아니라, 재능을 잘못 사용했기 때문이다. 재능을 가지는 것은 좋지만, 그것을 올바로 이해하는 가운데 의롭고 정당하게 사용하는 것이 매우 중요하다.

고린도전서 12-14장에서 바울은 '은사'를 다룬다. 그는 은사가 오로지 그리스도를 증언하기 위한 수단으로 사용되어야 한다고 주장한다. 다시 말해서, 주님이 주신 은사는 주님의 복음을 전파하는 일과 주님의 교회를 유익하게 하는 일을 위하여 사용되어야 한다. 하지만 사람들은 근본적으로 악해서, 은사를 받았다고 교만하며 자랑하고, 다른 사람이 자신보다 열등한 은사를 받았다고 생각하여 업신여긴다. 분명히, 은사가 오해되고 오용되는 예는 지금도 적지 않다.

6절: 바울은 고린도 교인들이 풍족한 언변과 지식을 가지고 있었기에, "그리스도의 증거"가 그들 가운데 견고하게 되었다고 말한다. "그리스도의 증거"(the testimony about Christ)란 '그리스도의 복음'을 의미한다. 따라서 이 구절은 바울이 고린도 교인들에게 '복음', 즉 '삼위 하나님의 구속 사역'에 관해서 말했을 때, 그들이 언변과 지식을 풍족히 가지고 있었기에 그것을 잘 이해하고 잘 받아들일 수 있었다는 뜻이다. 평소 언변과 지식을 부지런히 갈고닦는 일은 매우 필요하다. 그것은 그리스도의 말씀을 더욱 잘 이해할 수 있게 도와준다. "견고하게 되어"는 1:8에 다시 나오는데, 그들이 그리스도의 복음을 들은 후 확신 가운데 강해지고 담대해졌음을 의미한다.

7절: 고린도 교인들은 그리스도의 증거(복음)를 잘 받아들인 결과 모든 은사에 부족함이 없게 되었다. 이 말은 그들이 모든 면에서 잘 갖추어지게 되었다는 뜻이다. 복음은 우리를 견고하게 하며, 모든 면에서 부족함이 없게 한다. 또한, 고린도 교인들은 "우리 주 예수 그리스도의 나타나심을" 기다리고 있었다. 이 말은 그들이 예수 그리스도의 재림을 기다리고 있었다는 뜻이다. 그들은 예수 그리스도께서 다시 오실 때 부끄럽지 않게 되려고 노력했다. 우리는 주님이 오시는 날을 기대해야 한다. 그런데 이러한 종말론적인 소망은 우리를 현재의 삶에 더욱 충실하게 해 준다. 참으로, 올바른 종말론적 지식을 갖추고서 주님의 오심을 기다리는 사람은 항상 깨어서 근신하게 되며, 그렇기에 방탕한 생활을 하지 않게 된다. 한편, 은사는 그리스도께서 다시 오실 때 더 이상 필요가 없어진다(참고. 13:10).

8절: 이 구절은 바울의 기대와 믿음을 반영한다. 그는 주님이 고린도 교인들을 주 예수 그리스도의 날에 책망할 것이 없는 자로 끝까지 견고하게 하실 것이라고 믿는다. 예수 그리스도의 나타나심은 온 인류에게 구원과 심판의 순간이 된다. 즉 예수 그리스도가 다시 오실 때 의인은 구원받지만, 악인은 심판받는다(참고. 3:13).

예수 그리스도께서 마지막 날까지 우리를 지켜 주신다는 믿음을 '성도의 견인'(perseverance of the saints)이라고 부른다. 이 교리의 요지는 하나님이 택하신 자들을 끝까지 보호하신다는 점이다. 즉 한번 하나님의 자녀가 되면, 하나님의 자녀 신분을 끝까지 유지할 수 있게 된다. 비록 우리는 연약하지만, 하나님께서 신실하시기에 견인이 가능하다. 견인 교리는 자칫 오해를 낳을 수 있는데, 하나님이 끝까지 우리를 구원하실 것이니 아무렇게나 살아도 된다는 생각을 할 수 있다. 하지만 이는 말 그대로 오해이다. 견인 교리는 오히려 '성도의 책임'을 강화한다. 곧 성도의 신분이 변하지 않는다는 점은 성도가 더 큰 책임감을 지니게 한다. 성도는 하나님의 자녀라는 사실을 명심하고 그에 걸맞게 살아야 한다.

9절: 바울은 감사를 마무리하면서 하나님의 미쁘심(신실하심)을 말한다. 헬라어 원문에서 이 문장은 "하나님은 미쁘시도다"('피스토스 호 테오스', God is faithful)로 시작된다. 하나님은 "너희를 불러 그의 아들 예수 그리스도 우리 주와 더불어 교제하게 하시는" 분이다. 따라서 바울은 하나님의 미쁘심이 우리를 하나님의 아들 예수 그리스도와 더불어 교제하게 하시는 일의 이유가 된다는 점을 알려준다. 하나님은 우리를 부르셔서 하나님의 아들과 교제하게 하신다. 그리고 이것은 우리의 신실함 때문이 아니라 하나님의 신실함 때문이다.

'교제'('코이노니아', fellowship)는 일반적인 사귐이 아니다. 그것은 매우 친밀하고 깊은 사귐이며, 삶과 소유를 공유하는 것이다. 따라서 우리가 주님과 교제하는 것은 주님과 우리 사이의 친밀하고 깊은 사귐이며, 주님의 소유와 우리의 소유를 공유하는 것이다. 그런데 이는 사실상 주님이 우리에게 일방적으로 은혜를 주시는 것이다. 왜냐하면, 우리에게는 주님께 드릴 것이 없기 때문이다. 우리가 드릴 것이 있다면 그것도 주님이 주신 것이다.

1:10-17 온전히 합하라

1:1-9는 서두이고, 1:10부터는 본론이다. 거시구조(macro structure)에서 1:10-4:21은 '고린도 교회의 분쟁에 관련된 권면'이다(참고. '고린도전서 서론'). 1:10-31에서는 인칭 변화에 따라 문단이 바뀐다. 1인칭 단수(1:10-17) -> 1인칭 복수(1:18-25) -> 2인칭 복수(1:26-31).

1:10-13 고린도 교회의 분쟁

고린도 교회에서 일어난 가장 심각한 문제는 분쟁이었다. 분쟁은 추종하는 지도자들의 이름에 따라서 형성되었다. 지도자들은 당연히 분쟁을 의도하지 않았겠지만, 교인들은 그들의 이름을 굳이 사용해서 파당을 만들었다.

10절: 이 구절은 명제적 진술(propositio)이다. 즉 1:11-4:21에 언급된 화해와 화합에 관한 호소이다. 당시 고린도 교회는 분열해 있었는데, 바울은 이것을 해결하는 일이 급선무라고 생각하여 서신의 앞부분에서 다룬다. 그는 고린도 교인들을 향하여 "형제들"이라고 부른다. "형제들"은 가족 용어이다. 성경은 교회를 하나님의 가정에 은유한다. 교인들은 하나님을 아버지로 모시고 있다. 그들은 하나님 아버지의 집에서 살며 그분이 공급하시는 음식(말씀과 성찬)을 먹는다. 그들은 장차 영원하고 궁극적인 가정을 이룰 것이다.

바울은 교인들에게 "우리 주 예수 그리스도의 이름으로" 권면한다. 이는 신적인 권위와 엄숙함으로 호소하는 것이다. 그의 권면은 다음과 같다. "모두가 같은 말을 하고 너희 가운데 분쟁이 없이 같은 마음과 같은 뜻으로 온전히 합하라." 헬라어 원문에서 이 문장은 '히나'와 세 개의 가정법 동사('레게테', '에', '에테')가 연결되어 있다. 이에 따르면, 권면은 세 가지이다. 첫째, 너희가 모두 같은 말을 하기를 바란다. 둘째, 너희 가운데 분쟁이 없기를 바란다. 셋째, 너희가 같은 마음과 같은 뜻으로 온전히 합하기를 바란다.

'분쟁'에 해당하는 헬라어 '스키스마'는 공관복음에서 옷이 찢어지는 것을 묘사할 때 사용되고(예. 마 9:16; 막 2:21). 요한복음에서 이 단어는 예수님에 대한 사람들의 분열된 생각을 표현할 때 사용되었다(예. 요 7:40-43; 9:16; 10:19-21). '마음'(mind)과 '뜻'(thought)은 동의어로서 의미를 굳이 구분할 필요가 없다. 이 단어가 연달아 사용된 것은 연합을 위해 노력을 많이 기울일 것을 강조하기 위해서이다. 특히 이 것은 2:16에 나오는 "그리스도의 마음"을 바라보게 한다. 그리스도의 마음은 빌립보서 2:1-11에 잘 설명되어 있다. 그것은 낮아짐과 희생이다. '온전히 합하라'에 해당하는 헬라어 '카타르티조'는 마태복음 4:21과 마가복음 1:19에서 고기 잡는 그물을 '깁는' 행동을 묘사할 때 사용되었다. 따라서 이것은 복구되어 원상태로 회복되는 것을 의미한다. 교회는 원래 하나이며(주님의 몸처럼), 분열이 비정상이다.

11절: 바울은 고린도 교회에서 일어난 분쟁에 관한 소식을 들었다. 그것은 "글로에의 집"을 통해서였다. 글로에는 신약성경에서 여기에만 나오기 때문에 그에 대하여 알 수가 없다. "글로에의 집"이라는 말은 글로에의 집에서 일하는 종들이거나 가족이거나 아니면 사업 동료들일 것이다. 아마도 글로에의 집 사람들은 사업 문제 등으로 에베소(고린도전서 기록장소)와 고린도를 왕래하다가 바울을 만나서 고린도 교회의 상황을 전해 주었을 것이다. 그들은 구두로 바울에게 소식을 전한 것으로 보인다(참고. 5:1; 11:18의 '들음').

12절: 바울은 고린도 교회 안에 지도자들의 이름을 따른 파당이 형성되어 있다는 사실을 알았다. 파당은 네 개였다. 곧 바울파, 아볼로파, 게바파, 그리고 그리스도파였다. 그들은 자신들이 좋아하는 지도자들에 따라 나뉘었다. 문맥(1:13-17)을 고려할 때 자신들에게 '세례'를 준 지도자들에 따라 나뉜 것 같다. 그러나 이러한 분열은 지도자들의 의도와 전혀 상관이 없었다. 지도자들이 이런 일을 바라지 않았을 뿐더러, 서로 다른 신학을 가지고 있지도 않았다. 그들을 곡해한 사람들에게 문제가 있었다. 교회의 특정 지도자를 좋아할 수는 있다. 그러나 나누어지는 것은 옳지 않다. 필시 분쟁을 일으키는 사람의 특징은 영웅적인 사람을 내세운다는 것이다. 그들은 출중한 지도자의 이름을 거론한다. 자기를 중심으로 연대하자고 주장하지 않는다. 하지만 그들의 속셈은 뻔하다. 지도자의 이름을 도용하여 자기 욕심을 채우고자 할 따름이다.

'바울파'는 바울을 추종하는 사람들이다. 바울은 고린도 교회를 설립한 사람이다. 그는 1년 6개월간 고린도에 머물면서 말씀을 전했다(참고. 행 18:1). 그런데 고린도 교회에 바울파가 있었다는 사실은 그들 가운데 바울을 싫어하는 사람들이 있었다는 점을 암시한다.

'아볼로파'는 아볼로를 추종하는 사람들이다. 아볼로는 바울 이후에 고린도 교회에서 가르쳤다(참고. 행 18:24-28). 그는 알렉산드리아 출신의 유대인 학자로서 언변(수사학적 기교)이 좋았고 성경 지식이 뛰어났다. 고린도 사람들은 언변과 지식을 중요하게 생각했기에(참고. 1:5), 이런 훌륭한 능력을 지닌 아볼로를 대단히 좋아했다. 더욱이 바울의 경우 글을 잘 썼으나 말이 어눌했다(참고. 고후 10:10; 11:6). 따라서 바울과 다른 특징을 가진 아볼로는 인기가 많았을 것이다. 하지만 이 서신에 잘 드러나 있듯이 바울은 아볼로를 시기하지 않았으며, 그를 동역자로 대우했다(참고. 3:6-9; 16:12). 바울의 관심사는 자신을 따르는 사람들이 많아지는 것이 아니라, 단지 주님의 몸인 교회가 찢어지지 않고 하나가 되는 것이었다.

'게바파'는 게바를 추종하는 사람들이다. 게바는 베드로의 아람어 이름이다. 바울은 베드로를 주로 아람어 이름인 게바로 불렀다(예. 3:22; 9:5; 15:5; 갈 1:18; 2:8-9 등). 신약성경에는 베드로가 고린도를 방문했다는 명시적인 언급이 없다. 아마도 9:5가 베드로가 부인을 데리고 고린도를 방문한 사실을 암시하는 것 같다. 만일 9:5

를 그렇게 보지 않고, 베드로가 고린도를 방문한 적이 없다면 그가 당시 기독교 세계에서 매우 널리 알려진 인물이다 보니 고린도에서도 그를 좋아하는 사람들이 생겨났을 것이다.

마지막으로 '그리스도에게 속하는 자'라는 파당이 있었다. 이것은 가장 이해하기 힘들다. 그들은 인간 지도자를 거부하고, 그리스도를 따른다고 자부했다. 아마도 그들은 근본주의적 극단주의자들일 것이다. 그런데 이런 자들이 제일 위험하다. 이런 식으로 그리스도의 이름을 짓밟는 것은 옳지 않다. 그들은 그리스도와 그분의 가르침을 공부했지만, 그분의 가르침이 어떻게 적용되어야 하는지를 몰랐거나 관심이 없었다. 그리하여 자신들만이 그리스도를 제대로 믿는다고 생각했다. 즉 같은 믿음과 지식을 지닌 형제들 가운데서 배타적이고 '자기의'(義)를 중심으로 하기 때문에 자신들만이 진짜 신앙인이라고 착각했다. 아마도 이들은 파당을 만든 것이 아니라고 주장하겠지만, 바울은 이들 역시 파당을 형성한 것으로 간주한다.

13절: 바울은 수사학적 질문 세 개를 연속해서 던진다. 이 질문들에 대한 대답은 자명하다. 첫 번째 질문은 "그리스도가 어찌 나뉘었느냐"이다. 여기서 '나뉘다'에 해당하는 헬라어 동사 '메리조'는 단순히 '나뉜다'가 아니라, '나눠 준다'라는 뜻이다(참고. 7:17; 롬 12:3; 고후 10:13). 바울은 이 단어를 사용하여 그리스도가 여러 조각으로 나누어져서 각 당파에 주어질 수 있다는 그들의 명백히 잘못된 생각을 질책한다. 두 번째 질문은 "바울이 너희를 위하여 십자가에 못 박혔느냐"이다. 이 질문에 대한 대답은 너무나 쉽다. 바울은 그들을 위하여 십자가에 못 박히지 않았다. 나아가서 그리스도를 대신할 수 있는 사람은 아무도 없다. 우리는 오직 그리스도를 통해서 구원받는다. 따라서 그리스도를 찬송해야지 바울을 칭송해서는 안 된다. 세 번째 질문은 "바울의 이름으로 너희가 세례를 받았느냐"이다. 이 질문에 대한 답변 역시 분명하다. 그들은 바울의 이름으로 세례를 받은 것이 아니라 삼위 하나님의 이름으로 세례를 받았다. 한편, 이 표현에서 우리가 세례를 받을 때, 누구(집례자)에게서 세례를 받느냐가 아니라, 누구(삼위 하나님)의 이름으로 세례를 받느냐가 중요함을 알 수 있다.

1:14-16 분쟁과 세례

고린도 교회의 분쟁이 지도자들, 특히 자신들에게 세례를 베푼 사람들을 중심으로 형성되었기에 바울은 세례의 의미에 대하여 간략히 언급한다.

14절: 바울은 1:13의 세 번째 질문에서 "바울의 이름으로 너희가 세례를 받았느냐"라고 물었는데, 1:14-16에서 그 질문을 이어받아 자신이 세례를 베푼 일이 분쟁의 소재가 되어서는 안 된다고 주장한다. 그는 다른 지도자들의 이름을 말하지 않고, 자신의 이름만을 언급한다. 필시 아볼로와 게바도 고린도에서 세례를 베풀었을 가능성이 있다. 하지만 그는 그들에 대해서 말하지 않는다. 그들을 존중했기 때문이다. 바울은 자신이 그리스보와 가이오에게 세례를 베풀었고, 이들 외에 아무에게도 세례를 베풀지 않은 것을 감사한다고 말한다.

15절: 바울이 이렇게 소수의 사람에게만 세례를 베풀었기 때문에 고린도 교인들 가운데 아무도 바울의 이름으로 세례를 받았다고 말할 수 없다. 따라서 바울파는 존재할 수 없는 셈이다. 더욱이, 바울은 '자신의 이름으로'("나의 이름으로") 세례를 준 것이 아님을 천명한다. 세례는 집례자의 이름으로 주는 것이 아니라, 삼위 하나님의 이름으로 주는 것이다. 이처럼, 그는 자기 이름이 드러나기를 원하지 않았다. 오로지 주님을 위해서 일했고, 주님의 이름만이 드러나기를 바랐다. 그가 살아가고 사역한 목적은 오로지 그리스도의 영광을 드러내는 것이었다.

16절: 바울은 또한 스데바나 가족에게 세례를 베풀었고, 그 외에 다른 누구에게 세례를 베풀었는지 모른다고 말한다. 아마도 그는 초기에 회심한 사람들에게만 세례를 베풀었을 것이다. 이후의 사람들에게는 동역자들인 실루아노와 디모데가 세례를 주었을 가능성이 있다. 바울이 세례를 베푼 사람들에 대해서 간략히 살펴보자. 그리스보는 바울의 설교를 듣고 초기에 회심한 회당장이다(참고. 행 18:8). 가이오는 초기 회심자로서 교회의 모임을 위해 큰 집을 제공했다(참고. 롬 16:23). 그는 사도행전 19:29의 가이오(마게도냐인)가 아니며, 사도행전 20:4의 가이오(더베인)도 아니다. 스데바나는 아가야에서 회심한 첫 번째 가정의 가장으로 존경받는 지도자였다(참고. 16:15-17).

1:17 바울의 사명

바울은 1:14-16에서 자신이 세례 베푼 일을 언급하면서, 고린도 교회에서 세례를 베푼 지도자들을 중심으로 파당이 형성된 일을 책망했다. 이제 그는 자신의 사명이 세례를 베푸는 것이 아니라 복음을 전하는 것이라고 말한다. 이렇게 함으로 교인들이 지도자들의 이름을 사용해 파당을 형성한 일을 비판하면서 동시에 교회의 본질적인 사명이 무엇인지를 제시한다.

17절: 바울은 자신의 사명을 진술한다. 먼저, 그는 그리스도께서 자신을 보내셨음을 밝힌다. 이러한 사실은 이미 1:1에 나오는데, 거기서 그는 "그리스도 예수의 사도로 부르심을 받은 바울"이라고 자신을 소개했다. 이어서 그는 자신의 사명이 세례를 베푸는 것이 아니라 복음을 전하는 것이라고 말한다. 이는 복음이 가장 중요하며, 세례가 복음에 부차적이라는 뜻을 담고 있다. 복음은 구원에 이르게 하지만(참고. 1:21), 세례는 그렇지 않다. 그렇다고 해서 세례가 중요하지 않다는 말은 아니다. 세례는 대단히 중요하다. 그것은 주님이 친히 만드신 두 개의 성례(세례와 성찬) 중 하나이다.

세례는 다음 세 가지 측면에서 가장 중요하다. 첫째, 세례는 복음을 듣고 구원받았음을 확증한다. 즉 세례는 구원받은 자의 인이며 표이다. 둘째, 세례는 세상 것들을 버리고 그리스도를 위해 살겠다는 결연한 다짐을 공표한다. 셋째, 세례는 구원받은 자들(교회)의 일원이 되었음을 선언한다(참고. 롬 6:3; 골 2:12). 세례를 받은 사람은 주님과 하나가 되고(주님 안에 거함) 세례를 받은 다른 사람들과 연합한다(교회 안에 거함).

그러므로 신성한 세례가 파당과 분쟁의 원인이 된 사실은 대단히 안타깝고 비극적이다. 게다가 자신에게 세례를 베푼 사람을 추종함으로써 세례의 의미와 가치를 퇴색시킨 것은 큰 슬픔이다. 분명히, 세례를 베푼 지도자들 가운데 누구도 이런 결과를 바라지 않았을 것이다. 하지만 사람들은 신성하고 거룩한 일조차도 분열의 수단으로 삼았다. 그러므로 바울은 분열하며 다툴 것이 아니라, 복음 전파에 힘쓰자고 촉구한다.

그런데 바울은 복음을 전하면서 "말의 지혜"로 하지 않았다고 회고한다. 이 표현은 두 가지를 비판하는 것이다. 첫째, 그들이 추종하는 설교자들(지도자들)이 중요한 것이 아님을 비판한다. 둘째, 교인들의 화려한 말재주(그것에 지나친 가치를 두는 것)를 비판한다. 바울은 복음을 전할 때 "말의 지혜"로 하지 않은 이유가 그리스도의 십자가가 헛되지 않게 하려는 것이었다고 언급한다. 이를 오해하지 말아야 한다. 바울은 "말의 지혜", 곧 인간의 언어 기술이나 능력이 복음 전파에 방해가 된다고 주장하지 않았다. 오히려 그것은 복음 전파에 큰 도움이 된다. 단지 그것을 지나치게 의존하거나, 그것에 치우치거나, 나아가서 그것에 너무 큰 관심을 두면, 복음의 순수함("그리스도의 십자가")이 사라질 수 있다고 생각한다(참고. 2:1-5).

이에 베드로는 다음과 같이 말했다. "너희가 거듭난 것은 썩어질 씨로 된 것이 아니요 썩지 아니할 씨로 된 것이니 살아 있고 항상 있는 하나님의 말씀으로 되었느니라 그러므로 모든 육체는 풀과 같고 그 모든 영광은 풀의 꽃과 같으니 풀은 마르고 꽃은 떨어지되 오직 주의 말씀은 세세토록 있도다 하였으니 너희에게 전한 복음이 곧 이 말씀이니라"(벧전 1:23-25).

1:18-31 하나님의 능력과 지혜

바울은 1:10-17에서 고린도 교회의 분쟁에 관하여 언급했다. 그는 고린도 교인들이 세상의 지혜를 자랑함으로 교만해졌고, 이것으로 분쟁이 생겼다고 지적했다. 이 단락에서 그는 하나님께서 세상의 지혜가 아닌 하나님의 지혜를 통해서 사람을 구원하신다는 사실을 설명한다. 이는 세상의 지혜를 무시하거나 부정하는 것이 아니라, 세상의 지혜에 치우쳐서 예수 그리스도의 복음을 알지 못하고, 오히려 분쟁을 일으키는 자들을 책망하는 것이다.

1:18-25 하나님의 지혜와 십자가의 도

바울은 교인들이 진정으로 추구해야 하는 가치가 무엇인지를 가르친다. 그들은 세상의 지혜가 아닌 '하나님의 지혜'를 알아야 하며, 하나님의 지혜가 실현된 '십자가의 도'를 추구해야 한다.

18절: "십자가의 도"(the word of the cross)란 예수 그리스도께서 십자가에 못 박혀 돌아가신 사건의 구속사적 의미(message)를 가리킨다. 십자가의 도에 대하여 사람들은 상반된 반응을 보인다. 십자가의 도는 "멸망하는 자들에게" 미련한 것이지만, "구원을 받는 우리에게는" 하나님의 능력이다. 멸망하는 자들은 하나님의 선택을 받지 못해서 영원한 형벌을 받는 사람들이며, 구원을 받는 자들은 하나님의 선택을 받아서 영원한 생명을 얻는 사람들이다. 멸망하는 자들은 십자가의 도를 어리석고 하찮은 것으로 여긴다. 그들은 거기서 무슨 능력이 나오겠느냐며 조롱한다. 그러나 구원을 받는 우리는 십자가의 도를 통해서 하나님의 능력을 이미 경험했다. 실로, 우리는 십자가의 도를 통해서 새로운 사람으로 변화되었다.

이 구절에서 바울은 두 개의 현재분사를 사용한다. 그것은 "멸망하고 있는 자들에게"(to those who are perishing)라는 표현과 "구원을 받고 있는 우리에게"(to us who are being saved)라는 표현이다. 이는 하나님의 심판 활동과 구원 활동이 현재 진행되고 있음을 시사한다. 하나님의 심판과 구원은 '이미' 예정되었으나, '아직' 성취되지 않았다. 아울러 우리는 하나님의 뜻을 잘 알지 못한다. 따라서 우리가 할 일은 섣불리 단정 짓는 것이 아니라, 하나님의 명령에 따라 가급적 많은 사람에게 복음을 전하며, 그들의 구원을 위해서 기도하는 것이다.

19절: 이런 상황은 이미 구약에 예견되어 있었다. 바울은 이사야 29:14를 인용하여 대중의 관심과 인기를 끌려고 하는 자들의 화려한 말에 대해서 비판한다. 이사야 시대에 유대 지도자들은 하나님의 말씀을 신뢰하기보다 자신들의 지혜를 믿었다. 그리하여 하나님께서는 지혜롭다고 생각하는 자들의 지혜를 없앨 것이라고 말씀하셨다. 마찬가지로 고린도 교인들은 자신들이 상당한 지혜를 가지고 있다고 자부했다. 그러나 그러한 자부심은 교회를 분열로 이끌고 말았다. 이에 바울은 하나님께서 이사야가 활동하던 시대에 유대 지도자들의 지혜를 없애신 것처럼 지금 고린도 교인들의 지혜도 없애실 수 있다고 경고한다.

20절: 바울은 수사학적 질문을 던진다. "지혜 있는 자"('소포스', wise man), "선비"('그람마튜스', scribe), "변론가"('쉬제테테스', debater)는 지혜와 학문이 뛰어난 사람들이다(참고. 1:26). 당시에 이들은 가장 우수한 부류였으며, 따라서 최고의 인기를 누렸다. 바울은 "이 세대"(this age)라는 표현을 사용하여 '다가오는 세대'(age to come)와 대조한다. 이는 그들이 이 세상에서는 훌륭한 사람이라고 평가받겠지만, 다가오는 영원한 세상에서는 그렇지 않다는 사실을 암시한다. 그리고 이는 우리가 진정 중요하게 여겨야 할 것이 무엇인지를 생각하게 한다. 바울은 하나님께서 이 세상의 지혜를 미련하게 하셨다고 말한다. 이는 이 세상의 지혜가 값어치 없어졌다는 뜻이 아니다. 오히려 이 세상의 지혜에서 그치면 안 된다는 뜻을 내재한다. 즉 세상의 지혜를 전부라고 생각하면서 그 너머에 계시는 참된 지혜이신 그리스도를 발견하지 못하는 것이 옳지 않다는 사실을 뜻한다. 그는 이어지는 구절에서 이를 설명한다.

21절: 사람들은 세상의 지혜를 좋아했고, 그것에 절대적인 가치를 부여했다. 그리고 고린도 교인들은 이러한 풍조에 물들어 있었다. 그러나 세상의 지혜로는 하나님을 알지 못한다. 즉 우리를 구원에 이르게 하지 못한다. 이 말은 세상의 지혜를 무가치하게 여기거나 불순하게 여겨서 배척하라는 뜻이 아니다. 세상의 지혜 자체는 나쁘지 않다. 그것은 하나님께서 주신 선물이다. 세상의 지혜는 세상을 살아가고 세상을 발전시키는 데 매우 중요하다. 세상의 지혜가 없으면 세상살이에 유익도 없다. 더욱이 세상의 지혜를 잘 받아들이고 바로 활용하면 복음을 깨닫고 전할 때 큰 도움이 된다(참고. 1:5-6). 따라서 그리스도인들은 세상의 지혜와 지식을 열심히 익혀야 한다. 단지, 세상의 지혜를 전부로 여기고 그것을 너무 앞세워서는 안 된다.

하나님은 "전도의 미련한 것으로" 믿는 자들을 구원하시기를 기뻐하셨다. "전도의 미련한 것"이란 역설적인 표현이다. 세상 사람들이 보기에 복음은 미련해 보이지만, 사실 가장 진정한 능력이 그 안에 들어 있다. 우리를 변화시키는 것은 논리적인 설득이나 감동적인 이야기가 아니다. 우리를 새로운 사람이 되게 하는 것은 바르고 순수한 복음이다. 그런 면에서 전도는 가장 지혜로운 일이다. 그러므로 우리는 복음에 집중해야 한다. 우리에게 주어진 지혜와 지식을 사용하여 부지런히 말씀을 공부해야 한다. 그리고 그 말씀을 사람들에게 전파해야 한다.

22절: 유대인들은 "표적"(sign)을 구했고, 헬라인들은 "지혜"(wisdom)를 찾았다. 유대인들이 표적을 구한다는 말은 예수님께 표적을 행하라고 했던 일을 생각나게 한다(참고. 마 16:1-4; 막 8:11-12; 눅 11:16; 요 2:18-20). 헬라인들이 지혜를 찾는다는 말은 자신들을 문명화된 민족으로 자부하면서 지혜를 최고의 가치에 두었던 사실을 반영한다(참고. 행 17:21; 롬 1:14).

23절: 바울은 유대인들과 헬라인들이 구하는 것과 달리, 우리(그리스도인들)는 "십자가에 못박힌 그리스도"를 전한다고 말한다. 그런데 그는 '십자가'에 대해서 "유대인에게는 거리끼는 것"이며 "이방인에게는 미련한 것"이라는 표현을 사용한다. 유대인들은 신명기 21:23의 "나무에 달린 자는 하나님께 저주를 받았음이니라"라는 말씀에 근거하여 십자가를 저주와 심판의 상징으로 여겼다. 그래서 그들은 십자가에 달려 돌아가신 예수님을 거부했다(참고. 마 16:22; 갈 3:13; 5:11). 그리고 이방인들(헬라인들)은 십자가에 달리는 것이 로마에 저항한 자들에게 주어진 가장 고통스러운 형벌이었기에 십자가에 못 박히신 예수님을 미련하다고 생각했다. 따라서 십자가에 대하여 그러한 사고를 가진 유대인들과 이방인들에게는 그리스도인들이 전하는 복음, 즉 "십자가에 못 박힌 그리스도"라는 이야기가 설득력을 지니지 못했다. 그러나 그리스도께서는 그러한 인간들을 대신하여 끔찍한 저주와 심판을 받으셨음을 깨달아야 한다.

24절: 바울은 그리스도의 십자가가 그리스도인들에게 어떠한 의미가 있는지를 설명한다. 그는 그리스도인들을 "부르심을 받은 자들"이라고 묘사한다(참고. 1:2, 9). 부르심을 받은 그리스도인들에게는 유대인들에게나 헬라인들에게나 그리스도가 하나님의 능력이며 하나님의 지혜이다. 즉 유대인 성도들에게 그리스도는 하나님의 능력이며, 헬라인 성도들에게 그리스도는 하나님의 지혜이다. 바울은 이러한 대비를 통하여 능력과 지혜를 각각 최고의 가치로 여긴 유대인들과 헬라인들에게 진정한 능력과 지혜가 누구인지를 효과적으로 가르친다.

25절: 바울은 결론을 내린다. '하나님의 어리석음과 약함'은 십자가 사건을 가리킨다(참고. 1:23). 사람들은 십자가를 어리석고 약하다고 생각한다. 저주와 패배의 상징으로 여긴다. 그리하여 십자가를 거부하고 능력(표적)과 지혜를 찾는다. 그러나 사람들의 생각과 달리, 십자가는 지혜롭고 강하다. 따라서 바울은 능력과 지혜를 추구하기보다 미련해 보이는 십자가를 전하고자 한다. 그는 로마서 1:16에서 "내가 복음을 부끄러워하지 아니하노니 이 복음은 모든 믿는 자에게 구원을 주시는 하나님의 능력이 됨이라"라고 진술한다. 실로, 복음은 '구원을 주시는 하나님의 능력'이다. 오직 복음을 통해서만 구원받을 수 있다.

1:26-31 하나님의 지혜와 고린도 교인들

1:18-25에서 바울은 하나님이 십자가의 도를 통해 사람들을 구원하셨다는 사실을 말했다. 이제 1:26-31에서는 그러한 하나님의 구원 행위가 고린도 교인들에게 어떻게 적용되었는지를 설명한다. 1:18-25는 인칭대명사가 1인칭 복수('우리')인데, 1:26-31은 2인칭 복수('너희')이다. 이는 1:18-25에서 진술한 내용을 1:26-31에서 고린도 교회에 적용한다는 뜻이다.

26절: 바울은 "너희를 부르심을 보라"라는 말로 이야기를 시작한다. 그는 1:2, 9, 24에서 성도를 '하나님의 부르심을 받은 사람들'이라고 묘사했다. 그런데 여기에서 다시 이 말이 등장한다. 따라서 이어지는 문맥을 고려할 때, 이 말은 '너희가 원래 어떤 사람들이었는데, 하나님이 그러한 너희를 얼마나 사랑하셔서 이렇게 불러주셨는지를 생각해 보라'라는 뜻이다. 바울은 "육체를 따라"라는 표현을 사용한다. "육체를 따라"('카타 사르카', NASB: 'according to the flesh')라는 표현은 '세상의 기준을 따라'(ESV: 'according to worldly standards')라는 뜻이다. 세상의 기준으로 볼 때 고린도 교회에는 지혜로운 자가 많지 않았으며, 능한 자가 많지 않았고, 문벌 좋은 자가 많지 않았다. "지혜로운 자"('소포이'), "능한 자"('뒤나토이'), "문벌 좋은 자"('유게네이스')는 당시 사회적으로 볼 때 우수하고 유능한 자들이었다(참고. 1:20). 그들은 사람들에게 선망의 대상이었다. 하지만 고린도 교회에는 그런 사람들이 많지 않았다. 그들 중 상당수는 하층민이었다(참고. '고린도전서 서론'). 그러므로 하나님이 그런 사람들을 부르셔서 성도가 되게 해 주셨다는 사실은 하나님이 세상의 기준과 선호도에 따르지 않고 그분의 주권적이고 선하신 뜻에 따라 사람을 선택하시고 구원하신다는 사실을 알려준다.

27-28절: 바울은 26절의 논지를 발전시킨다. 그는 하나님께서 세상의 미련한 자들을 택하셔서 지혜 있는 자들을 부끄럽게 하려 하시고, 세상의 약한 자들을 택하셔서 강한 자들을 부끄럽게 하려 하시며, 세상의 천한 자들과 멸시받는 자들과 없는 자들을 택하셔서 있는 자들을 폐하려 하신다고 말한다. 이 구절들에서 바울이 세상의 관점으로 볼 때 별로 가치가 없는 부류의 사람들을 반복해서 다르게 표현한 것은 그것의 무가치함을 강조하기 위함이다. 또한, 하나님의 선택("택하사")을 세 번이나 반복해서 언급한 것은 하나님의 주권과 은혜를 강조하기 위함이다. 하나님이 택하신 세상의 미련한 자들, 세상의 약한 자들, 세상의 천한 자들, 멸시받는 자들, 없는 자들은 1:26에 언급된 지혜로운 자, 능한 자, 문벌 좋은 자와 대조된다.

29절: 하나님께서 세상적으로 볼 때 어리석은 자들을 부르신 목적은 "아무 육체도" 하나님 앞에서 자랑하지 못하게 하기 위해서이다. 여기서 "아무 육체"란 유대인과 헬라인을 모두 포함한다. 즉 이 세상 모든 사람을 가리킨다. '자랑'('카우케시스')이라는 단어는 신약성경에 37번 나오는데, 바울서신에 35번 나오며, 그중 고린도 사람들과 관련하여 26번 나온다. 이는 고린도 사람들이 얼마나 자기 자랑에 관심이 많았는지를 암시한다.

인간은 사탄의 유혹과 그에 따른 타락 때문에 지혜와 능력과 문벌과 공로가 구원을 가져다줄 것이라고 착각한다. 그리하여 그리스도께서 십자가에서 돌아가신 역사적-구속사적 가치와 효과를 간과하며 받아들이지 않는다. 하지만 세상에서 그러한 자격을 갖춘 사람은 없다. 고린도 교인들은 자신들의 자질과 공덕으로 하나님의 자녀가 된 것이 아님을 알아야 했다. 하나님이 구원하실 만한 사람을 구원하셨고, 그에 따라 자신들이 그중에 들었다고 생각하지 말아야 했다. 모든 사람이 죄를 범했으므로 누구도 하나님의 기준에 부합하지 못한다(참고. 롬 3:23).

참으로, 구원은 인간의 자질과 공로가 아니라, 전적으로 하나님의 은혜와 능력에 기반한다(참고. 엡 2:8-9). 하나님은 그분의 사랑과 선하신 뜻에 따라서 인간 가운데 구원할 자를 선택하셨고, 그분이 정해 놓으신 때 그를 구원하신다. 그러므로 하나님의 부르심을 받은 자들은 아무런 자격과 공로가 없는 부족한 자신들을 불러주신 하나님의 은혜에 감사하면서, 남은 삶을 하나님의 은혜에 보답하면서 살아야 한다. 또한, 세상의 지혜자들과 유력자들을 부러워하지 말아야 한다. 그들이 가진 지혜와 재물이 아무것도 아님을 알아야 한다. 특히 하나님의 부르심을 받지 못한 자들은 자기 운명의 심각성을 깨닫고 속히 하나님께 나아와서 회개해야 한다.

30절: 바울은 고린도 교인들의 새로운 신분을 말한다. 하나님은 그들을 구원하기를 기뻐하셨고(1:21), 부르셨으며(1:24, 26), 선택하셨다(1:27-28). 그리하여 그들은 하나님으로 말미암아 그리스도 예수 안에 있게 되었다. 그렇다면 그리스도 예수는 어떤 분이신가? "예수는 하나님으로부터 나와서 우리에게 지혜와 의로움과 거룩함과 구원함이 되셨으니"라는 말을 정확하게 풀이하자면 다음과 같다. 예수님은 '하나님으로부터 나온 지혜'(ESV: 'wisodm from God')이신데, 그 지혜는 "의로움"(righteousness)과 "거룩함"(holiness)과 "구원함"(redemption)이시다. 참으로 그리스도 예수는 부요하시다. 따라서 그리스도 예수 안에 있는 신자들은 그리스도가 가지고 계시는 이 모든 풍요로움을 선물로 받는다. 이에 따라서 바울은 "한 분이신 주께서 모든 사람의 주가 되사 그를 부르는 모든 사람에게 부요하시도다"라고 말했다(롬 10:12).

31절: "자랑하는 자는 주 안에서 자랑하라"라는 말은 예레미야 9:23-24를 느슨하게(loosely) 인용한 것이다(참고. 갈 6:14). 예레미야 9장은 이스라엘을 향한 심판 선언이다(참고. 렘 9:13-16). 그러므로 이 구절 인용은 강하고 단호한 어조를 가진다. 이 말씀의 의미는 자신이 구원받은 것을 자신의 노력과 공로에 의한 것으로 생각해서 자신을 자랑해서는 안 되며, 오히려 자신이 이렇게 변화되어 새로운 사람이 된 것이 그리스도의 십자가 덕분인 것을 알고 현재 구원받은 자신이 있게 하신 그리스도를 자랑해야 한다는 뜻이다.

2:1-16 하나님의 일은 하나님의 영으로

1:10-17에서 바울은 고린도 교회의 분쟁 문제를 언급했는데, 1:18에서부터는 이 문제 해결을 위한 신학적 근거를 제시한다. 그리하여 1:18-31에서 그는 고린도 교인들이 그토록 자랑하던 세상의 지혜가 사람을 구원하지 못하며, 오로지 하나님의 지혜(복음)가 사람에게 영원한 생명을 준다는 사실을 말한다. 이제 이 단락에서 그는 하나님의 일(구원)을 세상의 지혜로 알 수 없으며, 오직 하나님의 영(성령)으로 알 수 있다고 가르친다. 그래서 교인들이 세상의 지혜를 자랑할 필요가 없으며, 그것으로 인해 교회가 분열되는 것이 어리석은 짓이라고 지적한다.

2:1-5 복음의 능력

여기서 인칭 변화가 다시 일어난다. 1인칭 단수(1:10-17), 1인칭 복수(1:18-25), 2인칭 복수(.:26-31)가 다시 1인칭 단수(2:1-5)로 바뀐다. 인칭 변화는 바울이 1:17의 아이디어를 이 단락에서 거론한다는 사실을 암시한다. 1:17에서 그는 자신이 받은 사명을 말했는데, 이제 여기서 자신이 고린도에서 어떻게 사역했는지를 기술한다.

1절: 바울은 고린도 교인들에게 하나님의 증거(말씀)를 전할 때 "말과 지혜의 아름다운 것"으로 하지 않았다고 언급한다(참고. 1:17, "말의 지혜"). "말과 지혜의 아름다운 것"(ESV: 'lofty speech or wisdom')이란 표현은 자신의 지식과 지혜를 자랑하려는 것, 혹은 자신이 지닌 우월한 사회적 신분을 과시하려는 것을 뜻한다. 그러나 이 표현을 두고 바울이 복음을 전할 때 아무런 수사학적 전달 방식도 사용하지 않았다고 보아서는 안 된다. 바울서신을 통해서 볼 때 바울은 상당한 설득력을 갖추고 있었으며 그것을 종종 사용했다. 다만 이 표현은 바울의 중심이 무엇인지를 보여준다. 그에게는 말씀의 순수성을 지키려는 의지가 강했다. 그는 잘 포장된 언어 때문에 청중이 말씀 자체에 집중하지 못하는 것을 경계했다. 그래서 말씀의 원래의 뜻을 드러내기 위해서 노력했으며, 말씀 자체의 능력을 신뢰했다. 그는 말씀이 가지고 있는 수행력(performative power)을 믿었다. 히브리서 4:12는 다음과 같이 말한다. "하나님의 말씀은 살아 있고 활력이 있어 좌우에 날선 어떤 검보다도 예리하여 혼과 영과 및 관절과 골수를 찔러 쪼개기까지 하며 또 마음의 생각과 뜻을 판단하나니"

2절: "예수 그리스도와 그가 십자가에 못 박히신 것"이란 표현은 1:23에서 이미 언급되었는데, 복음을 의미한다. 아무것도 알지 않기로 작정했다는 말은 1절의 "말과 지혜의 아름다운 것"으로 아니했다는 표현과 같은 맥락이다. 고린도전서는 물론이고 바울이 쓴 서신 전체에서 알 수 있듯이, 바울은 세상의 지식을 부정하거나 그러한 지식의 가치를 배격하지 않았다. 그는 비지성주의자가 아니었다. 단지 본질적인 것(복음)이 무엇인지를 강조할 따름이었다.

'예수 그리스도가 십자가에 못 박히셨다'(Christ crucified)라는 문구는 현재완료 수동태 분사인데, 헬라어에서 현재완료 시제는 과거에 완료되었으나 그 효과가 현재까지 지속된다. 이는 예수 그리스도의 십자가 사건이 과거에 한 번 일어난 역사적 사건이지만, 모든 세대에게 가장 위대한 영향을 미치는 변혁(變革) 사건임을 암시한다.

3절: 바울은 고린도 교인들 가운데 거할 때 약하고 두려워하고 심히 떨었다고 말한다. "약하고 두려워하고 심히 떨었노라"라는 표현이 무엇을 뜻하는지가 모호하다.

첫째, 바울의 육체적 질병을 가리킨다는 주장이 있다. 그렇다면 이것은 바울이 고백한 '육체의 가시'(고후 12:7)와 연관될 것이다. 특히 고린도후서 10:10에는 바울의 인물됨에 대한 반대자들의 평가가 기록되어 있는데, "그들의 말이 그의 편지들은 무게가 있고 힘이 있으나 그가 몸으로 대할 때는 약하고 그 말도 시원하지 않다 하니"라고 되어 있다.

둘째, 바울이 고린도에서 당한 박해와 연관 짓는 견해가 있다. 바울이 예수 그리스도를 전할 때, 이를 못마땅하게 여긴 유대인들로부터 미움을 많이 받았다. 유대인들은 바울을 로마 정부에 고소했을 뿐만 아니라 그를 죽이기 위해 온갖 수단을 동원했다. 그런 가운데 바울은 극심한 두려움에 떨었다(참고. 행 18장).

셋째, 바울이 가졌던 종의 자세나 종교적인 경외심에 대한 언급으로 보는 견해가 있다. 이는 약함과 두려움과 떨림이라는 표현이 신약성경 다른 곳에서 종의 자세(참고. 엡 6:5) 혹은 종교적인 경외심(참고. 빌 2:12-13; 히 12:20-21)을 묘사할 때 사용되었기 때문이다. 만일 이 견해가 옳다면 바울이 복음을 전할 때 경솔히 전하지 않고 하나님 앞에서 약함과 두려움과 떨림을 가졌음을 의미한다.

이 견해들 가운데 어느 것이 옳은지를 결정하기가 쉽지 않다. 어쩌면 바울은 이 표현을 사용함으로써 세 가지를 모두 염두에 두었을 수도 있다. 분명한 사실은 다음과 같다. 바울은 인간이 약할수록 하나님의 복음이 더 강하고 분명하게 드러난다고 생각했다(참고. 고후 12:9).

4절: 바울은 "말"(speech)과 "전도함"(message)이 "설득력 있는 지혜의 말"로 하지 않았다고 주장한다. 이는 1:17의 "말의 지혜로 하지 아니함"과 2:1의 "말과 지혜의 아름다운 것으로 아니하였나니"와 같은 뜻이다. 따라서 바울은 세 번이나 자신이 말씀을 전할 때 인간적인 수사를 사용하지 않았다고 말한다. 다만 "성령의 나타나심과 능력"으로 했다고 고백한다. "성령의 나타나심과 능력"이란 복음에 동반되어 일어나는 이적들과 더불어 복음 자체의 변화시키는 힘을 뜻한다. 그의 설교에는 성령의 나타나심과 능력이 있었다(참고. 고후 12:12; 갈 3:5 등).

5절: 바울은 이런 노력을 기울여서 복음을 전한 이유가 무엇인지를 밝힌다. 그는 이렇게 함으로써 사람들의 믿음이 "사람의 지혜에"(in the wisdom of men) 있지 않고, 다만 "하나님의 능력에"(in the power of God) 있게 하려 했다고 말한다. 그는 설교할 때 인간적인 기교를 사용해서 인위적으로 설득하려고 하지 않았다. 오로지 말씀이 가지고 있는 강력한 능력(수행력)을 의존했다. 그는 복음이 제대로 전달되면 성령께서 청중들에게 회개와 믿음을 주신다는 사실을 믿었다. 즉 성령이 복음을 매개체로 사용하셔서 역사하신다는 사실을 신뢰했다.

2:6-16 성령으로 보이심

이제 바울은 앞에서 말한 성령께서 말씀을 깨닫게 하신다는 사실을 설명한다. 하나님은 성령으로 말미암아 하나님의 숨겨진 지혜를 보여주신다. 이곳에서는 3인칭 복수('우리')가 사용되는데, 바울이 자신과 다른 사역자(교사)들을 같은 선상에 위치시키고 권면을 하기 때문이다. 즉 그는 자신의 예가 모든 사역자의 예가 되어야 한다고 생각한다.

6절: "온전한 자들"('텔레이오이')이란 성숙한 자들(mature)을 뜻하는데, 주의 말씀을 이해할 수 있는 신자들을 가리킨다. 바울은 그런 자들에게 "지혜"를 말한다고 한다. 하지만 그가 말하는 지혜는 세상의 지혜가 아니고(참고 1:20), 세상에서 없어질 통치자들의 지혜도 아니다.

7절: 그렇다면 바울이 말하는 지혜란 무엇인가? 그것은 "은밀한 가운데 있는 하나님의 지혜"(a secret and hidden wisdom of God)이다. "은밀한 가운데 있는 하나님의 지혜"는 유대의 묵시적 표현으로, 하늘에 속한 지혜, 고상한 지혜, 아직 세상에 충분히 드러나지 않은 지혜, 하나님의 구원계획이 담겨 있는 지혜를 뜻한다. 따라서 이것은 인간의 힘과 지식으로 알 수 없다. 오직 하나님이 보여주셔야 알 수 있다.

하나님은 "우리의 영광을 위하여" 이 지혜를 정해 놓으셨는데, 이는 이 지혜를 통하여 우리가 복음을 믿고 영광으로 인도된다는 뜻이다. 그리고 이 복음은 하나님께서 "만세 전에 미리 정하신 것"인데, 이는 십자가 사건이 우발적으로 일어났거나 우연히 일어난 것이 아니라, 하나님의 철저한 계획과 예정 속에서 일어난 것임을 가르쳐준다. 바울은 골로새서 1:26-27에서 이 사실을 구체적으로 언급한다. "이 비밀은 만세와 만대로부터 감추어졌던 것인데 이제는 그의 성도들에게 나타났고 하나님이 그들로 하여금 이 비밀의 영광이 이방인 가운데 얼마나 풍성한지를 알게 하려 하심이라. 이 비밀은 너희 안에 계신 그리스도시니 곧 영광의 소망이니라"

8절: 이 지혜를 "이 세대의 통치자들"은 한 사람도 알지 못했다. 왜냐하면, 그것이 감추어졌기 때문이다. 따라서 그들은 감추어진 지혜를 몰랐기에 영광의 주님을 십자가에 못 박았다. "이 세대의 통치자들"이란 주님을 십자가에 못 박은 권력자들을 가리킨다. 하지만 나아가서 주님을 믿지 않는 자들을 통칭한다. 이들은 바울 당시만이 아니라 모든 시대에 존재한다.

9절: 이 구절은 이사야 64:4를 인용한 것인데(참고. 사 65:16), 이사야 64장의 문맥은 고린도전서 2장의 문맥과 비슷하다. 이 구절의 요지는 하나님의 뜻을 인간의 지혜와 이해력으로 알 수 없다는 것이다. 인간은 원초적으로 사악하고 무지하다. 인간은 진리를 모르며, 따라서 예수 그리스도를 받아들이지 않는다. 오직 성령께서 역사하셔야 알 수 있고 받아들일 수 있다. 그러므로 구원은 전적으로 은혜로 말미암는다. 이 일에 인간은 할 수 있는 것이 아무것도 없다. 따라서 인간에게는 자랑할 것이 전혀 없다(참고. 엡 2:8-9).

10절: 하나님은 오직 성령을 통하여 숨겨진 하나님의 지혜를 보여주셨다. 인간의 사변과 지식으로는 하나님의 지혜를 알지 못하기 때문이다. 오직 성령께서 가르쳐 주셔야만 알 수 있기 때문이다(보혜사). 성령은 "모든 것 곧 하나님의 깊은 것"이라도 통달하신다. 참으로, 우리는 오직 성령을 통하여 성부의 계획을 알고 성자의 사역을 이해할 수 있다.

11절: 바울은 사람과 하나님을 유비하면서, 사람의 일을 사람의 속에 있는 영 외에 알지 못하듯이, 하나님의 일도 하나님의 영 외에 알지 못한다고 말한다. 이 말의 의미는 다음과 같다. '사람의 생각을 자신밖에 모르듯이, 하나님의 생각도 하나님밖에 모른다.'

12절: 우리는 세상의 영을 받지 않고 오직 하나님으로부터 온 영(성령)을 받았다. 이는 우리가 그리스도를 영접함으로 성령께서 내주하시게 된 일을 가리킨다. 우리 안에 계시는 성령의 도움으로 하나님께서 우리에게 은혜로 주신 것들을 알 수 있다.

13절: 바울은 사람의 지혜가 가르친 말로 하지 않고, 오직 성령께서 가르치신 것으로 했다고 고백한다. 이는 화려한 언어로 청중을 설득하려 한 것이 아니라, 말씀이 전파되는 곳에 성령의 나타나심과 능력이 있음을 의지했다는 뜻이다. 이제 바울은 논의의 요지를 분명히 말한다. "영적인 일은 영적인 것으로 분별하느니라." 이 말은 하나님의 일(은혜, 계시, 복음, 구원 등)을 오직 성령으로 이해할 수 있다는 뜻이다.

14절: 2:14-15에서 바울은 "육에 속한 사람"과 "신령한 사람"을 대조한다. 그는 먼저 "육에 속한 사람"(natural person)을 말한다. 이는 거듭나지 않은 사람을 가리킨다. 바울(또한 성경)은 그리스 철학자들처럼 인간의 구조를 이분적으로(육과 영의 구성체) 보지 않았다. 다만 이분적 개념을 사용하여 인간을 거듭나지 않은 사람(육적인 사람)과 거듭난 사람(영적인 사람)으로 구분했다. "육에 속한 사람"은 성령의 일들을 받지 않는다. 그에게는 그것들이 어리석게 보인다. 성령께서 분별할 수 있게 해 주시지 않으면 분별할 수 없다.

15절: 이제 "신령한 자"(spiritual person, 영적인 자)가 나온다. 그는 거듭난 자이다. 신령한 자는 모든 것을 판단한다. 하지만 자기는 아무에게도 판단을 받지 않는다. 이 말은 세상 사람들이 거듭난 사람들을 이해하지 못한다는 뜻임과 동시에, 거듭난 사람들의 판단이 정확하나 세상 사람들의 판단이 정확하지 않다는 뜻이다. 거듭난 사람들은 성령의 인도와 지시를 받기에 정확하게 판단한다. 하지만 세상 사람들은 자신들의 지혜를 의존하기에 정확하게 판단하지 못한다. 따라서 세상의 교훈과 기준에 따라 거듭난 사람들이 박해와 따돌림을 받을 수 있다.

16절: 바울은 이사야 40:13(LXX)을 인용하면서 말을 맺는다. 그는 수사학적 질문을 던진다. "누가 주의 마음을 알아서 주를 가르치겠느냐?" 이 질문에 내재한 답변은 "아무도 몰랐다"이다. 사람의 마음(세상의 지혜)으로는 하나님의 마음, 즉 복음의 진리를 모른다. 그런데 바울은 대담하게도 "그러나 우리가 그리스도의 마음을 가졌느니라"라고 선언한다. 이는 그리스도인들이 "하나님으로부터 온 영"(성령)을 받았기에(참고. 1:12), 그리스도의 마음(하나님의 지혜)을 가지고 있으며, 따라서 그것을 정확하게 알 수 있다는 뜻이다. 그러므로 바울은 1:10에서 말한 "같은 마음"을 여기서 "그리스도의 마음"에 연결한다. 그리스도인들은 그리스도의 마음을 가졌기에, 결국 같은 마음을 가지고 있다. 따라서 그리스도인들은 결코 나누어질 수 없다.

3:1-23 교회의 속성

바울은 1:10-17에서 고린도 교회의 분쟁을 언급했고, 1:18-2:16에서 고린도 교회의 분쟁 원인(세상의 지혜)과 그 해결책(하나님의 지혜)을 제시함으로써 교회의 일치와 화합을 위한 신학적 기반을 마련했다. 이제 그는 3장에서 교회의 속성, 즉 교회가 무엇인지를 말한다. 이를 통해서 그는 바람직한 교회상을 제시한다. 그는 3:1-4에서 고린도 교인들의 문제를 다시 거론하고, 3:5-17에서 교회의 속성을 서술한 후, 3:18-23에서 결론을 내린다.

<3장의 구조>

3장은 서언, 세 개의 은유, 그리고 결어로 구성되어 있다.

3:1-4 서언: 영적 어린아이들
3:5-9 은유 1: 밭으로서의 교회
3:10-15 은유 2: 건물로서의 교회
3:16-17 은유 3: 성전으로서의 교회
3:18-23 결어: 반복과 요약

3:1-4 서언: 영적 어린아이들

바울은 고린도 교인들을 '영적 어린아이들'로 규정한다. 그들은 주님을 믿은 지 오래되었으나 여전히 성숙하지 못했다. 그들은 아직도 복음과 교회를 제대로 이해하지 못했고, 행실과 도덕에 있어서 의롭지 않았다.

1절: 고린도 교인들은 자신들을 "신령한 자들"(영에 속한 자들)이라고 생각했다. 그러나 바울은 그들을 "육신에 속한 자들"("그리스도 안에서 어린아이들")처럼 대한다(참고. 롬 8:1-17; 갈 5:16-26). "신령한 자"는 구원받은 성도를 의미한다. 그러한 사람은 성령의 지배를 받으면서, 성령의 열매를 맺으며 활기차고 능력 있게 살아간다. 즉 생명을 가지고 있기에 영적으로 꾸준히 성장한다. 따라서 우리는 성령으로 말미암아 거듭남으로 영에 속한 사람이 되어서 성령의 역사를 통해 계속해서 성장해야 한다. 그러나 육신에 속한 자는 구원받지 못한 사람을 가리킨다. 그러한 사람은 육신의 지배를 받으면서 잘못된 생각과 타락한 행동을 한다. 그는 실상 죽은 자이다. 바울은 고린도 교인들의 영적인 상태가 그러한 자(불신자)와 별반 다르지 않다고 보았다. 그래서 그들을 "그리스도 안에서 어린아이들을 대함과 같이"하겠다고 말한다.

2절: 바울은 고린도 교인들을 젖으로 먹이고 밥으로 먹이지 않았다고 말한다. 어린아이에게는 딱딱한 밥을 먹이지 않고 부드러운 젖을 먹인다. 마찬가지로 바울은 고린도에서 사역할 때 고린도 교인들에게 깊고 심오한 진리('밥') 대신에 이해하기 쉬운 기본적인 교훈('젖')을 전했다. 왜냐하면, 그들이 깊은 진리를 이해하지 못했기 때문이다. 비록 고린도 교인들 스스로는 지혜가 많고, 성숙해 있어서 바울이 전하는 어떠한 내용이라도 잘 이해할 수 있을 것으로 생각했겠지만, 바울은 그들을 그렇게 간주하지 않았다. 바울이 보기에, 그들은 영적으로나 도덕적으로 여전히 미성숙했다. 따라서 그러한 사람들에게 깊고 심오한 진리를 가르치는 것은 오히려 그들을 위험하게 만들 수 있었다. 그런데 그로부터 세월이 제법 많이 흘렀으나, 바울은 그들이 여전히 밥을 먹을 만큼 성숙하지 않았다고 생각한다. 그래서 이어지는 부분(3:5-17)에서 보듯이, 그는 어린아이들을 가르치듯이 이해하기 쉽게 설명하기 위하여 '은유'를 사용한다.

3절: 바울은 고린도 교인들을 향해 "너희는 아직도 육신에 속한 자로다"라고 말한다. 그리고 수사학적 질문 형태로 그들 가운데 "시기와 분쟁"이 있으니 어찌 육신에 속한 자가 아니겠냐고 말한다. 육신에 속한 자들, 곧 성숙하지 못한 자들은 시기하고 싸운다. 그들은 서로 잘났다고 생각하고 상대를 멸시한다. 그러나 영에 속한 자들, 곧 성숙한 자들은 화평과 사랑을 추구한다. 그들은 겸손하며 상대를 존중하고 배려한다. 아무리 지식과 지혜를 많이 가지고 있다고 하더라도, 시기와 분쟁을 일삼으면 어린아이에 불과하다. 필시 지식과 지혜를 가지고 있다 해서 성숙한 사람이라는 표식을 지닌 것은 아니다.

헬라어로 '시기'를 '젤로스'라고 하는데, '열심'도 '젤로스'이다. 바울은 자신이 열심을 가지고('카타 젤로스', 빌 3:6) 교회를 핍박했다고 고백했다. 즉 종교적 열정이 시기를 촉발한 것이다. 그러므로 시기는 긍정적이든 부정적이든 사람을 매우 강하게 독려하는 힘을 가지고 있다. "어찌 육신에 속하여 사람을 따라 행함이 아니리요"라는 문구는 '육신에 속하여 사람의 방식을 따라 행하는 것이 아니겠는가'(ESV: 'are you not of the flesh and behaving only in a human way')라는 뜻이다. 이는 그들이 성경의 표준과 가르침대로 살지 않고, 세상 사람들의 사고와 관습을 따라 행한 것을 암시한다.

4절: 바울은 수사학적 질문 형태로 고린도 교인들 가운데 있었던 시기와 분쟁을 구체적으로 언급한다. 그들은 저마다 바울파, 아볼로파, 게바파, 그리스도파라고 주장하면서 파당을 형성했다(참고. 1:12). 고린도에서 사역자들은 서로 시기하지 않고 힘을 합하여 일했다. 하지만 교인들은 그들의 이름을 중심으로 분열했다. 이는 그들이 육신에 속했다는 증거이다. 성령에 의해 깨우침을 받고 성령에 따라 사는 사람은 편을 가르고 시기하며 싸우는 일을 하지 않는다.

3:5-9 은유 1: 밭으로서의 교회

3:5-17에서 바울은 교회의 속성에 관한 가르침을 세 개의 은유(metaphor)로 묘사한다. 그는 밭과 건물 등을 은유의 소재로 사용하는데, 이들은 구약성경에서 하나님의 백성들을 지칭하는 데 사용된 그림 언어이다(참고. 렘 1:10; 42:6). 이 은유들은 교회의 다양한 속성을 드러낸다. 바울은 이 은유들을 뚜렷한 경계선 없이 자연스럽게 이어간다. 먼저, 3:5-9에서 바울은 '밭으로서의 교회'를 언급한다. 밭은 자라게 하는 곳이다. 바울은 영적 어린아이들인 고린도 교인들이 교회에서 성장해야 한다는 사실을 설명한다.

5절: 바울은 아볼로와 자신을 주님이 보내신 "사역자들"이라고 말한다. 여기서 사역자들에 사용된 헬라어(복수형) '디아코노이'는 '종들'(servants)이라고 번역하는 것이 좋다. 원래 이 단어는 식탁에서 시중드는 자들을 의미했다. 하나님의 일을 하는 사람들은 하나님의 종으로서 성도를 섬긴다(참고. 고후 4:5). 하나님은 종들을 보내셔서 고린도 교인들이 믿음을 가지게 하신다. 따라서 바울의 요지는 하나님이 보내신 종들을 중심으로 편을 가르지 말고, 하나님을 바로 믿으라는 것이다.

6절: 이 구절에는 바울과 아볼로가 고린도에서 한 일이 언급되어 있다. 먼저 바울이 고린도에 와서 말씀의 씨를 뿌렸고(참고. 마 9:7; 15:13), 이후 아볼로가 고린도에 와서 성장을 위한 물을 주었다(참고. 행 18:27-19:1). 따라서 그들은 다른 분야의 일을 했으나, 동등하게 중요한 일을 했다. 그러므로 하나님의 종들은 서로 협력해야 하고 존중해야 한다. 그리고 교인들은 하나님의 종들을 차별하지 말아야 하며, 종들 각자에게 맡겨진 특정한 역할이 있음을 인식해야 한다. 이후에 나오지만, 고린도 교인들의 문제점은 은사와 직분의 차이에 대한 이해가 없었다는 것이다. 그들은 하나님이 각 사람에게 다른 일을 맡기셨다는 사실을 인지하지 못했다. 바울은 "오직 하나님께서 자라나게 하셨나니"라고 말함으로써 사역의 주체가 하나님이시며, 자신과 아볼로는 단지 하나님께서 시키신 일을 했을 뿐이라는 점을 암시한다.

7절: 바울은 3:6b의 아이디어를 확장한다. "심는 이나 물 주는 이는 아무것도 아니로되"라는 언급은 종들에게 아무런 공로가 없다는 뜻이다. "오직 자라게 하시는 이는 하나님뿐이니라"라는 표현은 오직 하나님께서 생명을 자라게 하신다는 뜻이다. 사람은 하나님에 의해서 사용되었을 뿐이다. 오직 하나님이 영광을 받으셔야 한다.

8절: 여기서 "한가지"는 '하나의 목적' 혹은 '공동의 목적'이라는 뜻이다(NIV: 'one purpose'; NRSV: 'a common purpose'). 심는 이와 물 주는 이는 각기 다른 일을 하지만, 같은 목적을 가지고 있다. 그런데 그들이 하는 일(심는 것, 물 주는 것)은 모두 필수적이다. 어느 공정도 없어서는 안 된다. 그러므로 그들은 서로 돕고 보완해야 한다. 만일 한 사람이 다른 사람을 무시하거나 제쳐두면 그들이 추구하는 목적을 이룰 수 없다.

바울은 종들에 대해서 "각각 자기가 일한 대로 자기의 상을 받으리라"라고 말한다. 이는 하나님께서 사람의 수고를 개별적으로 대하시면서 적절히 보응해 주신다는 뜻이다. 따라서 그들은 주님이 그들 각자에게 주시는 상을 기대하면서 맡겨진 일에 충성해야 한다. 그러나 4장에서 다루겠지만, 주님의 종들이 아무것도 아니라는 말씀을 주님의 종들을 아무렇게나 대해서도 된다는 뜻으로 받아들여서는 안 된다. 주님의 종들은 매우 중요하다. 그들은 귀한 일을 하고 있다. 더욱이 주님은 그분의 종들을 아끼시고 사랑하신다. 따라서 교인들은 주님의 종들을 존중하고 극진히 대하며 그들의 일에 협력해야 한다.

9절: 여기서 "우리"는 바울과 아볼로를 가리키지만, 나아가서 주님의 종들 전체를 의미한다. "하나님의 동역자들"은 헬라어로 '테우 쉬네르고이'이다. 이 문구를 직역하면 ESV처럼 'God's fellow workers'가 된다. 그러나 이 문구를 의역하여 '하나님께 속한 동료 종들'이라고 이해하는 것이 바람직하다. 즉 바울과 아볼로가 서로 동역하는 자들이지, 그들이 하나님과 더불어 동역하는 것이 아니라는 뜻이다. 그래서 NIV는 의미를 살려서 'co-workers in God's service'라고 번역했고, NRSV는 'God's servants'라고 번역했다. 사람은 하나님의 동역자가 될 수 없다. 사람은 하나님의 명령을 받아서 하나님을 위하여 일하는 종일 뿐이다.

여기서 "너희"는 고린도 교인들(교회)을 가리키지만, 나아가서 모든 그리스도인을 의미한다. 바울은 성도들을 하나님의 '밭'이요 하나님의 '집'(건물, building)이라고 말한다. 밭은 자라게 하는 곳이다. 교회에서 성도들은 자란다. 하나님의 지시에 따라 하나님의 종들이 씨를 뿌리고 물을 줌으로써 교인들을 자라게 한다.

3:10-15 은유 2: 건물로서의 교회

3:9b에 있는 '집'(건물, building)에 대한 언급이 발전되어서 이제 건물 은유가 시작된다. 여기에 나오는 건물 은유와 뒤이어서 나오는 성전 은유는 당시 고린도에 신전이 많았기 때문에 자연스럽게 받아들여졌을 것이다. 바울이 '건물'을 은유의 소재로 사용한 것은 분열해 있는 교인들의 연합과 협력을 강조하기 위해서이다.

10절: 바울은 "내게 주신 하나님의 은혜를 따라" 일했다고 고백한다(참고. 롬 1:5; 갈 2:9; 엡 3:2). 그는 원래 교회를 핍박한 자였으나, 이제 교회를 세우는 자가 되었다. 따라서 그는 하나님이 그에게 주신 은혜가 크다고 생각했다. 하나님은 악한 자라도 변화시키셔서 선한 일을 하게 하신다. 바울은 "지혜로운 건축자와 같이 터를 닦아 두매"라고 말한다(참고. 사 3:3). 지혜로운 건축자는 신중함과 사려 깊음과 철저한 계산을 통해서 건축 계획을 수립한다. 만일 그렇게 하지 않으면 건물이 튼튼하게 세워지지 않을 것이다.

"다른 이가 그 위에 세우나"라는 표현은 아볼로를 가리킨다(참고. 3:6). 그러나 여기서 바울이 아볼로라는 이름을 특정하지 않고, "다른 이"('알로스', someone)라고 말한 것은 바울 이후에 들어온 사역자(종)들 전체를 지칭하려는 의도를 가진다. 바울 이후에 들어온 사역자들은 바울이 닦아 둔 터 위에 건물을 세웠다. 하지만 바울은 "각각 어떻게 그 위에 세울까를 조심할지니라"라고 말한다. 건축물은 조금만 잘못 세워도 무너진다. 마찬가지로 사역자들이 잘못된 가르침을 전하면 교회에 큰 문제가 발생한다. 따라서 사역자들은 바울이 전한 사도적 가르침 위에서, 즉 성경의 가르침에 따라서 진중하고 적실하게 교회를 세워가야 한다.

11절: 바울은 교회의 유일한 터가 예수 그리스도라고 말한다. 예수 그리스도는 구원의 유일한 방도이시다. 교회는 예수 그리스도에 의해서 세워졌고, 예수 그리스도의 가르침을 배우는 곳이며, 예수 그리스도의 영광을 드러내는 곳이다. 예수 그리스도는 교회의 시작과 끝이시다. 예수 그리스도를 떠난 교회는 이미 교회가 아니다. 그런데 교회는 한 번 세워지고 끝나는 것이 아니라, 역사 가운데 계속해서 세워져 간다. 우리는 예수 그리스도라는 터 위에서 사도들이 전해 준 말씀의 원리에 따라 교회를 더욱 굳건히 세워가야 한다.

12절: 바울은 건축 은유답게 자재의 종류를 말한다. 건물을 세우려면 다양한 자재를 사용해야 한다. 바울은 좋은 자재인 금, 은, 보석과 나쁜 자재인 나무, 풀, 짚을 구분한다. 여기서 각 자재의 특징을 거론하면서 풍유적 의미를 부여하는 것은 적절하지 않다. 바울이 말하고자 하는 것은 건물을 지을 때 좋은 자재를 써야 한다는 사실이다.

13절: 이어서 건물이 잘 세워졌는지를 확인하는 일(준공검사)이 언급된다. "각 사람의 공적이 나타날 터인데 그날이 공적을 밝히리니"라는 말은 마지막 심판의 날이 오면 모든 것이 드러나서 각자가 한 일이 명백하게 될 것이라는 뜻이다. 마지막 심판의 날에 하나님께서는 불로써 각 사람의 '공적'('에르곤', work)을 시험하실 것이다. 그리하여 그의 진정성이 드러날 것이다.

14-15절: 만일 공적이 불에 타지 않고 그대로 있으면 상을 받을 것이다. 그러나 공적이 불에 타면 해를 받을 것이다. 즉 좋은 자재로 지은 집은 불에 타지 않을 것이나, 나쁜 자재로 지은 집은 불에 탈 것이다. 하지만 집이 불에 타더라도 자신은 불 가운데서 살아 나오는 사람처럼 구원받을 것이다. "자신은 구원을 받되 불 가운데서 받은 것 같으리라"라는 말은 아모스 4:11의 "불붙는 가운데서 빼낸 나무

조각"을 배경으로 하는데, 가까스로 구원받은 것을 의미한다.

그리스도인들은 하나님으로부터 의롭다고 인정받았으며(참고. 롬 5:1), 따라서 심판의 날에 정죄 받지 않을 것이다(참고. 요 5:24; 롬 8:1, 33). 그러나 하나님은 여전히 그들의 삶과 사역을 판단하실 것이고(참고. 롬 14:10-12; 고후 5:10), 그에 따라 보응하실 것이다(참고. 마 6:1-6, 16, 18; 10:41-42).

3:16-17 은유 3: 성전으로서의 교회

바울은 건물 은유를 이제 가장 특별한 건물인 성전 은유로 진전시킨다. 따라서 그의 서술은 발전적이다. 그는 성전을 은유의 소재로 삼음으로써 교회의 특별하고 신적인 성격을 드러낸다. 즉 교회가 거룩한 공동체라는 사실을 보여준다.

16절: 바울은 복수형 "너희"를 말하는데, 이는 교회 공동체를 의미한다. 교회 공동체는 하나님의 성전으로서 그 안에 성령이 계신다. 하지만 6:19에서는 신자 개인을 하나님의 성전이라고 말한다. 따라서 교회와 개인 모두가 하나님의 성전이다. 성전은 하나님이 계시는 곳이며, 하나님을 만나는 곳이다. 성전은 삶의 중심이자, 세상의 중심이다. 그러므로 바울이 성전을 교회로 은유한 것은 교회가 성전처럼 하나님이 계시는 곳이고, 하나님을 만나는 곳이며, 거룩한 곳이고, 삶의 중심이라는 사실을 가르쳐준다. 그런데 교회가 거룩한 것은 교회에 속한 사람들이 거룩하기 때문이 아니라, 교회에 거룩한 영(성령)이 계시기 때문이다(참고. 고후 6:16; 엡 2:21-22). 참으로, 교회 안에 거룩한 영(성령)이 계시기에, 교회는 거룩하며 신성하다.

그렇지만 신약시대에는 건물 성전이 없다. 예수님은 성전의 파괴를 예언하시면서(참고. 막 13:1-2), 자신이 새로운 성전을 지을 것이라고 말씀하셨고, 성전을 정화하시면서 이러한 예언과 약속을 상징적으로 보여주셨다(참고. 막 11:15-17). 예수님이 새로운 성전을 짓겠다고 말씀하신 것은 새로운 건물을 짓겠다는 것이 아니라, 자신을 중심으로 한 하나님의 백성 공동체를 창설하시겠다는 뜻이다. 그러므로 신약의 관점에서 성전은 하나님과 인간을 만나게 해 주는 중보자라는 점에서 예수님이시고, 하나님이 계시는 곳이라는 면에서 성도 개인이거나 성도들의 공동체인 교회이다. 즉 이제 성전은 예수님과 성도와 교회(건물이 아니라 성도들)이다.

17절: 이 구절을 정확히 번역하면 다음과 같다. '만일 누군가가 하나님의 성전을 파괴하면 하나님께서 그를 멸망시키실 것이다. 이는 하나님의 성전이 거룩하기 때문인데, 너희가 바로 그 성전이다.' 구약에서 하나님의 전을 더럽힌 자는 사형에 처하거나(참고. 레 15:31), 공동체에서 추방되었다(참고. 민 19:20). 이에 대한 실례로 바벨론을 들 수 있다. 바벨론은 솔로몬의 성전을 파괴했기 때문에 하나님에 의해서 멸망을 받았다. 앞에서 말했듯이, 이제 신약시대에는 교회가 성전이다. 교회를 파괴하는 자는 성전을 파괴하는 자와 마찬가지로 하나님의 엄중한 심판을 받는다. 하나님은 그분의 교회를 특별하게 여기셔서 지키시고 보존하신다.

3:18-23 결어: 반복과 요약

바울은 1:18-3:17에서 언급한 내용을 이 단락에서 반복하며 요약한다.

18절: "아무도 자신을 속이지 말라"라는 말은 착각하지 말라는 뜻이다. 고린도 교인들은 자신들이 지혜롭다고 생각했다. 그러나 바울은 그들이 어리석다고 말한다. 그들은 스스로 속지 말아야 한다. 그들은 자신들의 실상을 깨달아야 한다. 바울은 "너희 중에 누구든지 이 세상에서 지혜 있는 줄로 생각하거든 어리석은 자가 되라"라고 말한다. 그리고 "그리하여야 지혜로운 자가 되리라"라고 말한다. "어리석은 자"란 예수 그리스도의 십자가를 믿는 자이다. 예수 그리스도의 십자가를 믿는 자는 참으로 "지혜로운 자"가 될 것이다.

19-20절: 바울은 구약성경 두 구절을 인용한다. 첫 번째 인용 구절인 욥기 5:13은 데만 사람 엘리바스의 연설 중 일부이다. 이것은 신약에서 유일하게 욥기를 인용한 것이다. 두 번째 인용 구절인 시편 94:11은 악한 압제자를 무너뜨리고

의인을 구해 달라는 기도이다. 따라서 바울이 인용한 두 구절은 모두 세상 지혜의 허무함을 말한다. 즉 바울이 말하고자 하는 사실은 참으로 지혜롭게 되기 위해서 세상의 지혜를 포기해야 한다는 것이다.

21절: "누구든지 사람을 자랑하지 말라"라는 말은 인간 지도자들(바울, 아볼로, 게바 등)을 지나치게 내세우면서 자신의 사사로운 유익을 도모하지 말라는 뜻이다(참고. 1:29, 31). 고린도 교인들은 인간 지도자들을 중심으로 파당을 형성함으로 분열했다. 그리고 이러한 분열은 교회의 파괴로 이어질 지경이었다. 그래서 바울은 그들의 분열 원인이었던 인간 지도자 중심의 파당을 비판한다. 그들은 오로지 하나님만을 자랑해야 한다. 이는 하나님께만 영광을 돌려야 한다는 뜻이다. "만물이 다 너희 것임이라"라는 말은 이어지는 3:22-23에서 설명된다.

22절: "바울이나 아볼로나 게바나 세계나 생명이나 사망이나 지금 것이나 장래 것이나 다 너희의 것이요"라는 말은 3:21b의 "만물이 다 너희 것임이라"를 구체적으로 설명한 것이다.

23절: 우리는 각기 다른 존재(분파)가 아니라 하나다. 한 하나님의 자녀가 된 한 형제다.

4:1-21 그리스도의 일꾼

3장에서 바울은 교회의 속성을 설명하는 가운데, 특히 3:5-9에서 '주님의 사역자들(종들)'에 관하여 언급했다. 이제 4장에서 그는 사역자들이 어떤 자세로 일해야 하는지, 그리고 교인들이 그들을 어떻게 대해야 하는지를 말한다. 이것은 교인들이 분열을 멈추고 연합하게 하는 중요한 수단이 된다. 당시 고린도 교인들은 사역자들의 이름을 가지고 파당을 형성했다. 하지만 사역자들은 오히려 교인들의 하나 됨을 추구하는 이들이다. 바울의 요지는 분명하다. 사역자들은 동역자 정신을 가지고 각자에게 맡겨진 일을 충실하게 감당해야 한다. 그들은 자신들이 아무것도 아니라고 생각하면서, 교인들이 하나님께 주목하게 해야 한다. 그러나 교인들로서는 하나님께서 사역자들을 보내신 것을 알고, 그들의 권위를 존중하며, 그들의 가르침을 잘 배워야 한다. 그렇게 할 때 교회는 견실해지고 교인들은 하나가 될 것이다.

4:1-5 하나님의 판결을 기다림

바울은 하나님의 일꾼들이 충실하게 사명을 감당한 후 하나님의 판결을 받아야 한다고 말한다. 이는 하나님의 종들이 사람들의 평가와 비판을 의식하지 말아야 한다는 사실을 시사한다.

1절: 여기서 "우리"는 바울과 아볼로를 가리키지만, 나아가서 사도들을 비롯한 하나님의 종들 전체를 포괄한다. "그리스도의 일꾼"에서 "일꾼"에 해당하는 헬라어 '휘페레테스'는 고대 그리스에서 '공적 업무 수행자를 돕는 사람'을 가리켰다. 그리고 "하나님의 비밀을 맡은 자"에서 "맡은 자"란 '청지기'('오이코노모스', steward)를 의미하는데, 주인의 재산과 인력을 관리하는 책임을 맡은 사람을 일컫는다. 사실상 이 구절에서 '일꾼'과 '청지기'는 같은 뜻이다.

"하나님의 비밀"이란 표현은 하나님께서 감추어두셨던 '하나님의 지혜'를 의미한다(참고. 2:7). 그런데 헬라어 원문에서 "비밀"은 복수 형태인 '비밀들'('뮈스테리온', mysteries)로 되어 있는데, 이는 그것이 복음(참고. 엡 6:19) 자체뿐만 아니라 하나님께서 지금까지 감추어 두신 모든 진리(참고. 롬 11:25; 고전 15:51; 엡 3:4, 6; 5:32; 골 2:2)를 뜻하는 것이기 때문이다. 하나님의 비밀은 인간의 지혜로 알 수 없으며, 오직 하나님께서 드러내 주셔야만 알 수 있다(참고. 2:8; 단 2:18-19, 28; 엡 1:7-9).

2절: 바울은 이어서 "맡은 자들에게 구할 것은 충성이니라"라고 말한다. "맡은 자들"은 4:1에서 말했듯이 '청지기'('오이코노모스')를 의미하며, 또한 그리스도의 일꾼을 가리킨다. 따라서 이 구절은 하나님의 비밀을 맡은 자들, 곧 그리스도의 일꾼들에게 필요한 것이 충성이라는 뜻이다. 청지기는 자기가 원하는 대로 일하는 사람이 아니다. 청지기는 오직 주인이 하라고 명령하는 일을 하는 사람이다. 따라서 그에게 가장 필요한 자질은 충성이다. 능력과 재능은 그다음이다. 달란트 비유에서(마 25장) 주인은 일을 잘 감당한 종을 향해서 "착하고 충성된 종"이라고 했으나, 그렇지 않은 종을 향해서 "악하고 게으른 종"이라고 했다. 따라서 주인은 종의 충성됨을 칭찬했다. 청지기, 곧 일꾼은 무엇보다도 충성된 사람이어야 한다.

3절: 바울은 고린도 교인들이나 다른 사람에게나 판단 받는 것이 자신에게 매우 작은 일이라고 말하며, 심지어 자신도 스스로를 판단하지 않는다고 고백한다. 이는 바울이 어떤 자세로 주님의 일을 수행했는지를 보여준다. 고린도 교인들 가운데는 바울을 비난하는 사람들이 있었다(참고. 9:3). 아마도 아볼로나 게바를 따르는 사람들 가운데 일부가 바울을 비난했을 것이다. 그들은 특히 바울의 언어(설교) 능력에 대해서 비난한 것으로 보인다(참고. 1:17; 2:3-4; 4:18-21; 고후 10:9). 누군가로부터 비난을 듣는 것은 고통스럽다. 특히 자신이 가르쳤던 교인들로부터 비난 받았을 때는 더욱 그렇다. 하지만 바울은 하나님 앞에서 충성을 다했다. 그는 사람의 판단을 중요하게 여기지 않았다. 심지어 자신도 스스로를 판단하지 않는다고 말함으로써 자신의 감정과 평가보다는 하나님을 향한 충성심을 중요하게 여겼다. 그는 사람들의 판단을 개의치 않고, 오직 하나님의 판단만을 가치 있게 보았다. 그리하여 그는 갈라디아서 1:10에서 다음과 같이 말한다. "이제 내가 사람들에게 좋게 하랴 하나님께 좋게 하랴 사람들에게 기쁨을 구하랴 내가 지금까지 사람들의 기쁨을 구하였다면 그리스도의 종이 아니니라."

4절: 바울은 자신이 자책할 아무것도 깨닫지 못하지만, 이로 말미암아 의롭다 함을 얻지 못한다고 말한다. 그리고 자신을 심판하실 이는 주님이시라고 고백한다. 이 말은 자신이 사도의 직분을 충실히 감당했고, 이를 수행하는 과정에서 잘못한 것이 없으나, 그렇다고 해서 자신이 완전했다고 볼 수 없는데, 오직 주인만이 청지기를 판단할 수 있듯이 주님만이 자신을 판단할 수 있으므로 주님이 알아서 자신을 처분하실 것이라는 뜻이다. 바울이 자책할 것을 전혀 깨닫지 못하겠다고 말하는 것은 솔직한 진술이다. 그는 최선을 다해서 맡겨진 일을 수행했다.

5절: 주님이 다시 오셔서 최종 심판을 하실 때 모든 것을 드러내실 것이기에, 지금 이곳에서 누가 옳으냐 그르냐를 판단할 필요가 없다. "그가 어둠에 감추인 것들을 드러내고 마음의 뜻을 나타내시리니 그 때에 각 사람에게 하나님으로부터 칭찬이 있으리라"라는 말은 하나님께서 모든 것을 밝히 드러내실 것이고, 각 사람을 정확하고 공정하게 판결하셔서 그 행위에 따라 보응하실 것이라는 뜻이다. 고린도 교회에서 바울을 싫어했던 자들에 대하여 바울은 원망이나 섭섭함을 토로하지 않는다. 그는 오로지 자신에게 맡겨진 일을 수행하는 것에만 관심을 가진다. 그는 주님이 다시 오셔서 공정하고 정확하게 판결하실 것을 믿으며 충성을 다한다.

4:6-13 본을 보임

바울은 고린도 교인들이 분쟁하지 말아야 한다는 사실을 말하면서 자신과 아볼로가 이러한 연합과 조화에 본을 보였다고 말한다. 4:6-8은 권면과 책망이고, 4:9-13은 사도들이 받은 고난에 대한 설명이다.

6절: 바울은 "이 일"에 자신과 아볼로가 본을 보였다고 말한다. "이 일"('타우타', these things)이란 시기와 분쟁을 해서는 안 된다는 것을 가리킨다. 즉 바울과 아볼로가 본을 보인 것은 서로 시기하지 않고 싸우지 않은 것을 뜻한다(참고. 3:5-9). '본을 보인다'에 해당하는 헬라어 '메타스케마티조'는 문자적으로 '적용한다'(apply)라는 뜻인데, 고대의 수사학적 전문용어로서 행동을 촉구하는 기능을 가진다.

바울과 아볼로가 본을 보인 이유는 고린도 교인들이 "기록된 말씀 밖으로 넘어가지 말라 한 것을 우리에게서 배워 서로 대적하여 교만한 마음을 가지지 말게 하려 함"이었다. "기록된 말씀 밖으로 넘어가지 말라"라는 말은 성경의 기준에 어긋나지 말라는 뜻이다. 즉 성경적 사고와 행실을 유지하라는 의미이다. 그런데 어떤 학자들은 이 표현을 두고 당시 유대파 그리스도인들이 자유방임적 사상을 가진 헬라파 그리스도인들을 비판하면서 외친 반격 구호일 것으로 생각한다. 하지만 지금 교회의 하나 됨을 강조하고 있는 바울이 그러한 것을 염두에 두었다고 보이지는 않는다. 바울과 아볼로는 고린도 교인들에게 말씀을 가르침으로 그들이 서로 대적하거나 교만한 마음을 가지지 않기를 원했다. 그러나 세월이 흐른 지금 그들은 싸우고 있다. 자신들이 더 많은 지혜를 가지고 있으며, 자신들의 생각이 옳다고 주장한다. 그들은 공동체 내에서 경쟁 관계에 있다. 하지만 그러한 모습은 결코 교회에 유익이 되지 않는다. 한편, 지금까지 바울이 성경을 많이 인용한 것은 이러한 성경 중심 사상의 모범이 된다(예. 사 29:14[고전 1:19]; 렘 9:22-23[고전 1:31]; 사 64:4[고전 2:9]; 욥 5:13[고전 3:19]; 시 94:11[고전 3:20]).

7절: 바울은 세 개의 수사학적 질문(rhetorical questions)을 던진다. 첫 번째 질문은 "누가 너를 남달리 구별하였느냐?"이다. 이 질문은 그들이 다른 사람들보다

잘나지 않았다는 뜻이다. 두 번째 질문은 "네게 있는 것 중에 받지 아니한 것이 무엇이냐?"이다. 이 질문은 그들이 가진 모든 좋은 것이 하나님으로부터 주어진 것이라는 뜻이다. 세 번째 질문은 "네가 받았은즉 어찌하여 받지 아니한 것 같이 자랑하느냐?"이다. 이 질문은 두 번째 질문과 유사하다. 곧 이 질문은 그들이 하나님으로부터 받았으면서 마치 자신이 이룬 것처럼 자랑하지 말아야 한다는 뜻이다. 따라서 바울은 이 질문들을 통하여 고린도 교인들의 교만을 책망한다. 그들은 겸손해야 하며 감사해야 한다(참고. 1:4, 30-31; 3:6-7, 21-23).

8절: 바울은 고린도 교인들의 교만을 풍자적으로 비판한다. 그는 "너희가 이미 배부르며 이미 풍성하며 우리 없이도 왕이 되었도다"라고 말한다. 하지만 당시 고린도 교인들 대부분은 부유하지 않았고, 당연히 왕 같은 권세를 가지고 있지도 않았다. 따라서 이 말은 고린도 교인들의 잘못된 생각과 영적 교만을 비판한 것이다. "우리가 너희와 함께 왕 노릇 하기 위하여 참으로 너희가 왕이 되기를 원하노라"라는 말을 현대 우리말 어감을 고려하여 번역하면 다음과 같다. '너희가 정말로 왕이 되어서 우리도 너희와 함께 왕 노릇 좀 해봤으면 좋겠다.' 따라서 이 말은 매우 강한 풍자이다. 그렇다면 고린도 교인들의 실상은 어떠할까? 필시 계시록 3:17이 그들에게 적용될 것이다. "네가 말하기를 나는 부자라 부요하여 부족한 것이 없다 하나, 네 곤고한 것과 가련한 것과 가난한 것과 눈먼 것과 벌거벗은 것을 알지 못하는도다."

9절: 4:9-13은 사도들이 받은 고난을 설명한 것이다. 4:9에서 바울은 하나님이 사도인 자신들을 죽이기로 작정된 자 같이 끄트머리에 두셔서 자신들이 천사들과 사람들에게 구경거리가 되었다고 말한다. 이 표현은 로마 군인들의 승리 행진을 연상하게 한다. 전쟁에서 승리한 장수가 길에서 전차를 타고 행진할 때 패배한 군대의 장수들은 행렬의 맨 뒤에 질질 끌려갔다. 그들은 사람들의 구경거리가 되어서 모욕과 조롱을 받았다(참고. 고후 2:14). 고린도 교인들은 자신들을 승리한 자들로 여겼다. 그러나 사도들은 자신들을 수모당한 자들로 생각했다. 고린도 교인들은 세상의 영광스러운 자리를 탐냈다. 그러나 사도들은 주님을 위하여 일하다가 세상 사람들로부터 모욕과 조롱을 당하는 신세에 처해 있었다.

10절: 사도들과 고린도 교인들이 세 측면에서 비교된다. 이것은 풍자적인 어조를 띤다. 하지만 실상은 서로의 위치가 바뀌어 있다. 과연 누가 어리석고, 누가 지혜로운가? 과연 누가 약하고, 강한가? 과연 누가 존귀하고, 누가 비천한가?

> 우리는 그리스도 때문에 어리석으나, 너희는 그리스도 안에서 지혜롭고,
> 우리는 약하나, 너희는 강하고,
> 너희는 존귀하나, 우리는 비천하다.

11-13절: 사도들이 받은 고난이 구체적으로 진술된다(참고. 고후 4:7-10; 6:4-10; 11:23-33). 매 맞는 것은 고린도후서 11:24-25에 있는 바울의 자전적 언급에서 구체적으로 드러난다. 수고하여 친히 손으로 일하는 것은 바울이 재정적인 지원이 없이 스스로 벌어서 사역한 사실을 반영한다(참고. 9:6; 11:7-9; 12:15-18; 살전 2:9; 살후 3:8). "세상의 더러운 것과 만물의 찌꺼기"라는 강한 표현은 사도들이 얼마나 수치와 조롱을 받았는지를 묘사한다. 그러므로 사도들은 견디기 힘든 큰 고통을 당했다. 그들의 삶은 인간적으로 볼 때 너무나 비참했다. 그러나 그들은 하나님의 영광을 위하여 고난의 길을 기꺼이 걸어갔다. 결국, 이러한 사도들이 당한 고난에 대한 언급은 고린도 교인들이 추구했던 호사스러운 삶과 큰 대조를 이룬다.

4:14-21 아버지의 마음을 가짐

이 단락은 바울이 고린도 교인들에게 권면하는 이유가 무엇이며 그가 어떤 심정으로 그들을 대하고 있는지를 밝힌 것이다. 그는 고린도 교인들에게 아버지의 마음을 가지고 나아간다.

14절: 바울은 고린도 교인들에게 "이것"을 쓰는 목적을 밝힌다. 여기서 "이것"이란 4:6-13을 가리키지만, 나아가서 1:10 이후의 내용 전체를 의미한다. 바울이 "이것"을 쓰는 목적은 그들을 부끄럽게 하려는 것이 아니라, 오직 그들을 사랑

하는 자녀 같이 권하려 하는 것이다. 바울은 아버지의 마음으로 고린도 교인들에게 말한다. 그는 고린도 교인들을 너무나 사랑했기에 그들이 잘못된 삶을 사는 것을 두고 볼 수 없었다.

그런데 이러한 언급은 성경 교사들에게 큰 교훈을 준다. 성경을 가르치는 교사들은 내용을 전달하는 과정에서 배우는 이들을 책망할 수 있다. 하지만 책망이 결코 부끄럽게 하는 것이 되지 않도록 주의해야 한다. 교사들은 아버지의 마음을 가지고 배우는 이들을 사랑으로 훈계해야 한다. 그렇게 할 때 배우는 이들은 기쁘고 감사하는 마음으로 가르침을 받아들일 것이다.

15절: 헬라어에서 "일만"(뮈리오스)은 가장 높은 숫자 단위이다. 따라서 이것은 '매우 많은'이라는 뜻이다. 선생과 아버지는 다르다. 선생은 학생을 가르칠 뿐이지만, 아버지는 자녀를 사랑한다. 물론 선생들 가운데에는 아버지의 마음으로 학생들을 가르치는 이들이 있다. 하지만 여기서 바울의 강조점은 상호 유익을 추구하는 선생과 제자의 관계에 머물지 말고, 아버지와 자녀의 관계, 즉 사랑하는 관계로 나아가야 한다는 데에 있다. 바울은 고린도 교인들을 사랑했기에 자신을 그들의 아버지로 서술한다. 그는 그들에게 단지 선생이 아니라, 아버지로 남기를 바란다. "내가 복음으로써 너희를 낳았음이라"라는 말은 바울이 말씀을 어떤 마음으로 가르쳤는지를 보여준다. 그는 자식을 낳아서 기르는 심정으로 그들에게 말씀을 전했다. 예수님은 양을 위하여 생명을 버리는 자가 선한 목자라고 하셨다(참고. 요 10장). 바울은 이러한 선한 목자의 상을 가진 사도였다.

16절: 바울은 고린도 교인들에게 "너희는 나를 본받는 자가 되라"라고 권면한다(참고. 11:1; 갈 4:12; 빌 3:17; 살전 1:6; 2:14; 살후 3:7, 9). 마치 자녀가 아버지를 닮듯이 말이다(모델의 중요성). 이것은 바울의 교만을 뜻하지 않는다. 그는 다만 아버지가 자녀에게 말하듯이 하고 있을 뿐이다. 나아가서 그의 언급은 교회의 지도자가 교인들에게 모범을 보여야 한다는 사실을 시사한다. 지도자는 교인들에게 자신을 닮으라고 말할 정도로 훌륭한 삶을 살아야 하고, 교인들은 지도자에게 비록 흠과 부족한 점이 보이더라도 그를 아버지로 여기고 따라야 한다.

17절: 이 구절은 '이로 말미암아'로 시작되는데, 이에 대한 헬라어는 '디아 투토'(ESV: 'that is why……')이다. 이는 바울이 4:16에서 한 권면, 즉 "너희는 나를 본받는 자가 되라"라는 목적을 이루기 위해서 디모데를 그들에게 보냈음을 의미한다. 바울은 직접 고린도에 가려고 했으나, 그럴 형편이 되지 못했다(참고. 16:8-9). 그래서 차선책으로 그는 디모데를 그들에게 보낸다(참고. 16:10-11). 바울은 디모데에 대하여 "주 안에서 내 사랑하고 신실한 아들"이라고 말한다. 디모데는 고린도 교인들에게 바울의 역할모델이 되어서 바울의 본을 보일 것이다. 그는 여전히 어린 아이와 같은 고린도 교인들에게 말씀을 가르칠 것인데, 그 말씀은 바울에게서 배운 것으로, 고린도 교인들에게 바울의 가르침을 생각나게 할 것이다. 한편, 디모데는 다른 지역에도 이와 비슷한 목적을 띠고 보냄을 받았다(참고. 살전 3:2; 빌 2:19 등).

18절: 바울이 수년간 고린도를 방문하지 못하자, 고린도 교회에는 바울이 오지 않을 것으로 생각하는 자들이 있었다. 바울은 그들이 스스로 교만해졌다고 말하는데, 이는 그들이 사도를 멸시했으며, 하나님께서 사도를 세우신 뜻을 무시했음을 암시한다.

19절: 그러나 바울은 주께서 허락하시면 고린도 교인들에게 속히 나아갈 것이라고 말한다. 이는 그가 이 서신(고린도전서)을 미리 보내면서 자신의 방문 계획을 알리는 것이다. 그리고 이렇게 방문 계획을 미리 알리는 것은 경고의 기능을 가진다. 즉 그가 방문하여 죄지은 자들을 징계하기 전에 미리 회개하라는 것이다. 바울은 고린도에 가서 "교만한 자들의 말이 아니라 오직 그 능력"을 알아보겠다고 말한다. 이는 다음 구절에서 설명된다.

20절: 헬라어 원문에서 이 구절은 이유를 나타내는 '가르'(for)로 시작된다. 이는 19절의 이유를 알려준다. 즉 바울이 고린도에 가서 교만한 자들의 능력을 알아보려는 이유가 무엇인지를 제시해 준다. 그는 "하나님의 나라는 말에 있지 않고 능력에 있음이라"라고 말한다. 여기서 "능력"이란 2:4-5에 있는 "성령의 나타나심과 능력"을 의미한다. 이것은 성령의 다양한 역사를 가리킨다. 곧 성령으로 말미암는 이적과 회심을 비롯하여 영적인 권위에서 나오는 내면적 실속을 포괄한다. 고린도 교인들의 문제점은 그들이 말(언변)을 우선시했을 뿐, 실제 아무런 능력도 갖추지 못한 데 있었다. 따라서 바울은 그러한 자들의 존재를 직시하고 있다.

21절: 바울은 고린도 교인들에게 선택하라고 촉구한다. 그들은 "매"(책망)를 원하는가? 아니면 "사랑과 온유한 마음"(칭찬)을 원하는가? 그들의 선택 여하에 따라 바울의 대처가 달라질 것이다. 실제로, 바울은 사도로서 주님이 주신 특별한 권위를 가지고 있었다. 따라서 그들은 바울의 인간적 평가를 받게 되는 것이 아니라, 하나님의 주권적 평가를 받게 된다.

특주: 젊은 일꾼 활용

한국 사회의 노령화처럼 한국교회는 노령화되어가고 있다. 오히려 교회의 노령화 속도가 더 빠른 것 같다. 이런 시대에 교회는 젊은 사람에게 관심을 많이 가져야 한다. 교회의 집합체인 노회와 총회도 마찬가지다. 특히 총회는 젊은 일꾼을 양성하고 활용하는 일에 더욱더 적극적이어야 한다. 이 주제에 관해 다음과 같이 제안해 본다.

1. 전 연령대가 골고루 주님의 일을 해야 한다.

먼저 명심해야 할 것은 모든 사람이 주님의 일에 참여해야 한다는 사실이다. 주님의 일을 하는 데 있어서 나이와 성별과 형편은 가부의 조건이 되지 않는다. 모든 사람이 주님의 일을 할 수 있어야 한다. 나이 든 사람들은 경험과 신중함이라는 장점을 지니고 있다. 하지만 젊은 사람들은 패기와 창의성을 장착하고 있다. 따라서 나이 든 사람들과 젊은 사람들이 함께 일하는 것이 최상이다. 하지만 교계의 현실은 그렇지 않다. 나이 든 사람들이 지나치게 주도권을 쥐고 있으며, 젊은 사람들은 한쪽으로 밀려나 있다. 이러한 현상을 바로 잡아야 한다.

2. 교회는 젊은 인재들을 적극적으로 등용해야 한다.

젊은 사람들이 교회 일에 어떤 형태로든지 참여하는 것이 좋다. 나이 든 사람들이 미처 생각하지 못하거나 다루지 못하는 일들을 젊은 사람들이 할 수 있기 때문이다. 특히 교회의 미래를 구상하는 분야에 있어서는 더욱 그러하다. 사회는 급속도로 변하고 있다. 나이 든 사람들은 젊은 사람들보다 사회 변화를 제대로 따라가지 못한다. 나이가 많으면 젊은 사람보다 참신한 아이디어를 가지거나 고도의 전문성을 발휘하기가 어렵다. 각 분야에서 탁월한 기량을 발휘하는 젊은 교인들이 많다. 그들을 발굴하여 활용해야 한다.

3. 총회는 젊은 총대들을 선출하여 활용해야 한다.

노회들은 총회 사안을 결정하는 총대를 파송한다. 이때 나이 든 분들이 총대로 가는 것이 통례다. 하지만 이는 바람직하지 않다. 젊고 유능한 이들이 많다. 이들을 보내야 한다. 총회는 규정을 만들어 노회에서 총대를 선출할 때 연령대별로 총대 숫자를 제한하게 하는 방안을 마련할 수 있다. 그런데 이렇게 하려면 헌법을 고치거나 모든 노회의 동의를 얻어야 한다. 어느 한 노회만 젊은 사람들을 보낼 수는 없기 때문이다. 그러나 총대 구성은 매우 중요하다. 따라서 헌법을 개정해서라도 젊은 목사와 장로가 총회에 참석하여 활동할 수 있게 해야 한다.

4. 젊은 인재들을 활용하는 방법은 다음과 같다.

총회 헌법이나 노회 규정을 고치지 않고 지금처럼 나이 든 분들을 총대로 보내려고 할 때는 총회에서 젊은 목사들과 장로들을 전문위원으로 위촉할 수 있다. 어떤 면에서는 이것이 효과적일 수 있다. 왜냐하면 발언하거나 활동하는 이들은 소수이기 때문이다. 차라리 전문위원으로 활동하면서 활발하게 총회의 정책 시행에 참여하는 것이 나을 수 있다. 만일 총회가 젊은 목사 장로들을 총대가 되게 하거나 전문위원이 되게 하는 일이 힘들면 오피니언 그룹이나 연구위원회 같은 산하 기구를 만들어서 활동하게 할 수도 있다.

5. 전문성 있는 성도들의 활동을 기대한다.

사회에서 전문성을 가지고 다양하게 활동하는 젊은 교인들의 활동을 기대한다. 교회나 노회나 총회에서 가장 많은 일을 하는 사람은 목사이다. 실상 목사들이 하는 일은 대동소이하다. 하지만 장로들을 비롯한 교인들은 다르다. 그들은 다양한 재능을 지니고 여러 분야에서 일한다. 그들이 교회와 교단을 위하여 헌신한다면 매우 훌륭한 결과를 가져올 것이다. 인사가 만사라고 했다. 적시에 인재를 등용하는 일은 중요하다. 젊은 교인들을 존중하는 문화를 바라며, 젊은 교인들의 종횡무진 활약을 기대한다.

5:1-13 음행한 자를 판단함

바울은 1:10-4:21에서 고린도 교회에 있던 분쟁에 관하여 언급했다. 이제 그는 5:1-7:40에서 음행과 소송과 결혼 문제를 다룬다. 니케아-콘스탄티노플 신조(381년)는 '하나의 거룩하고 보편적이며 사도적인 교회'를 고백했다. 이 신조는 교회가 네 가지 본질적인 속성, 곧 일치성, 거룩성, 보편성, 사도성을 가진다는 사실을 확인해 주었다. 바울은 5:1-7:40에서 교회의 거룩성을 견고하게 다지고자 한다.

5:1-8 음행한 자에 대한 교회의 권징

바울은 '음행의 문제'와 이에 대한 '교회의 권징'을 언급한다. '음행'은 고린도 교회가 마주한 사회-문화적 환경과 깊이 연관되어 있었다(참고. '고린도전서 서론'). 고린도는 성적으로 매우 타락한 도시여서 음행을 관대하게 받아들였고, 교인들 역시 양심의 큰 가책 없이 음행의 죄를 저질렀다. '권징'은 교회의 정체성 유지를 위하여 꼭 필요한 일이었다. 하지만 교인들은 순결함을 지키고자 하는 의지가 부족했으며, 쾌락을 추구하는 분위기에 휩싸여 있었기에 권징에 대한 인식과 기준을 가지고 있지 않았다.

1절: 바울은 고린도 교회 안에 음행이 있다는 소식을 들었다고 말한다. 그는 "심지어"라는 단어를 사용하는데, 이에 해당하는 헬라어 '홀로스'(completely, actually)

는 매우 충격적이라는 뉘앙스를 주며, 헬라어 원문에서 문장의 제일 앞에 위치하여 강조된다. 그는 그러한 음행이 이방인 중에서도 없다고 한다. 이는 성적으로 느슨했던 로마 사람들조차도 이런 짓을 저지르지 않았다는 뜻이다. 바울이 들은 음행에 관한 소식은 고린도 교회의 한 남자 교인이 "그의 아버지의 아내"를 취했다는 사실이다. 이는 그가 '계모'(stepmother)와 성적인 관계를 맺었다는 뜻이다. 여기서 '취한다'에 해당하는 헬라어 '엑세인'이 현재 부정사인 것은 지금 계모와 동거하고 있음을 시사한다.

본문에는 이 사람의 '아버지'에 대한 정보가 없다. 즉 그의 아버지가 원래 아내와 이혼했는지, 아니면 사별했는지 알 수가 없다. 그리고 '아버지의 아내'(후처)에 대한 구체적인 언급도 없다. 5:12와 본문에서 여자에 관한 치리 이야기가 없는 것을 볼 때, 남자는 교회에 나오고 있었지만, 여자는 교회에 나오지 않았던 것 같다. 신명기 27:20과 레위기 18:8은 아버지의 아내(계모)와 저지르는 성관계를 엄격히 금한다. 따라서 이 남자는 언약 백성에게 주어진 하나님의 명령을 위반했다. 비록 당시에 사람들이 이러한 짓을 저질렀다고 해도, 이것은 용인될 수 없는 일이었다. 그리스도인들은 세상의 사상과 관습보다 하나님의 말씀에 따라 행동해야 한다.

2절: 그런데 또 다른 심각한 문제는 그들이 오히려 교만해졌다는 것이다. 음행을 저지른 당사자는 아무런 죄책감을 느끼지 않았고, 고린도 교인들은 그러한 일을 문제 삼지 않았다. 이는 그들의 도덕적 불감성이 대단히 무뎠다는 사실을 보여준다. 그들은 애통해하지 않았다. 오히려 무관심하거나 방관하거나 묵인했다. 그런 짓을 저지른 자를 공동체에서 쫓아내지도 않았다. 그런데 이 구절에서 바울은 2인칭 복수형 '너희'('휘메이스')를 사용하여 교회 공동체의 집단적 책임(corporate responsibility)을 지적한다. 즉 바울은 고린도 교회를 하나님의 언약 공동체로 여기면서 교회 전체에 도덕적 책임이 부과되어 있음을 시사한다. 구약시대에 이스라엘 백성이 죄를 지으면 하나님과 이스라엘 간의 언약 관계가 훼손되었다. 그래서 이스라엘 공동체 전체에 재앙이 왔다. 따라서 그들은 공동체를 보존하기 위해서라도 죄인을 공동체에서 몰아내야 했다(참고. 민 18:8; 20:11; 신 17:5-7). 이러한 언약 원리는 신약시대에도 적용된다. 교회는 유기적인 특성을 가진다. 교인 한 사람의 잘못은 교회 전체에 악한 영향을 미친다.

3절: "몸으로는 떠나 있으나"(absent in body)라는 말은 바울이 다른 곳(에베소)에 있음을 의미한다(참고. '고린도전서 서론'). 하지만 "영으로는 함께 있어서"(present in spirit)라는 표현은 뜻이 모호하다. 어떤 이들은 '영' 앞에 관사가 붙어 있으므로 '성령'을 의도한다고 보면서, 바울이 성령의 신비한 능력으로 그들과 함께 있어서 그들에게 일어나는 모든 상황을 보았다는 뜻이라고 주장한다. 하지만 이 구절에서는 '몸'에도 관사가 붙어 있으므로 이렇게 이해하는 것이 옳지 않다. 오히려 이 문구는 그가 "글로에의 집 사람들"을 통해서 고린도 교회의 상황을 들은 후(참고. 1:11) 교회의 감독자로서 그들의 사안에 깊은 관심을 지니고 있음을 드러낸 것으로 보는 것이 바람직하다. 바울은 "이런 일 행한 자를 이미 판단하였노라"라고 말한다. 이는 정죄(심판)를 의미한다. 그는 음행을 저지른 일에 대해서 그냥 넘어가려고 하지 않는다.

4절: 5:4-5는 교회의 치리에 관한 언급이다(참고. 마 18:15-20). 바울은 고린도 교회가 회의(치리회)를 소집하여 범죄한 사람을 치리해야 한다고 촉구한다. "주 예수의 이름으로"라는 말은 '주 예수님의 권위로'라는 뜻이다. 교회의 모임은 인간들이 아니라 주 예수님의 권위에 기반한다. "너희가 내 영과 함께 모여서"라는 말은 바울이 마치 현장에 있는 것처럼 생각하고 재판을 진행하라는 뜻이다. 이는 어떤 개인이나 사사로운 모임이 세상의 기준과 잣대로 치리를 결정하고 시행할 것이 아니라, 교회가 공적인 회의체(치리회)로 "함께 모여서" 사도의 정신과 가르침에 따라서 판결하고 치리를 시행해야 한다는 의미이다. "우리 주 예수의 능력으로"라는 말은 단순히 "주 예수의 이름으로"를 되풀이하는 것이 아니라, 교회가 주 예수님의 실제적인 능력으로 이 일을 시행해야 함을 의미한다. 즉 교회의 매고 푸는 권세를 시사한다.

5절: "이런 자를 사탄에게 내어주었으니"라는 말은 은유적 표현으로 '추방'이나 '출교'를 의미한다. 교회 밖은 사탄의 영역이다. 그리고 사탄은 "이 세상의 신"

(참고. 고후 4:4)이다. 따라서 교회에서 추방되는 것은 사탄에게 내던져지는 것이다. 이는 심판이며 저주이다. 사탄은 그를 어떤 식으로든 고통스럽게 할 것이다. 교회가 이렇게 하는 이유는 "육신은 멸하고 영은 주 예수의 날에 구원을 받게 하려 함"이다. 이것은 치리의 목적이다. 치리는 멸망을 위한 것이 아니라 구원을 위한 것이다. 그런데 이 문구에 대하여 어떤 이들은 "육신"과 "영"을 각각 다른 사람들로 보면서, 교회의 치리가 교인 가운데 육적인 자들(죄인들)과 영적인 자들(의인들)을 구분하여, 육적인 자들이 영원한 심판을 받게 하고, 영적인 자들이 영원한 구원을 받게 한다는 뜻이라고 말한다. 그러나 여기서 "육신"과 "영"을 각각 다른 사람으로 볼 근거가 없다. 오히려 여기서 "육신"과 "영"을 같은 사람으로 보면서, 교회의 치리를 통해서 육신의 정욕이 죽임을 당해 없어짐으로 종말의 날에 구원받게 된다는 뜻이라고 이해해야 한다. 곧 징계가 회개를 촉구하여 구원에 이르게 한다는 것이다. 이는 교회의 치리가 영원한 멸망을 목적으로 하는 것이 아니라 궁극적인 구원을 목적으로 한다는 사실을 함의한다. 그러므로 교회는 죄지은 자들을 단호히 징계해야 한다. 그렇게 하면 그 사람이 구원받을 것이고, 그가 속한 공동체도 보존될 것이다. 하지만 이는 고통이 따르는 일이다. 징계를 결정하고 시행하는 교회나, 징계를 받는 당사자나 슬픔과 어려움을 당할 것이다. 그렇지만 이를 시행하지 않으면 그 사람은 물론이거니와 공동체 전체가 어려움에 빠지게 될 것이다. 따라서 징계는 꼭 필요하다.

6절: 5:6-8은 '누룩 은유'이다. 이 은유는 예수님께서 바리새인들의 누룩과 헤롯의 누룩을 주의하라고 말씀하신 것을 생각나게 한다(참고. 막 8:15). "너희가 자랑하는 것이 옳지 아니하도다"라는 말은 5:2의 "너희가 오히려 교만하여져서"와 같은 뜻이다. 그들은 죄를 짓고도 그 심각성과 폐해를 인지하지 못한다. 이는 그들이 말씀과 성령에 민감하지 못하기 때문이다.

"적은 누룩이 온 덩어리에 퍼지는 것을 알지 못하느냐"라는 표현은 죄의 급속한 전염성을 시사한다(참고. 갈 5:9). 죄는 마치 누룩과 같다. 누룩이 점점 부풀어 오르듯이, 죄도 점점 커진다. 실제로, 타락한 한 사람은 온 교회에 영향을 미친다. 그의 죄는 전염성을 가진다. 그리고 전염성은 중독성으로 이어진다. 특히 음행이라는 죄는 전염성과 중독성이 매우 강하다. 하지만 고린도 교인들은 당시의 사상과 풍조에 물들어 있어서 이것을 심각한 죄로 여기지 않았다.

7절: "너희는 누룩 없는 자인데"라는 말은 그리스도인들이 죄 사함을 받은 자들임을 뜻한다. "새 덩어리가 되기 위하여 묵은 누룩을 내버리라"라는 말은 죄를 버림으로써 거룩하고 온전한 신앙 공동체를 이루라는 뜻이다. 그런데 여기서 바울은 누룩에 대한 언급과 함께 '유월절'을 거론한다(참고. 출 12:15-20). 누룩은 유월절과 밀접하게 연관되어 있다. 더욱이 그가 지금 유월절을 앞두고 이 편지를 쓰고 있기에(참고. 16:8), 누룩과 유월절을 자연스럽게 연결한다. 유대인들은 유월절에 빵을 만들면서 누룩을 일절 사용하지 않았다. 그리고 집 안에서 누룩을 모두 제거하고 깨끗이 청소했다. 이러한 행동은 죄를 완전히 없애 버리는 것을 상징했다.

"우리의 유월절 양 곧 그리스도께서 희생되셨느니라"라는 말은 이유를 나타내는 접속사 '가르'(for)와 함께 사용되었다. 따라서 이 문구는 그리스도인이 죄를 짓지 말아야 할 이유가 유월절 양이신 그리스도가 희생되셨기 때문이라는 뜻이다(참고. 출 12:21; 신 16:2, 6). 유월절 양은 이스라엘 백성들을 하나님의 백성으로 구별하기 위해 희생되었다. 마찬가지로 그리스도는 십자가에서 희생하심으로 우리를 세상과 구별(성별)하셨다. 따라서 그리스도인이 범죄하는 것은 구별된 자로서의 모습을 잃어버리는 것이며, 결국 그리스도의 희생을 모독하는 것이다.

8절: 바울은 유월절 명절을 지키라고 말한다. 이는 물론 유월절을 문자적으로 준수하라는 의미가 아니다. 예수 그리스도의 희생을 통한 순결한 백성으로서의 성별을 유지하라는 뜻이다. 유대인들이 누룩 없는 떡으로 유월절을 지켰듯이, 신자들은 누룩 없는 삶으로 유월절을 지켜야 한다. 신자들은 "묵은 누룩"과 "악하고 악의에 찬 누룩"을 버려야 한다. 곧 그들은 모든 죄를 벗어버려야 한다. 오직 "순전함과 진실함의 떡"을 먹어야 한다.

5:9-13 오해를 바로잡음

바울은 5:1-8에서 음행한 자에 대한 교회의 태도를 말했다. 이제 5:9-13에서는 자신이 이전에 보낸 편지를 고린도 교인들이 잘못 이해했다고 말하면서 이를 바로 잡는다. 또한, 음행이라는 특정한 죄에 국한하지 않고 더 많은 죄를 열거한다.

9절: "내가 너희에게 쓴 편지"란 바울이 고린도전서 이전에 보낸 편지를 가리킨다(참고. '고린도전서 서론'). 이 편지는 어느 시점엔가 분실되었기 때문에 현재 우리가 편지에 기록된 구체적인 내용을 알 길이 없다. 하지만 어떤 학자들은 이 편지의 일부가 고린도후서 6:14-7:1에 보전되어 있다고 생각한다. 바울은 고린도전서 이전에 보낸 편지에서 말한 것을 여기서 다시 언급한다. 그는 그 편지에서 교인들이 음행한 자들과 사귀지 말아야 한다고 썼다. 그런데 고린도 교인들은 그것을 세상의 모든 음행한 자들과 사귀지 말라는 뜻으로 잘못 이해했다.

10절: 그러나 세상의 모든 음행한 자들을 상대하지 않으려면 세상 밖으로 나가야 한다. 이는 세상에 온갖 죄악이 존재하기 때문이다. 따라서 그리스도인들은 세상에서 죄를 짓는 자들과 함께 살되, 그들이 짓는 죄를 지어서는 안 된다. 여기서 바울이 말하는 "음행하는 자들", "탐하는 자들", "속여 빼앗는 자들", "우상 숭배하는 자들"은 하나님의 계명(십계명)을 어기는 자들이다. 그리스도인들은 그런 자들과 사귀지 말아야 한다. 필시 그들은 악한 영향을 미쳐서 죄를 짓게 할 것이다. 죄악은 그저 멀리 피하는 게 상책이다.

11절: "형제라 일컫는 자"는 '교인'을 가리킨다. 곧 바울은 교회 외부 사람들의 죄가 아니라 교회 내부 사람들의 죄에 대해 말하고 있다. 교회 내부에 있으면서 죄를 짓는 자들과는 사귀지도 말고 함께 먹지도 말아야 한다. 이는 교인들이 그들의 영향을 받아서 같이 죄를 지을 수 있기 때문이다. 여기서 바울이 언급하는 음행, 탐욕, 우상 숭배, 모욕, 술에 취함, 그리고 속여 빼앗음은 바로 위 구절(5:10)에 있는 것과 같다(참고. 6:9-10; 롬 1:29-31; 갈 5:19-21). 신명기에 따르면, 이러한 죄를 짓는 자들은 공동체에서 철저하게 배제되었는데, 바울은 구약의 언약 백성들과 신약의 언약 공동체(교회) 사이의 상관 관계성을 강조하기 위해, 이 죄들을 언급한 것 같다. 그런데 바울은 신명기의 죄 목록 순서를 살짝 바꾸어서 지금 다루고 있는 '음행'을 제일 앞에 둔다. 이는 고린도 교인들에게 음행이 가장 심각한 죄악이었기 때문이다.

12-13절: 바울은 그리스도인들이 교회 밖에 있는 사람들과 교회 안에 있는 사람들을 각각 어떻게 대해야 하는지를 말한다. 여기서 "밖에 있는 사람들"은 비신자들을 가리키고, "교회 안에 있는 사람들"은 신자들을 의미한다. 그런데 "교회 안에 있는 사람들"에는 '가라지'로 표현되는 비신자도 포함되어 있을 수 있다. "밖에 있는 사람들", 곧 '비신자들'은 하나님이 심판하실 것이다. 그들에 대해서는 교회가 관여할 바가 아니다. 그러나 "이 악한 사람", 곧 '교회 안에 있으면서 죄를 짓는 사람'은 교회가 내쫓아야 한다. 교회는 신자들의 죄에 관해서만 판단할 수 있다. 교회가 비신자들의 죄에 관여할 길은 없다. 비신자들의 죄를 하나님이 심판하신다는 말은 철저한 멸망을 뜻한다. 그들에게는 용서받을 여지가 없다. 하지만 신자들은 다르다. 신자들의 죄를 교회가 판단하여 그들 중에서 내쫓으라는 말은 그들이 회개하고 회복될 수 있도록 기회를 만들어 주라는 뜻이다.

우리가 명심해야 할 사실은 죄를 범한 사람을 내쫓는 이유, 즉 출교의 목적이 무엇이냐는 것이다. 교회의 징계는 반드시 긍정적인 효과를 소망하는 가운데 이루어져야 한다. 교회가 징계하는 목적은 영원히 추방하려는 것이 아니다. 오히려 회개하고 돌아오게 하려는 것이다. 그런데 죄가 심각할 때 굳이 출교까지 해야 하는 이유는 그의 죄가 다른 사람들에게 악한 영향('누룩'과 같이)을 미칠 수 있기 때문이다. 더군다나 징계를 지켜보는 교인들은 죄인을 향한 엄중한 조처를 보면서 경각심을 가지게 될 것이다.

6:1-11 신자들 간의 송사

바울은 5장에서 '음행과 이에 대한 교회의 치리'에 관하여 다루었지만, 이 주제를 다 마치지 않았다. 이제 그는 6:1-11에서 고린도 교회의 또 다른 문제인 신자들 간의 송사에 관하여 말한다. 이는 5장 끝부분(12-13절)에 있는 음행하는 자들에 임할 심판(판결)에 관한 언급과 연결된다. 바울은 송사 문제를 다룬 후 6:12-20에서 다시 음행 문제를 다룬다. 6:1-11을 살피기 전에 몇 가지 질문을 던질 필요가 있다. 바울은 왜 동일 문맥(5-6장)에서 음행과 송사를 같이 다루는가? 음행은 악한 것이 명백하지만, 송사는 왜 문제가 되는가? 신자들 간의 문제를 소송이라는 방법을 통해서 해결하는 것을 어떻게 생각해야 하는가? 세상의 권위자(예. 왕, 정치가, 선생, 재판관)를 세우신 분이 하나님이시라는 사실을 인정한다면, 그들에게 재판받는 것은 잘못된 일인가? 이러한 질문들을 고려하면서 본문을 탐구해야 한다(참고. 황원하, 『응답하라 신약성경』 [서울: 세움북스, 2016], 148-55).

6:1-6 교회의 우월한 권세

바울은 신자들의 송사 문제를 다루기 전에 교회의 우월한 권세를 언급한다. 그는 교회가 세상에 의해서 판단을 받는 것이 바람직하지 않다고 주장한다. 즉 신자들 간의 문제가 교회 안에서 해결되어야 한다고 말한다.

1절: 바울은 고린도 교인들 사이에 송사 문제가 발생한 것을 알고서 이를 언급한다. 하지만 구체적으로 무슨 문제 때문에 그들이 다투었는지를 밝히지 않는다. 단지, 그들 사이에 다툼이 있는데, "구태여" "불의한 자들" 앞에서 고발하고 성도들 앞에서 하지 않느냐고 책망한다. 헬라어 원문에서는 이 문장에 "구태여"에 해당하는 '톨마오'(dare)라는 단어가 제일 앞에 나와서 강조되었는데, 이는 '굳이 이렇게까지 해야 하겠느냐'라는 뜻을 담고 있다.

여기서 "불의한 자들"이란 도덕적 개념이 아니라 종교적 개념이다. 곧 그리스도를 믿지 않는 자들을 가리킨다. 따라서 바울은 소송을 제기한 당사자들뿐만 아니라, 그러한 일을 묵인한 성도들(교회)도 나무란다. 그는 성도 간에 분쟁이 일어났을 때 세상 사람들(법정) 앞에 가서 해결할 것이 아니라 교회 안에서 해결해야 한다고 주장한다. 이는 교회의 기능 가운데 하나가 옳고 그름을 가리는 일이기 때문이다. 여기서 바울이 의도하는 것은 교회에 다니는 법조인(직업적인 재판관)들을 통한 재판이 아니라, 교회의 지도자들(치리회)에 의한 재판이다.

2절: 바울은 성도가 세상을 판단할 것을 알지 못하느냐고 책망한다. 특히 그는 6:2-3에서 두 번씩이나 "너희가 알지 못하느냐?"('우크 오이다테', Do you not know?)라는 표현을 사용하여 안타까움을 드러낸다. 6:2-3은 성도의 특권에 대한 언급이다(참고. 15:24-28). 성도는 왕이신 하나님의 위임을 받아 세상을 다스리는 영적 제사장 직분을 받은 자이다.

이 구절에서 "세상을 판단할 것"이라는 표현은 미래형이다. 이는 다니엘 7:22를 배경으로 하는데, 마지막 날에 성도들이 세상을 판결(심판)하는 일에 참여할 것을 암시한다. 따라서 교회는 세상을 궁극적으로 판단하는 위치에 있으므로 세상에 의해서 판단을 받지 말아야 한다. 바울은 하물며 성도들이 교회 안에서 일어나는 "지극히 작은 일" 판단하기를 감당하지 못하느냐고 다그친다. 여기서 "지극히 작은 일"이란 성도 간의 송사를 의미한다. 성도들은 세상 위에 있는 자들이므로 그들끼리 싸우는 사소한 일로 세상의 판단(비난)을 받지 말아야 한다. 분명히, 교회는 세상 위에 있으며, 세상에 종속되지 않는다.

3절: 바울은 6:2에 이어 성도의 특권을 한 가지 더 말한다. 그것은 성도가 "천사를 판단할 것"이라는 표현에 드러나 있다. 성도가 천사를 판단할 것이라는 말은 성경이나 다른 문헌에 나오지 않는다. 단지 모든 천사는 성도들을 "섬기는 영"으로 보내심을 받았다는 표현이 있을 뿐이다(참고. 히 1:14). 따라서 이 언급은 성도의 종말론적인 영광스러운 지위를 의미한다. 이는 성도들이 주님의 나라에서 천사보다 높은 위치에서 그들을 다스릴 것을 보여준다. 그러므로 바울의 말은 성도들이 영물이라 일컫는 천사들도 판단하는 권세를 가지고 있는데, 하물며 "지극히 작은 일", 곧 신자들 간의 다툼을 해결하지 못하느냐는 뜻이다.

4절: 여기서 "세상 사건"이라는 단어를 ESV는 간략히 "cases"라고 번역했으나, NASB는 헬라어 문구를 직역하여 "law courts dealing with matters of this life"라고 번역했다. 이는 신자들 간의 세상 법정 송사를 의미한다. 그리고 "교회에서 경히 여김을 받는 자들"('투스 엑수테네메누스 엔 테 에클레시아')이란 표현은 '교회에서 아무런 지위가 없는 자들'이라는 뜻인데, 문맥상 교회에 다니지 않는 세속 재판관들을 가리킨다. 그러므로 이 구절은 교회 안에서 일어난 문제를 교회 밖으로 가지고 가서는 안 된다는 뜻이다.

5-6절: 바울은 고린도 교인들을 향하여 "내가 너희를 부끄럽게 하려 하여 이 말을 하노니"라고 하면서, "너희 가운데 그 형제간의 일을 판단할 만한 지혜 있는 자가 이같이 하나도 없느냐"라고 책망한다. 그리고 이어서 "형제가 형제와 더불어 고발할뿐더러 믿지 아니하는 자들 앞에서 하느냐"라고 나무란다. "내가 너희를 부끄럽게 하려 하여 이 말을 하노니"라는 문구는 주후 1세기 지중해 연안 국가들이 '명예와 수치'(honor and shame)를 대단히 중시했던 것을 생각할 때 매우 강하게 꾸짖는 표현이다. 그는 15:34에서도 "내가 너희를 부끄럽게 하기 위하여 말하노라"라고 했다. 고린도 교인들은 스스로 지혜롭다고 생각했다. 하지만 정작 그들 가운데 문제가 발생했을 때 해결하지 못했다. 따라서 바울은 교회 안의 문제를 왜 자체적으로 해결하지 못하고 교회 밖으로 가지고 가서 교회를 부끄럽게 만드느냐고 책망한다. 특히 '형제'라는 용어를 사용함으로 교회가 가족 공동체,

곧 '하나님의 가족'(the family of God)이라는 사실을 적시한다. 따라서 성도들이 싸우는 것은 결국 집안 식구들끼리 싸우는 것이 된다. 이러한 가족 개념은 이어지는 6:7-11에서 강조된다.

6:7-11 교회는 하나님의 가정

바울은 교회가 어떠한 속성을 지니고 있는지를 가르쳐준다. 그는 교회를 하나님의 가정에 은유한다. 교인 간의 분쟁과 싸움은 아무런 유익이 없고 모두에게 상처만 남긴다.

7-8절: 세상에서는 소송을 통해서 한쪽이 이기게 되고, 다른 한쪽이 지게 된다. 그러나 성도들이 피차 고발하면 그들 가운데 이미 "뚜렷한 허물"이 있게 된다. 즉 성도 간에 일어나는 싸움은 그 자체로 나쁘다. 따라서 성도 간에는 송사가 아예 없어야 한다. 앞에서 바울은 성도를 '형제'라고 표현했는데, 이는 성도 간의 송사가 곧 가족(형제) 간의 분쟁이라는 사실을 시사한다. 가족 간의 싸움에는 승자도 없고 패자도 없다. 설령 한쪽이 이겼다고 하더라도 이긴 것이 아니다. 그리고 진 쪽을 보면서 즐거워할 수도 없다. 가족 모두가 패배한 것이다. 생각해 보라. 자기 가족과 싸워서 이기는 것에 무슨 유익이 있겠는가? 차라리 불의(억울함)를 당하는 것이 낫고, 차라리 속는 것이 낫지 않겠는가(참고. 마 5:38-48)?

9-10절: 이제 바울은 성도 간에 일어난 송사의 결과를 말한다. 6:2-3에 이어서 여기에 다시 "[너희는] 알지 못하느냐"가 나온다. 이는 지금 언급되는 내용을 반드시 알아야 한다는 사실을 강조한다. 바울은 "불의한 자"란 표현을 사용하는데(참고. 6:1), 이는 형제를 세상 법정에 고발하는 자를 가리키는 것으로, 그가 의로운 신자가 아니라(참고. 6:11) 불의한 불신자임을 시사한다. "미혹을 받지 말라"라는 언급은 착각하지 말라는 뜻이다. 즉 교인이라고 해서 자동으로 구원받는다고 생각하지 말라는 것이다. 교회에 다녀도 동료 교인(형제)을 고통스럽게 하고 공동체를 파괴하는 자는 믿지 않는 자일 수 있다. 그러한 자는 하나님의 나라를 유업으로 받

지 못할 것이다. 이는 법정 송사를 통해 작은 이익을 구하려다가 진정한 이익인 하나님의 나라를 얻지 못할 것이라는 뜻이다. 이것은 가정에서 쫓겨나는 일에 대한 은유적인 묘사이다. 아버지의 유업은 오직 자녀만 받을 수 있다. 형제와 싸우는 자는 가정에서 쫓겨나서 자녀의 권리를 상실할 것이고, 아버지의 유업을 받지 못할 것이다.

바울은 더 나아가서 죄의 목록을 제시한다. 여기에 나오는 죄의 목록은 5:11의 것과 유사하다(참고. 롬 1:29-31; 갈 5:19-21). 그가 제시한 죄는 열 가지로서, 음행, 우상 숭배, 간음, 탐색(남창, male prostitute), 남색(동성애, homosexuality), 도적, 탐욕, 술 취함, 모욕, 속여 빼앗음이다. 이것들은 어떤 특정한 의도 없이 무작위로 나열되었다. 바울은 5장에서도 음행에 대하여 말하다가 끝부분(10-11절)에 다른 죄들을 언급했다. 그러므로 그가 5-6장에서 말하고자 하는 것은 단지 음행이나 송사의 문제만이 아니다. 그는 모든 죄에 대해서 말하고 있다. 다양한 죄들을 제시함으로써 교인들이 비단 송사뿐만 아니라 모든 종류의 죄를 끊어야 한다는 사실을 가르친다. 그러한 죄들은 개인을 해롭게 할 뿐만 아니라 교회를 파괴한다.

11절: 바울은 마지막으로 교인들 가운데 "이와 같은 자들"(죄인들)이 있었으나, "주 예수 그리스도의 이름과 우리 하나님의 성령 안에서 씻음과 거룩함과 의롭다 하심을 받았느니라"라고 말한다. "주 예수 그리스도의 이름과 우리 하나님의 성령"이라는 표현은 삼위 하나님을 가리킨다. "씻음과 거룩함과 의롭다 하심"이란 문구는 성도가 받은 구원의 은덕을 의미한다. 그런데 이 문구의 헬라어 원문을 문자적으로 번역하면, '그러나'(알라)라는 단어가 세 번 들어가서, "'그러나'(알라) 씻겼고, '그러나'(알라) 거룩해졌고, '그러나'(알라) 의롭게 되었다"가 된다. 바울은 '그러나'를 일부러 연거푸 넣어서 그리스도인들이 완전히 새롭게 된 사람들이라는 사실을 강조한다. 성도란 원래 죄로 인하여 더러운 존재였으나, 삼위 하나님의 은혜로 깨끗하게 되고 거룩하게 되고 의롭게 된 사람이다. 그리고 성도들의 공동체인 교회 역시 깨끗하게 되고 거룩하게 되며 의롭게 된 집단이다. 따라서 교회는 세상의 여타 집단과 다르다. 교회는 하나님의 신성한 가정이다. 교회에는 어떤 죄라도 들어오지 말아야 한다.

<교훈>

1. 송사는 개인의 덕을 깨뜨릴 뿐만 아니라, 교회의 정체성을 파괴한다. 또한, 송사뿐만 아니라 음행을 비롯한 모든 죄가 이러한 처지에 이르게 한다. 따라서 신자들은 서로를 향한 송사를 피해야 한다. 신자들 간의 송사는 그들 자신의 정체성과 그들의 회집인 교회의 거룩성에 전혀 어울리지 않는다. 신자들 간에는 어떠한 분쟁도 일어나지 않게 해야 한다.

2. 교회는 하나님의 가정이며, 신자들은 한 가족이다. 따라서 교인 간의 분쟁과 송사는 가족 간의 싸움이 된다. 곧 성도 간에 소송이 일어났다는 것은 가족 관계가 깨어졌다는 뜻이 된다. 신자들이 서로 가족이라면, 신자들 간에는 분쟁이나 송사가 아예 없어야 한다. 가족 간의 싸움에서는 이긴다고 해서 이긴 것이 아니다. 자기 형제를 짓밟고 이긴 것을 어떻게 이긴 것이라고 할 수 있겠는가? 참으로, 성도 간의 싸움에는 승자도 없고 패자도 없으며, 다만 상처만 남는다. 그래서 성경은 성도들 사이의 고발을 '허물'이며 '불의'라고 표현한다. 신자 간의 싸움은 그들의 아버지이신 하나님을 욕되게 하는 일임을 명심해야 한다.

3. 신자들 간에 분쟁이 일어났을 때는 세상에 나가서 해결할 것이 아니라 교회 안에서 해결해야 한다. 이는 교회가 세상에 의해서 판단을 받는 대상이 아니라 오히려 세상을 판단하는 기관이기 때문이다. 교회는 세상 위에 있으며 세상보다 영광스러운 지위를 가지고 있다. 더욱이 교회는 세상보다 더 정확하고 엄격한 기준을 가지고 있으며, 세상보다 더 무겁고 엄중한 형벌을 가할 수 있다. 따라서 신자는 교회의 신성함과 거룩성을 훼손하지 말아야 한다. 신자 간에 분쟁이 없어야 하겠지만, 만일 그런 일이 생기게 되면 교회의 치리회를 통해서 해결해야 한다. 그리고 교회의 치리회를 구성하는 지도자들은 성경과 신조 및 교회법에 근거하여 신중하고 공의롭고 덕스럽고 지혜롭게 사안을 처리해야 한다.

4. 신자들 간의 소송으로 교회가 깨어지지 않도록 최선을 다해야 하겠지만, 만일 분쟁이 생기고 교회 안에서 이를 도저히 해결하지 못한다면, 어쩔 수 없이 세상 법정에 의존할 수 있다. 특히 신자가 다른 신자를 대상으로 국가의 형법이 금하는 죄를 짓

는 경우에는 더욱 그렇다. 고린도전서가 기록될 당시에는 세상 법정이 공의로운 재판을 하지 않는 경우가 많았기 때문에 재판에 대하여 부정적이고 소극적일 수 있었다. 하지만 오늘날 합법적인 민주국가의 법원은 과거보다 훨씬 공정하고 정의롭게 판결한다. 게다가 하나님께서는 세상의 권위자(왕, 정치가, 재판관 등)를 세우셔서 백성을 다스리시기에 권위자의 힘과 권세를 빌리는 것은 유익할 수 있다. 따라서 재판 자체를 무작정 부정한 것으로 보아서는 안 된다. 비록 교인 간의 문제를 세상 앞에 내놓는 것이 수치스럽기는 하지만 부득이한 경우에는 국가 기관의 힘을 빌려야 한다. 참고로, 제62회 고신 총회에서는 성도 간의 송사에 대하여 "고소하지 않는 것이 원칙이나 교회 치리회를 우선으로 하되 부득이한 경우에만 할 수 있다"라고 결정했다.

6:12-20 몸으로 하나님께 영광을 돌리라

바울은 5:1-13에서 음행 문제를 다루다가, 6:1-10에서 성도 간의 소송 문제를 언급했는데, 이제 6:12-20에서 다시 음행 문제를 말한다. 고린도는 음행으로 가득 찬 도시였고, 사람들은 이를 아무렇지도 않게 생각했다. 그런데 이러한 경향이 교회에 들어와서, 그리스도인들조차도 이를 심각한 죄로 여기지 않았다. 따라서 바울은 이에 대하여 분명하게 말한다. 그런데 음행 문제는 성도 간의 송사 문제와 다른 종류가 아니다. 이것들은 모두 개인적인 덕에 관한 사안일 뿐 아니라 나아가서 교회의 정체성에 관한 사안이다.

6:12-14 몸의 중요성

고린도 교인들은 구원받은 자들이 자유를 얻었다는 사상을 잘못 이해했고, 또 그리스 철학의 영향을 받아 몸을 중요하게 여기지 않았다. 이에 바울은 자유사상과 몸의 중요성을 설명한다.

12절: "모든 것이 내게 가하나"라는 말은 '그리스도인이 얻은 자유'(Christian freedom)를 반영한다(참고. 10:23). 그리스도인은 자유롭게 된 사람이다. 그리고 고린도 교인들은 이러한 사실을 바울과 아볼로에게서 배웠다. 그들은 그리스도를 믿은 후 자유를 얻었다고 생각했고, 이에 따라 자신들이 무엇이든지 할 수 있게 되었다고 여겼다. 그리하여 그들은 주어진 자유를 만끽하고자 했다. 그러다가 죄를 지어도 된다고까지 생각하게 되었다. 그러나 그리스도인의 자유에 대해서는 잘못 이해했다. 그들은 "모든 것이 내게 가하나"라고 주장했는데, 이 구호는 그들의 방탕함을 합리화시켜 줄 수 없다. 자신들이 하고 싶은 대로 할 수 있다는 생각은 자유가 아니라 방종이며 방탕이다.

그렇다면 진정한 자유란 무엇인가? 그리스도인은 자유를 누리되 책임 있는 자유, 즉 계명 안에서의 자유를 누려야 한다. 자유란 마음대로 행동해도 되는 권리가 아니다. 오히려 자유란 '주님이 원하시는 일'을 마음껏 수행하는 의무이다. 이에 바울은 "다 유익한 것이 아니요"라고 말한다. 이는 사람의 행동을 제한한다. 또한, 그는 "내가 무엇에든지 얽매이지 아니하리라"라고 말한다. 이는 욕망의 노예가 되지 않겠다는 뜻이다. 이런 취지에서 바울은 갈라디아서 5:13에서 "형제들아 너희가 자유를 위하여 부르심을 입었으나 그러나 그 자유로 육체의 기회를 삼지 말고 오직 사랑으로 서로 종노릇 하라"라고 말했다.

13절: "음식은 배를 위하여 있고 배는 음식을 위하여 있으나"라는 말은 고린도 사람들의 사고를 반영한다. 이는 육체의 욕구대로 사는 것을 뜻한다. 인간의 본성적 욕망, 곧 하나님을 모르는 사람들이 추구하는 삶은 '육체의 만족'(즐거움)을 채우는 것이다. 그런데 고린도 사람들은 음행(매춘)을 합리화하면서, '성욕'을 채우는 것을 마치 배가 고파서 자연스럽게 음식을 먹는 '식욕'에 유추했다. 심지어 고린도 교인들 역시 헬라적 이원론에 물들어서 영혼은 중요하지만, 육신은 중요하지 않다고 생각했다. 그들은 주님을 믿는 목적이 영혼의 구원이며, 육신은 영혼의 구원에 아무런 영향을 미치지 않는다고 보았다. 그래서 육신의 욕구대로 움직이는 것을 자연스러운 현상이라고 생각했다. 그러나 바울은 "하나님은 이것 저것을 다 폐하시리라"라고 말함으로써 하나님이 세상의 주관자인 동시에 심판자이신 것을 드러낸다. 즉 하나님께서 세상의 모든 것을 만드셨으나 그것들을 멸하실 수도 있다는 것이다(참고, 3:17; 15:24). 이는 그들에게 엄중한 경고를 보내는 것이다.

바울의 역설은 계속된다. "몸은 음란을 위하여 있지 않고 오직 주를 위하여 있으며"라는 말은 몸이 음행하라고 있는 것이 아니라 주님을 섬기라고 있는 것이라는 뜻이다. 그리고 "주는 몸을 위하여 계시느니라"라는 말은 주님이 우리의 몸을 구원하시기 위해 자신을 희생하셨다는 뜻이다. 따라서 바울은 몸의 중요성을 말한다.

14절: 바울은 몸의 중요성을 설명하기 위하여 부활 모티프를 사용하는 가운데 구속이 몸을 포함한다는 사실을 언급한다. 즉 육체가 부활한다는 사실은 육체의 중요성을 내재한다는 것이다. 따라서 육체는 결코 가볍게 대해도 되는 대상이 아니다. 영혼이 중요하지만, 육체도 중요하다. 하지만 육체 부활 사상은 고린도 사람들이 가지고 있던 헬라적 이원론과 대치된다. 바울은 이후 15장에서 육체의 부활에 대하여 상세히 다룬다.

6:15-17 매춘의 의미

바울은 고린도 지역에 널리 퍼진 '매춘'을 언급한다. 그는 수사학적 질문들을 던지면서 각각의 질문에 "[너희는] 알지 못하느냐"라는 문구를 다시금 넣어서 그들의 각성을 촉구한다. 고린도 사람들은 이원론 사상에 기반하여, 영혼의 구원을 중요하게 여기면서도 육체의 순결에 대해서 별로 신경을 쓰지 않았다. 따라서 그들은 음행을 심각한 죄로 보지 않았다. 심지어 일부 신자들조차도 매춘부들과 음행을 저지르는 것을 나쁘게 생각하지 않았다. 그들은 그것을 즐거움을 채우기 위한 자연스러운 행동으로 여겼다.

15절: 바울은 "너희 몸이 그리스도의 지체인 줄을 알지 못하느냐"라고 말함으로, 몸의 중요성을 강조한다. 이는 13절의 "몸은 …… 오직 주를 위하여 있으며"라는 말과 연관된다. 성경은 인간을 '전인'(whole person), 곧 영혼과 육신이 유기적으로 결합한 '영육 통일체'(psychosomatic unity)로 보면서, 인간의 몸이 가진 가치를 중요하게 여긴다. 그리고 이에 걸맞게 성경은 '전인적 구원'(holistic salvation)을 강조한다. 그러므로 "그리스도의 지체"를 가지고 "창녀의 지체"를 만들어서는 안 된다.

16절: 바울은 결혼의 예를 가지고 매춘을 비판한다. 그는 "창녀와 합하는 자는 그와 한 몸인 줄을 알지 못하느냐 일렀으되 둘이 한 육체가 된다 하셨나니"라고 말한다. 하나님께서는 아담과 하와를 만드신 후 "이러므로 남자가 부모를 떠나 그의 아내와 합하여 둘이 한 몸을 이룰지로다"라고 말씀하셨다(창 2:24). 따라서 남녀 간의 결합은 한 몸이 되는 것이다. 즉 남녀 간의 성적 결합은 단순히 몸의 욕구를 채우는 수단이 아니라, 그 이상의 의미를 지닌다. 그것은 남녀 간의 실제적인 연합이다. 따라서 창녀와 합하는 자는 그녀와 "한 몸"이 되는 것이다. 하지만 주님이 허락하신 배우자 외에 다른 누구하고도 성적인 결합을 해서는 안 된다. 더군다나 그리스도인의 몸은 "그리스도의 지체"이다. 그러므로 자기 몸을 소중히 여기며 순결하게 보존하는 일은 대단히 중요하다.

17절: 이 구절을 정확히 번역하면, '주님과 합하는 자는 그분과 한 영이다'(ESV: 'he who is joined to the Lord becomes one spirit with him.')이다. 여기서 "한 영"이라는 말은 부부를 "한 몸"이라고 말한 것과 같다. 이 말은 부부가 서로 연합한 자가 된 것처럼, 주님을 영접한 자가 주님과 연합한 자가 되었다는 뜻이다. 따라서 주님과 "한 영"이 된 자가 세상의 창기와 결합하는 것은 있을 수 없는 일이다. 그것은 주님을 욕되게 하는 것이며(신성모독), 궁극적으로 다른 신을 섬기는 행위와 같은 것이다. 이에 바울은 다음과 같이 말했다. "내가 그리스도와 함께 십자가에 못 박혔나니 그런즉 이제는 내가 사는 것이 아니요 오직 내 안에 그리스도께서 사시는 것이라 이제 내가 육체 가운데 사는 것은 나를 사랑하사 나를 위하여 자기 자신을 버리신 하나님의 아들을 믿는 믿음 안에서 사는 것이라"(갈 2:20).

6:18-20 성령의 전으로서의 몸

이 단락은 논의의 결론이다. 그는 음행을 피하라고 촉구한다. 그리고 우리 몸이 성령의 전이므로 잘 관리해야 한다고 권면한다. 바울은 이후 8-10장에서 우상 숭배의 죄에 대해서 말하는 가운데 여기서와 비슷한 형식을 사용한다. 그는 10:14에서 "우상 숭배하는 일을 피하라"라고 말하고, 10:31에서 "그런즉 너희가 먹든지 마시든지 무엇을 하든지 다 하나님의 영광을 위하여 하라"라고 말한다.

18절: 바울은 "음행을 피하라"라고 말한다. 이는 '음행으로부터 도망하라'(ESV: 'flee from sexual immorality')는 뜻이다. 여기서 바울은 현재 명령법을 사용하여 이러한 죄의 유혹이 있을 때마다 '항상' 도망해야 한다는 사실을 드러낸다. 음행의 죄를 짓지 않는 최고의 방법은 음행으로부터 도망하는 것이다. 우리는 요셉이 보디발의 다내가 유혹하자 도망쳐 버린 이야기를 알고 있다(참고. 창 39장). 이는 매우 지혜로운 처신이었다. 비록 그가 죄를 짓지 않으려고 도망하는 바람에 누명을 쓰고 투옥되긴 했으나, 하나님은 그것을 보시고 그를 복되게 하셨다.

"사람이 범하는 죄마다 몸 밖에 있거니와 음행하는 자는 자기 몸에 죄를 범하느니라"라는 말은 음행의 심각성을 강조한 것이다. 음행은 자기 몸에 죄를 범하는 것이다. 이미 6:15에서 보았듯이, 사람의 몸은 '그리스도의 지체'이며, 이어지는 6:19에서 보듯이, '성령의 전'이다. 따라서 그리스도인은 몸을 순결하고 거룩하게 관리해야 한다. 결코, 음행을 저지름으로써 몸을 더럽혀서는 안 된다.

19절: 바울은 바로 앞 구절(6:18b)의 '음행하는 자는 자기 몸에 죄를 범하는 것'이라는 언급을 설명한다. 여기서도 그는 "[너희는] 알지 못하느냐"라는 문구를 사용하여 강조한다. 그는 그리스도인의 몸을 "성령의 전"이라고 말한다. 즉 우리의 몸이 자신의 소유가 아니라, 성령의 소유라는 것이다. 그리스도인은 성령이 그의 안에 들어와서 사실 수 있도록 '한 번만' 깨끗하게 청소할 것이 아니라, 이미 성령께서 그의 안에 들어와서 살고 계시기 때문에 '항상' 깨끗하게 청소해야 한다. 그런데 바울은 이미 3:16-17에서 집단적인 교회 공동체를 성전이라고 말한 적이 있다. 따라서 그 구절과 이 구절을 참고할 때, 교회 공동체가 성전이면서, 동시에 교인 개인도 성전임을 알 수 있다.

원래 성전은 예루살렘 성전을 가리켰다. 성전은 하나님께서 계시면서 인간을 만나주시는 곳이었다. 성전은 세상에서 가장 중요한 곳이었으며, 유대인들의 사상과 삶의 중심이었다. 하지만 신약시대에 이르러 성전은 더 이상 건물이 아니다. 신약성경은 성전을 세 가지로 설명한다. 그것은 '예수님'과 '교회 공동체'와

'신자의 몸'이다(참고. 3:16의 주해).

> 첫째, 예수님께서 성전이시다. 예수님은 하나님과 우리를 만나게 해 주시는 중보자가 되신다.
> 둘째, 교회 공동체가 성전이다. 이는 교회 건물이 성전이라는 뜻이 아니다. 교인들의 집합(회중)이 성전이라는 뜻이다.
> 셋째, 신자의 몸이 성전이다. 사람이 예수님을 영접하는 순간부터 성령께서 그의 안에 들어오셔서 내주하신다.

20절: 바울은 논의를 마무리하면서 "값으로 산 것이 되었으니 그런즉 너희 몸으로 하나님께 영광을 돌리라"라고 말한다(참고. 7:23). 이는 노예시장에서 노예를 사는 것을 소재로 삼아서 말한 것이다. 하나님은 '그리스도'(십자가 희생)라는 값비싼 대가를 치르시고 우리를 사셨다(참고. 롬 3:24; 갈 3:13). 따라서 우리는 자신의 소유가 아니라 주님의 소유이다. 이제 우리가 해야 할 일은 우리 몸으로 하나님께 영광을 돌리는 것이다. 분명히, 6:18에 언급되었듯이, 죄를 짓지 않는 소극적인 방안은 죄로부터 도망하는 것이다. 그러나 적극적인 방안은 우리가 가진 모든 것을 하나님의 영광을 위하여 사용하는 것이다. 바울의 이러한 권면은 로마 교인들에게 보낸 편지에서 "그러므로 형제들아 내가 하나님의 모든 자비하심으로 너희를 권하노니 너희 몸을 하나님이 기뻐하시는 거룩한 산 제물로 드리라 이는 너희가 드릴 영적 예배니라"라고 말한 것을 생각나게 한다(롬 12:1).

7:1-16 결혼과 이혼

1-6장은 바울이 '글로에의 집 사람들'에게서 소식을 듣고 지침을 주고, 7-15장은 '고린도 교회의 지도자들'이 문의한 여러 사안에 대해서 답변한다(참고. '고린도전서 서론'). 5장에서 바울은 음행 문제를 다루었고, 6:1-11에서 고린도 교회의 또 다른 문제인 성도 간의 송사 문제를 언급했으며, 6:12-20에서 다시 음행 문제를 말했다. 이제 7:1-16에서 그는 결혼과 이혼에 관한 지침을 준다. 그는 결혼에 대한 일반적인 원리, 곧 결혼한 자들이 어떻게 지내야 하는지를 말한 후 배우자가 먼저 사망했을 때 어떻게 해야 하는지와 불신 배우자를 두었을 때 어떻게 해야 하는지를 알려준다. 그의 가르침은 실제적인 적용 방안이 된다(참고. 황원하, 『응답하라 신약성경』 [서울: 세움북스, 2016], 156-61).

7:1-7 일반적인 원리

이 단락은 일반적인 원리이다. 바울은 창세기 2:18에 언급된 한 남자와 한 여자의 결혼 원칙을 설명하고, 남편과 아내의 의무를 진술한 후, 독신의 유익에 관해서 말한다.

1절: "너희가 쓴 문제에 대하여 말하면"('페리 데 혼 에그랍사테', ESV: 'Now concerning the matters about which you wrote')이라는 문구는 고린도 교회의 대표자들이 보낸 질문(7-15장)에 대해서 답변하겠다는 뜻이다. 여기서 헬라어 단어 '페리'(concerning)와 '데'(now)의 결합은 주제의 전환을 시사한다(참고. 7:25). 바울은 "남자가 여자를 가까이 아니함이 좋으나"(ESV: 'it is good for a man not to have sexual relations with a woman.')라고 한 그들의 말을 인용한다. 여기서 '가까이한다'라는 말은 성관계(sexual relationship)에 대한 우회적 표현(euphemism)이다. 당시 고린도 교인 중에는 남자가 여자와 성적인 관계를 맺지 않는 것이 좋다고 생각하는 이들이 있었다. 이는 극단적 금욕주의에서 나온 생각이었다.

당시에 금욕주의는 스토아학파와 견유학파와 에세네파와 테라퓨테파 등에서 권장되었다. 헬라 델피 신전의 여사제들에게는 금욕이 권유되었다. 그리고 알렉산드리아의 필로는 이런 사상을 극찬했다. 특히 고린도의 금욕주의는 영적인 순결을 보존하기 위하여 악한 육신과의 관계를 끊는 것을 뜻했다. 그러나 바울은 이러한 견해에 반대했다(참고. 7:2, 5, 9, 10, 28, 36). 한편, 고린도 사람들 일부는 금욕주의와 완전히 상반되는 방종주의에 빠져 있었다(참고. 5-6장).

2절: 바울은 위와 같은 고린도 성도들의 질문에 대해서 "음행을 피하기 위하여 남자마다 자기 아내를 두고 여자마다 자기 남편을 두라"고 답변한다. 이는 결혼이 음행의 죄를 피하는 방법이라는 뜻이다. 물론 결혼의 목적이 음행을 막기 위한 것만은 아니다. 다만 이러한 지침에는 결혼을 통하여 성적인 부도덕을 방지할 수 있다는 사실이 내포되어 있다. 혼인은 성적인 욕구를 채울 수 있는 유일한 수단이다. 혼인 관계 안에서의 성관계는 합당하다. 그것은 하나님이 허락하신 방법이다(참고. 창 2:24; 엡 5:31). 따라서 성적인 욕구를 참지 못한 채 죄를 지을 것 같으면 혼인하는 것이 현명하다(참고. 잠 5:19-20). 한편, 이 구절에는 일부다처제("남자마다 자기 아내", "여자마다 자기 남편")와 동성결혼금지 사상이 내포되어 있다. 창세기 2:18에서 하나님은 '남자'와 '여자'의 결혼을 원칙으로 정하셨다. 그리고 그것은 '한 남자'와 '한 여자'의 결혼이었다.

3절: 7:3-5는 남편과 아내의 의무를 진술한 것이다. 여기서 바울은 남편(남자)과 아내(여자)에 대해서 의도적으로 정확한 병행을 만들어서 남편과 아내의 의무에 같은 비중을 둔다. 남편과 아내는 배우자에 대한 성적인 의무를 진다. 그들은 성생활에서 자신의 의무를 다해야 한다. 하지만 서로에 대해서 강요하거나 협박해서는 안 된다. 또한, 서로의 성적인 요구를 물리치거나 거부해서도 안 된다. 서로를 향한 사랑에 기반하여 서로의 필요를 채워주려고 노력해야 한다. 그것이 하나님께서 마련하신 창조 질서이다.

4절: 아내는 자기 몸을 주장하지 못하고 오직 그 남편이 하며, 남편도 그와 같이 자기 몸을 주장하지 못하고 오직 그 아내가 한다. 이는 남편과 아내의 몸은 자신의 것이 아니라 서로의 것이기 때문이다. 결혼하게 되면 한 몸이 된다. 결혼은 단순한 동거나 동행 이상이다. 결혼은 하나의 유기적 존재가 되는 것이다. 따라서 결혼하기 전에는 각자 자기 뜻대로 살았으나 결혼한 후에는 그렇게 할 수 없다. 한편, 이렇게 남녀 평등사상에 기초한 상호주의적 윤리는 고대의 가부장적 세계에서 대단히 이례적이었다. 바울은 하나님께서 주신 계시에 따라 혼인에 대한 하나님의 뜻을 전한다.

5절: 남편과 아내는 기본적으로 서로 "분방"하지 말아야 한다. 여기서 "분방"이란 표현은 부부의 성생활을 뜻한다. 결혼한 사이에 성생활을 하지 않는 것은 상대를 향한 의무를 이행하지 않는 것이다. 물론 특별한 일이나 기타의 이유로 서로 동의하는 가운데에서는 분방할 수 있다. 하지만 일방적으로 분방해서는 안 된다. 바울은 "다만 기도할 틈을 얻기 위하여 합의상 얼마 동안은 하되 다시 합하라"라고 말한다. 여기서 "기도"는 일반적인(정규적인) 기도가 아니라 특별한 기도를 가리킨다. 즉 특별한 사안을 위해서 집중하여 기도하는 동안에 잠시 분방할 수 있다는 뜻이다. 하지만 이는 부부의 성생활이 기도에 방해되기 때문이 아니다. 단지 기도를 비롯한 영적 훈련에 더욱 집중하기 위해 성관계를 비롯한 모든 행동을 일시 중단하는 것을 의미한다. "다시 합하라"라는 말은 성생활을 재개하라는 뜻이다. 부부가 다시 합방해야 하는 이유는 그들이 절제하지 못함으로 말미암아 사탄이 시험하지 못하게 하려 함이다(참고. 살전 3:5). 즉 성욕을 참지 못하여 음행하게 되는 죄에 빠지지 않게 하려는 것이다. 실제로 금욕 기간을 마치고 나면 성적 욕구가 강해져서 죄를 지을 수가 있다. 따라서 금욕 기간을 보내고 나서는 다시 합하는 것이 좋다.

6절: 이 구절은 부부간의 성관계가 기도에 꼭 방해되는 것은 아니라는 뜻이다. 육적 생활과 영적 생활을 구분하는 것은 바람직하지 않다. 인간은 전인적인 존재이다. 따라서 특별 기도를 하느라 굳이 분방해야 하는 것은 아니다. 다만 기도에 좀 더 집중하기 위해서 성생활을 비롯한 모든 행동을 일시 중단할 수 있을 뿐이다.

7절: "나는 모든 사람이 나와 같기를 원하노라"라는 말은 자신처럼 독신으로 살기를 원한다는 뜻이다. 그는 성적으로 충분히 절제할 수 있는 독신의 은사를 받았기 때문에 혼자 살 수 있었다. 그는 독신으로 사는 것을 좋아했다. 그리고 그것은 하나님의 일을 더욱 열심히 할 수 있게 해 주었다. 그리하여 독신생활을 모든 사람이 함께 누리기를 바란다. 하지만 이것은 명령이 아니라 희망일 뿐이다. 그것은 하나님께서 모든 사람이 구원받기를 바라신다고 말씀하신 것과 같은 맥락에서 이해할 수 있다(참고. 벧후 3:9). "그러나 각각 하나님께 받은 자기의 은사가 있으니 이 사람은 이러하고 저 사람은 저러하니라"라는 말은 각각 하나님께 은사를 받은 대로 살아야 한다는 뜻이다. 독신의 은사를 받은 사람은 독신으로 지내면 되겠지만, 그렇지 않은 사람은 결혼하는 것이 바람직하다.

그런데 우리는 바울이 아예 처음부터 결혼하지 않았는지, 중간에 이혼했는지, 혹은 상처(喪妻)했는지를 알 수 없다. 어떤 학자들은 7:8-9를 근거로 하여 바울이 과거에 결혼했었으나 상처했다가 주장한다. 그러나 다른 학자들은 당시에 유대인 남자들이 랍비 교육과정을 이수하기 위해서는 반드시 결혼해야 했기 때문에 바울이 결혼했다가 부인과 헤어졌을 것으로 추정한다(참고. 행 22:3; 갈 1:14; 빌 3:4-6). 반면에 일부 학자들은 바울이 갑자기 회심하자 부인이 떠나 버렸을 것이라고 믿는다. 그러나 우리가 내릴 수 있는 결론은 이에 대해서 확실히 알 수 없다는 것이다. 바울은 물론이고 성경과 고대 문헌들은 이 일을 전혀 언급하지 않는다.

7:8-9 홀아비들과 과부들에게

바울은 이제 구체적인 지침을 제시한다. 이 단락은 홀아비들과 과부들을 향한 지침이다.

8절: 바울은 "결혼하지 아니한 자들과 과부들에게" 말한다. 여기서 "결혼하지 아니한 자들"에 해당하는 헬라어 '토이스 아가모이스'(the unmarried)는 남성 복수형으로, '결혼하지 않은 남성들' 혹은 '결혼했으나 이혼이나 사별로 혼자된 남성들' 혹은 '홀아비들'(widowers)을 가리킨다. 그런데 헬라어에 '홀아비'를 가리키는 단어가 따로 없으며, 결혼하지 않은 자들에 대해서는 7:25-38에서 별도로 언급하고 있고, 이어지는 문장에 '과부'가 나오기 때문에 이 단어를 '홀아비들'이라고 보는 것이 타당하다. 바울은 홀아비들과 과부들에게 자신처럼 그냥 혼자 지내는 것이 좋겠다고 제안한다. 그는 독신의 유익을 7:25-40에서 자세히 언급한다.

9절: 그러나 바울은 그들이 혼자서 지내는 것이 가능하지 않을 수 있다고 생각한다. 그래서 "만일 절제할 수 없거든 결혼하라 정욕이 불같이 타는 것보다 결혼하는 것이 나으니라"라고 말한다. 여기서 바울의 의도는 분명하다. 만일 절제할 수 있다면 혼자 지내는 것이 낫다. 하지만 절제할 수 없으면 결혼하는 것이 좋다. 이는 정욕이 불같이 타서 죄를 범하는 것이 옳지 않기 때문이다. 그러나 바울의 말은 '명령'(강제조항)이 아니라 어디까지나 '권면'이다('it is better....'). 따라서 자신의 형편과 처지에 따라서 현명하게 결정하면 된다. 그런데 주의해야 할 점이 있다. 그것은 7:2의 주해에서 언급했듯이, 바울이 결혼을 성적 만족을 위한 도구라고만 여긴 것이 아니라는 사실이다. 다만 그는 절제하지 못해서 죄를 짓는 문제를 경계할 뿐이다. 결혼제도는 하나님이 친히 세우신 신성한 대사이다. 하나님은 남녀가 결혼하여 가정을 이루어서 일생을 살게 하셨다. 그분은 이러한 방식을 통하여 인류를 존속하게 하셨다.

7:10-11 결혼한 자들에게

이 단락은 결혼한 자들을 향한 지침이다. 문맥을 고려할 때 여기서 결혼한 자들이란 신자들끼리 결혼한 경우이다.

10-11절: 바울은 "결혼한 자들에게" 말한다. 그들은 이혼하지 말아야 한다. 바울은 "명하는 자는 내가 아니요 주시라"라고 하는데, 이는 이혼하지 말라는 것이 예수님의 명령이라는 뜻으로 이 교훈이 당시에 널리 알려진 것임을 암시한다(이 문구에 괄호가 있는 것은 사본학적인 문제 때문이다). 분명히, 예수님은 이혼하지 말라고 명령하셨다(참고. 마 5:31-32; 19:8-9; 막 10:2-12; 눅 16:18). 바울은 먼저 여자를 향하여 "여자는 남편에게서 갈라서지 말고"라고 명한다. 이는 로마 세계에서 아내가 남편에게 받는 상처가 컸기 때문일 수 있다. 그리고 로마법에 따르면, 여인도 이혼을 주도할 수 있었다. 그는 여자가 만일 남편과 갈라섰으면 그대로 지내든지 다시 그 남편과 화합하든지 하라고 권면한다. 이는 가능하면 이혼하지 말되, 혹시라도 이혼했으면 독신으로 지내든지, 아니면 헤어진 그 남편과 다시 결합하든지 하라는 뜻이다. 바울은 이어서 "남편도 아내를 버리지 말라"라고 명한다. 당시 유대 세계에서는 남편이 쉽게 여인을 버릴 수 있었다. 따라서 그는 같은 원리를 여자와 남자에게 동일하게 적용한다.

7:12-16 불신 배우자를 둔 자들에게

이제 바울은 불신자와 결혼한 사람들을 향해서 말한다.

12-13절: "그 나머지 사람들"이란 표현은 7:10-11에 기록된 사람들 외의 사람들을 가리키는데, 한쪽은 신자지만, 다른 한쪽은 불신자인 부부를 의미한다. 초기 기독교회에는 한쪽이 믿었으나 다른 한쪽이 믿지 않는 경우가 제법 있었다. 이는 그들 가운데 상당수가 결혼한 후에 회심했기 때문이다. 따라서 본문의 지침은 신자가 불신자인 것을 알면서 결혼한 상황에 해당하는 것이 아니다. "이는 주

의 명령이 아니라"라는 말은 이것이 예수님의 명령이 아니라 바울의 명령이라는 뜻이다. 예수님께서는 불신자와 결혼한 신자들에 관하여 말씀하신 적이 없다. 따라서 바울은 예수님의 가르침을 원리로 삼으면서 특정한 상황에서 예수님의 뜻이 어떻게 적용될 수 있는지를 제시한다. 더욱이 바울은 특별한 권위를 가진 사도이다. 따라서 그의 말은 인간적인 지혜와 지식에 근거하는 것이 아니라 하나님에게서 받은 영감에 근거한다.

"만일 어떤 형제에게 믿지 아니하는 아내가 있어 남편과 함께 살기를 좋아하거든 그를 버리지 말며 어떤 여자에게 믿지 아니하는 남편이 있어 아내와 함께 살기를 좋아하거든 그 남편을 버리지 말라"라는 말은 믿지 않는 배우자가 계속해서 함께 살기를 원하면 그와 헤어지지 말라는 뜻이다. 당시에 어떤 신자들은 불신자와 성관계하면 더러워질 수 있다고 생각했던 것 같다. 이에 바울은 믿지 않는 배우자와 같이 살아도 괜찮다고 말한다.

14절: 이 구절은 앞 구절의 이유, 즉 왜 신자가 믿지 않는 배우자와 여전히 같이 살아야 하는지를 가르쳐준다. 그것은 믿지 않는 남편이 아내로 말미암아 거룩하게 되고 믿지 않는 아내가 남편으로 말미암아 거룩하게 되기 때문이다. 또한, 그렇게 되지 않으면 그들의 자녀도 깨끗하지 못하게 될 것이다. 그러나 이제 부부 중 한쪽이 믿음으로 말미암아 가족 모두가 거룩하게 될 수 있다. 바울의 일반적인 어법으로 '거룩하게 된다'('하기아조', sanctified)라는 단어는 '구원받게 된다'라는 뜻이다(참고. 1:2; 6:11). 그러나 이 문맥에서 이 단어는 구원론적 개념이 아니다. 이는 7:16에 불신 배우자가 구원받아야 한다는 필요성이 암시되어 있기 때문이다. 따라서 여기서 '거룩하게 된다.'라는 말은 믿는 배우자를 통하여, 하나님의 은혜가 그 가정에 임하게 된다는 것과 믿는 배우자가 믿지 않는 가족에게 선한 영향을 미치게 된다는 것을 의미한다. 하지만 그렇다고 해서 구원을 배제할 수는 없다. 하나님께서는 믿는 사람을 통해서 그의 가족 전체에게 은혜를 베푸시며, 그러한 가운데 믿지 않는 가족이 구원받게 하실 수도 있다. 특히 그의 자녀가 깨끗하게 되는 것은 놀라운 일이다. 부모 중 한쪽이라도 믿는다면, 그의 자녀가 하나님의 복을 받고, 심지어 구원받을 수도 있다.

15절: "혹 믿지 아니하는 자가 갈리거든 갈리게 하라. 형제나 자매나 이런 일에 구애될 것이 없느니라"라는 말은 믿지 않는 배우자가 갈라서기를 원하면 갈라서도 된다는 뜻이다. 당시 고린도에서는 믿지 않는 배우자가 믿는 배우자를 지나치게 반대한 나머지 가정과 신앙의 위기를 발생시키곤 했다. 따라서 바울은 더 심각한 문제의 발생을 방지하기 위해서 이혼할 수 있다고 말한다(참고. 롬 12:18). "이런 일에 구애될 것이 없느니라"라는 말은 이런 일로 죄책감을 가질 필요가 없다는 뜻이다. "하나님은 화평 중에서 너희를 부르셨느니라"라는 말은 불신자와 함께 사는 것이 화평을 깨뜨리는 요인이 된다는 사실을 반영한다. 당시에는 신자가 불신 배우자와 함께 살면서 신앙적 박해를 받는 경우가 많았다. 그런데 이런 일은 오늘날에도 여전히 존재한다. 따라서 신자는 부득이한 경우 불신자와 헤어짐으로 화평을 유지할 수 있다. 그러나 분명히 기억해야 한다. 이 지침은 대단히 심각하고 극단적인 상황에서만 적용할 수 있다.

16절: 이 구절은 긍정적(적극적)으로 해석할 수도 있고, 부정적(소극적)으로 해석할 수도 있다. 만일 긍정적으로 해석한다면, '네가 배우자를 구원받게 할 수도 있으니, 계속해서 참고 살아야 한다'라는 뜻이 된다. 그러나 만일 부정적으로 해석한다면, '오직 하나님만이 사람을 구원하실 수 있고 너는 배우자를 구원받게 할 수 없으니, 헤어지는 것이 낫다'라는 뜻이 된다. 그렇다면 어느 해석이 옳을까? 이 구절을 7:15와 관련 지어서 이해해야 한다. 만일 그렇게 본다면, 부정적 해석을 취하게 된다. 즉 불신 배우자와 함께 살 때, 가능한 한 혼인 관계에 머물러 있으면서 믿지 않는 배우자에게 복음을 전함으로 그가 믿고 구원받게 된다면 좋겠지만, 만일 그가 신앙을 박해하는 정도가 너무 심하고 그로부터 겪는 고통이 너무 크다면 헤어져도 괜찮다는 뜻이 된다. 실제로 불신 배우자로부터 큰 고통을 당할 때 자신이 그를 전도하여 회심하게 할 수 있을 것이라는 희망을 품고 참으면서 살지만, 자신이 원하는 대로 되지 않는 경우가 많다.

7:17-40 결혼과 독신

바울은 7:1-16에 이어서 이 단락에서도 결혼에 관하여 언급한다. 하지만 앞에서는 결혼한 자들에 관해서 주로 말했지만, 여기서는 독신자들에 관해서 주로 언급한다(참고. 황원하, 『응답하라 신약성경』[서울: 세움북스, 2016], 161-67). 그는 그리스도인이 따라야 할 행동 원리를 제시한 후 독신으로 사는 자들, 곧 처녀들과 과부들이 따라야 할 지침을 준다. 이는 7:1-16에서, 결혼의 일반적인 원리를 말한 후 결혼과 이혼에 관한 지침을 준 것과 같은 형태이다.

7:17-24 그리스도인의 행동 원리

바울은 결혼에 관한 가르침을 잠시 멈추고 그리스도인이 어떠한 원리에 근거하여 결심하고 행동해야 하는지를 말한다. 여기서 특징적인 문구는 7:17의 "부르신 그대로 행하라"와 7:20의 "그 부르심 그대로 지내라"와 7:24의 "부르심을 받은 그대로..... 거하라"이다. 또한, 바울은 신자들에게 민족적 신분(유대인과 이방인, 7:18-19)과 사회적 신분(자유인과 종, 7:21-23)에 연연하지 말라고 권면한다. 바울이 이렇게 말하는 이유는 고린도 교회의 일부 열광주의자들이 이원론적 분리주의 사상을 가졌기 때문이다. 그들은 하나님의 자녀들이 매우 특별한 존재들이기에 이 세상을 초월적으로 살아야 한다고 주장했다. 그러나 바울은 하나님의 자녀들이 '처해 있는 상황 속에서' 말씀을 실천해야 한다고 당부한다.

17절: 이 구절은 '일반적 규칙'이다(참고. 7:20, 24). 각 사람은 주님이 그에게 나누어주신 대로, 그리고 하나님이 그를 부르신 그대로 살아야 한다. 이것은 그리스도인이 현재 있는 자리에서 하나님으로부터 부여받은 환경과 조건을 받아들이면서 만족하며 지내라는 뜻이다. 바울은 권위 있는 어조로 "내가 모든 교회에서 이와 같이 명하노라"(ESV: 'This is my rule in all the churches.')라고 말한다. 따라서 그가 말하는 규칙은 '고린도 교회'에만 해당하는 것이 아니라 '모든 교회'에 해당한다. 즉 모든 세대의 그리스도인이 이 명령을 따라야 한다.

18-19절: 바울은 사람들의 민족적 신분, 즉 유대인과 이방인에 관하여 언급한다. 할례자(유대인)로 부르심을 받은 자는 무할례자가 되려고 할 필요가 없다. 당시에 어떤 유대인들은 로마인들과의 교제나 사업을 위해서 성기의 남은 포피를 잡아당기는 간단한 외과적 수술을 통하여 할례받은 흔적을 지우려고 했다. 이는 당시의 대표적인 사교장이었던 목욕탕에서 벌거벗은 채로 만나면 할례받은 것이 쉽게 드러났는데, 헬라 문화에서는 할례받는 것을 불구가 되는 것으로 여겼으므로, 유대인들 가운데 할례받은 것을 부끄럽게 여기거나, 또 사업상의 불이익을 두려워하는 이들이 종종 있었다.

또한, 무할례자(이방인)로 부르심을 받은 자는 할례를 받을 필요가 없다. 유대주의자들은 이방인이 하나님의 백성이 되려면 할례를 받아야 한다고 주장했다. 하지만 신약시대에 할례는 신자가 되기 위한 의무사항이 아니다. 바울은 다음과 같이 말했다. "하나님은 다만 유대인의 하나님이시냐 또한 이방인의 하나님은 아니시냐 진실로 이방인의 하나님도 되시느니라 할례자도 믿음으로 말미암아 또한 무할례자도 믿음으로 말미암아 의롭다 하실 하나님은 한 분이시니라"(롬 3:29-30). "그리스도 예수 안에서는 할례나 무할례나 효력이 없으되 사랑으로써 역사하는 믿음뿐이니라"(갈 5:6).

바울은 이어서 "오직 하나님의 계명을 지킬 따름이니라"라고 갈한다. 유대인들은 할례 준수를 계명 순종으로 이해했다. 그러나 바울은 그리스도께서 이루신 구속 활동을 전제하면서 그리스도인이 유대주의적 율법주의를 버리고 율법을 그리스도적으로 재해석하여 실천해야 한다는 점을 명확히 한다(참고. 9:20-21; 갈 6:2; 롬 13:8-10).

20절: 7:17에 이어서 다시 '일반적 규칙'이 나온다. 여기서도 바울은 각 사람이 부르심을 받은 그 부르심 그대로 지내라고 말한다. 즉 하나님의 부르심을 받을 때 처해 있던 형편과 상황 그대로 지내라는 것이다.

21-23절: 바울은 사람들의 사회적 신분, 즉 종과 자유인에 관하여 언급한다. 이는 7:18-19의 할례자와 무할례자의 경우에 상응한다. 고대에 '종과 자유인'의 이슈는 대단히 중요했다. 바울은 종으로 있을 때 부르심을 받았으면 그냥 종으로 지내라고 말한다. 하지만 "네가 자유롭게 될 수 있거든 그것을 이용하라"(ESV: 'if you can gain your freedom, avail yourself of the opportunity.')라는 말을 덧붙인다. 이는 만일 자유인이 될 수 있다면 자유인이 되는 것이 좋다는 뜻이다. 일부러 계속해서 종의 신분을 가질 필요가 없다. 기회가 된다면, 종으로 남아있기보다는 자유인이 되는 것이 낫다.

"주 안에서 부르심을 받은 자는 종이라도 주께 속한 자유인이요 또 그와 같이 자유인으로 있을 때에 부르심을 받은 자는 그리스도의 종이니라"라는 문구는 일반적 규칙을 말하는 가운데 신학적 메시지를 전달한 것이다. 바울은 이어서 "너희는 값으로 사신 것이니 사람들의 종이 되지 말라"라고 말한다. 신자들은 "값으로 사신 것"이다. 당시에 노예를 돈 주고 사 오듯이, 그리스도께서는 자신의 목숨을 내주시고 우리를 사셨다(참고. 6:20). 그러므로 우리는 사람들의 종이 되려 하지 말고, 그리스도의 종이 되려고 해야 한다.

바울은 다음과 같이 말했다. "거기에는 헬라인이나 유대인이나 할례파나 무할례파나 야만인이나 스구디아인이나 종이나 자유인이 차별이 있을 수 없나니 오직 그리스도는 만유시요 만유 안에 계시니라"(골 3:11). 그리고 베드로는 다음과 같이 말했다. "너희는 자유가 있으나 그 자유로 악을 가리는 데 쓰지 말고 오직 하나님의 종과 같이 하라"(벧전 2:16).

24절: 바울은 세 번째이자 마지막으로 '일반적 규칙'을 말한다. 그는 하나님께로부터 부르심을 받은 그대로 "하나님과 함께" 거하라고 권면한다. 헬라어 원문에서는 "하나님과 함께"(파라 테오)가 문장의 마지막에 위치하면서 강조되었다.

바울의 요지는 분명하다. 그것은 현재의 상태나 신분과 관계없이 하나님과 동행해야 한다는 것이다.

성경에 근거할 때 노예제도는 옳지 않다. 그러나 바울은 노예제도에 대해서 노골적으로 비판하지 않는다. 이는 노예제도가 고대 로마제국에서 너무나 광범위하게 시행되어 오고 있었기 때문이다. 그리고 만일 바울이 노예제도를 공개적으로 비판했더라면, 그가 사회체제의 붕괴를 촉구하는 위험인물이라는 오해를 받았을 수 있었으며, 더욱이 그리스도인들이 혁명분자로 오인될 수 있었기 때문이다. 따라서 바울은 노예제도를 정면으로 반박하는 대신 우회적으로 비판한다. 예를 들어, 그는 '종'을 '형제'로 대하라고 권면하거나(참고. 빌레몬서), 모든 사람을 '하나님의 자녀'라고 언급함으로써 사람을 상하로 나누는 계급구조의 부당함을 지적한다.

7:25-38 처녀들에게

바울은 처녀들을 향하여 말한다. 이 단락에는 '처녀'(virgin)에 해당하는 헬라어 '파르테노스'가 여섯 번이나 나온다(예. 7:25, 28, 34, 36, 37, 38).

25절: 바울은 "처녀에 대하여는"이라는 문구로 새로운 주제를 말하기 시작한다. 헬라어 원문에는 문장의 제일 앞에 "대하여는"(concerning)에 해당하는 전치사 '페리'와 '이제'(now)라는 뜻을 지닌 '데'가 함께 있어서 주제의 전환을 알린다(참고. 7:1). "내가 주께 받은 계명이 없으되"(ESV: 'I have no command from the Lord')라는 말은 '처녀에 대하여' 예수님이 주신 명령이 없다는 뜻이다. 실제로 예수님은 이러한 사안에 대하여 말씀하신 적이 없다. 왜냐하면, 예수님께서 일반적인 원리 혹은 보편적인 법칙에 대해서 말씀하셨으나, 인간 세계에서 벌어지는 모든 상황을 일일이 말씀하지는 않으셨기 때문이다. "주의 자비하심을 받아서 충성스러운 자가 된 내가 의견을 말하노니"라는 말은 주님에 의해서 임명을 받은 사도로서 바울 자신의 의견을 밝히겠다는 뜻이다. 따라서 그의 말은 어느 인간의 견해가 아니라 하나님의 명령이다.

26절: "내 생각에는"이라는 문구는 앞 구절의 "내가 의견을 말하노니"에 상응한다. 바울은 자기 생각과 말이 하나님으로부터 주어진 권위 있는 계시라고 확신한다. 그는 "임박한 환난"으로 말미암아 사람이 혼인하지 않고 그냥 지내는 것이 좋다고 말한다. 그는 남성형 명사 '안트로포스'를 사용함으로써 처녀뿐 아니라 총각도 마찬가지라는 점을 암시한다. "임박한 환난"(the present distress)은 종말론적 용어이다. 하지만 이것은 시간적인 종말을 함의하지 않는다. 오히려 이것은 신자가 평소 어떤 자세를 가지고 살아야 하는지를 시사한다. 종말론적인 관점에서 볼 때, 처녀나 총각은 굳이 결혼하려고 애쓸 필요가 없다. 결혼하지 않고 혼자 지내면서 주님께 온전히 헌신하는 것은 좋은 일이다(참고. 7:7, 17-24).

27절: 바울은 앞 구절에서 말한 "사람이 그냥 지내는 것이 좋으니라"라는 말을 여기서 확장한다. 이는 7:17, 20, 24에서 이미 언급된 것인데, 지금의 상태에 계속해서 머무르라는 뜻이다. "네가 아내에게 매였느냐"(ESV: 'are you bound to wife?')와 "아내에게서 놓였느냐"(ESV: 'are you free from a wife?')는 모두 완료 수동태로서 현재 그렇게 되어 있는 상태를 의미한다. 아내에게 매인 사람, 곧 결혼한 사람은 "놓이기를 구하지" 말아야 한다. 즉 결혼 관계를 그대로 유지하는 것이 좋다. 그러나 아내에게서 놓인 사람, 곧 결혼하지 않은 사람(미혼자, 이혼자, 사별자)은 "아내를 구하지" 말아야 한다. 즉 굳이 결혼하려고 하지 말아야 한다. 그리고 이러한 원리는 여자에게도 동일하게 적용된다.

28절: 그러나 결혼하는 것은 죄 짓는 것이 아니다. 장가가도 되고 시집가도 된다. 다만 결혼하면 육신에 고난이 있을 것이다. 이는 사람이 결혼하게 되면 가족을 돌보아야 하는 부담과 책임을 지게 된다는 뜻이다. 특히 종말론적 관점에서 볼 때, 결혼하면 가족으로 인하여 주님께 헌신하는 일에 어려움이 생길 수 있다는 뜻이다.

29-31절: 이 구절들은 신자가 종말이 임박했다는 생각으로 살아야 함을 알려준다. "그때가 단축하여진 고로"(ESV: 'the appointed time has grown very short.')라는 표

현은 7:26의 "임박한 환난"과 유사하다. 이는 종말론적 삶의 자세를 촉구한다.

바울은 다섯 가지 예를 들어서 종말을 준비하는 자세를 가르쳐준다.

첫째, 아내 있는 자들은 없는 자같이 해야 한다. 이 말은 가정이 중요하지만, 그것에 지나치게 얽매여서 주님을 따라가는 일에 소홀해서는 안 된다는 뜻이다.

둘째, 우는 자들은 울지 않는 자같이 해야 한다. 이 말은 어려움이 있어도 잘 극복해야 한다는 뜻이다. 신자들에게 일어나는 모든 일은 하나님의 신비한 작정 안에 있으므로 어려움을 당했을 때 하나님을 믿고 하나님의 보호하심을 간구해야 한다.

셋째, 기쁜 자들은 기쁘지 않은 자같이 해야 한다. 이 말은 세상의 부와 명예와 권력에 도취해서 주님을 향한 헌신이 식지 않게 해야 한다는 뜻이다.

넷째, 매매하는 자들은 없는 자같이 해야 한다. 이 말은 세상의 재물을 사랑하지 말아야 한다는 뜻이다. 이 세상을 살면서 재물이 필요하기는 하지만, 그것들에 의해 지배를 받아서는 안 된다. 하나님과 재물을 겸하여 섬기지 못한다는 사실을 명심해야 한다(참고. 마 6:24).

다섯째, 세상 물건을 쓰는 자들은 다 쓰지 못하는 자같이 해야 한다. 이 말은 재물을 사용하는 데 온 힘을 소진해서는 안 된다는 뜻이다.

바울은 설명을 마무리하면서 "이 세상의 외형은 지나감이니라"라고 말한다. 이는 이 세상에 존재하는 가정(결혼)과 희로애락과 제도와 물질이 곧 사라질 것이라는 뜻이다. 종말은 임박해 있다. 신자는 항상 종말이 가까이 있다고 생각하면서 살아야 한다. 따라서 잠깐 있다가 사라질 이 세상 것들에 집착하지 말아야 한다. 영원히 존재하는 것들에 마음을 두어야 한다.

32-34절: 바울은 독신생활의 유익을 말한다. 그는 결혼한 사람과 결혼하지 않은 사람을 대조적으로 병행하면서, 결혼하지 않고 지내는 것이 좋다고 설득한다. 7:32-33은 남자의 경우로 장가가지 않은 자를 장가간 자와 대조한 것이며, 7:34는 여자의 경우로 시집가지 않은 자를 시집간 자와 대조한 것이다. "너희가 염려

없기를 원하노라"라는 말은 독신으로 지내면 염려가 없어진다는 사실을 암시한다. 장가가지 않은 자는 주님의 일을 염려하여, 어떻게 해야 주님을 기쁘시게 할지를 생각한다. 그러나 장가간 자는 세상의 일을 염려하여, 어떻게 해야 아내를 기쁘게 할지를 고민하여 마음이 갈라진다. 이는 여자도 마찬가지다. 시집가지 않은 여자는 주님의 일을 염려하여 몸과 영을 다 거룩하게 하려 한다. 그러나 시집간 여자는 세상의 일을 염려하여 어떻게 해야 남편을 기쁘게 할지를 고민한다. 결혼하여 가정을 가지면 아무래도 가정에 신경을 쓰다 보니 상대적으로 주님의 일에 소홀할 수밖에 없다. 따라서 주님의 일에 온전히 집중하기 위하여 결혼하지 않는 것도 좋다. 물론 사람은 기본적으로 결혼해야 한다. 이것이 창조 질서이다. 하지만 결혼하지 않아도 괜찮은 사람은 결혼하지 않아도 된다.

35절: 바울은 "내가 이것을 말함은 너희의 유익을 위함이요 너희에게 올무를 놓으려 함이 아니니"라고 말한다. 이는 그가 독신을 긍정적으로 말한 것을 오해하지 말아야 한다는 뜻이다. 바울이 독신의 유익을 말했다고 해서 독신으로 사는 것이 절대적으로 좋다는 뜻이 아니며, 모든 사람이 독신으로 살아야 한다는 뜻도 아니다. 그는 이어서 "오직 너희로 하여금 이치에 합당하게 하여 흐트러짐이 없이 주를 섬기게 하려 함이라"라고 말한다. 이는 독신을 긍정적으로 말한 이유가 독신자가 주님을 더 온전히 섬길 수 있기 때문이라는 뜻이다. 실제로, 세상에서 가진 것이 없는 사람과 세상에 애착을 둘 곳이 없는 사람은 주님께 더욱 집중할 수 있다.

36-37절: 이 구절에서 '약혼녀'로 번역된 헬라어 '파르테노스'는 문자적으로 '처녀'(virgin)라는 뜻이다. 그런데 이 문맥에서는 이 단어가 '아버지의 처녀 딸'을 뜻하는지 아니면 '약혼자'를 뜻하는지 의미가 모호하다. 영어 성경 가운데는, 이 단어를 '아버지의 처녀 딸'로 번역한 경우가 있지만(예. NASB), '약혼녀'로 번역한 경우도 있다(예. ESV, NIV, NLT, NRSV). 만일 이 단어를 '처녀 딸'로 번역할 경우 이것은 처녀 딸을 둔 아버지에게 주는 권면이 된다. 그렇게 되면 이것은 아버지가 딸을 결혼시킬 수 있다는 뜻이다. 당시 고린도에서 어떤 아버지는 자신의 딸을 주님께

처녀로 헌신하게 한 것 같은데, 바울은 만일 딸이 결혼하고자 하면 결혼하게 하라고 권면한 셈이다. 당시에 딸의 결혼은 딸의 의견을 참고하기는 했으나 아버지가 결정했다. 그러나 문맥을 고려할 때 한글성경 개역개정처럼 '약혼녀'로 번역하는 것이 나아 보인다. 그렇다면 이 권면은 약혼녀와 결혼하라는 뜻이 된다. 즉 결혼하지 않고 주님을 더욱 온전히 섬기려고 했으나, 약혼녀와 결혼해야겠다는 바람이 있으면 결혼하는 것이 낫다는 뜻이다.

38절: 바울은 결론을 내린다. 그의 결론은 7:7의 "이 사람은 이러하고 저 사람은 저러하니라"에 상응한다.

7:39-40 과부들에게

마지막으로 바울은 과부들에게 지침을 준다. 여기서 그는 일부일처제를 전제로 삼는다.

39절: 아내는 그 남편이 살아 있는 동안에 매여 있다가 남편이 죽으면 자유로워 자기 뜻대로 시집갈 수 있다. 그러나 그녀는 다시 결혼할 때 "주 안에서만" 해야 한다. 이 말은 반드시 믿는 사람과 결혼해야 한다는 뜻이다. 설혹 이전에 믿지 않는 사람과 결혼했더라도, 이제 다시 결혼하게 될 때는 믿는 사람과 해야 한다.

40절: 여기서 "내 뜻"이란 지금 바울이 하는 말이 그의 견해라는 뜻이다(참고. 7:25). 이는 주님이 이에 관하여 말씀하신 것이 없음을 암시한다. "나도 또한 하나님의 영을 받은 줄로 생각하노라"라는 말은 그의 견해가 하나님의 영감에 근거한다는 의미가 내포되어 있다. 즉 그는 사도의 권위를 가지고 이 말을 한다. 따라서 그의 말은 주님이 주신 말씀으로 받을 수 있다. "그냥 지내는 것이 더욱 복이 있으리로다"라는 말은 재혼하지 않고 그냥 혼자 사는 것이 더 낫다는 뜻이다(참고. 7:32-35).

특주: 사모님들을 위로해야 한다

사모는 교회의 공식 직분자가 아니면서도 대단히 중요한 존재이다. 교인들은 목사와 더불어 그의 아내를 본다. 사실상, 사모의 단정함과 올곧음은 남편 목사에게 도움이 되고 교회에 덕이 된다. 하지만 그렇지 않으면 남편 목사에게 해가 되고 교회에 어려움을 가져온다. 따라서 사모의 중요성을 알아야 하며, 이에 관한 교회론적 논의를 해야 한다.

1. 사모들에게 바라는 것은 다음과 같다.

첫째, 사모는 남편 목사가 목회하면서 받는 어려움을 위로해 주고 스트레스를 줄여주어야 한다. 이를 위해서 남편을 위하여 많이 기도해야 하며 위로의 말을 해 주어야 하고 칭찬해 주어야 하며 격려해 주어야 한다.

둘째, 사모는 남편 목사의 부족한 점을 메꾸어 주어야 한다. 당연히 남편 목사는 완벽할 수 없다. 따라서 그의 부족함이 무엇인지를 알려주고 그가 극복하지 못하는 단점을 대신해 주어야 한다.

셋째, 사모는 자녀 양육을 잘해야 한다. 자녀는 부모의 기쁨이요 자랑이지만 자칫하면 큰 시험 거리가 될 수 있다. 이것은 목회자 가정에도 예외가 아니다. 남편의 목회에 가장 큰 힘이 되거나 장애가 되는 것이 자녀일 수 있다는 사실을 명심해야 한다.

2. 성도들에게 바라는 것은 다음과 같다.

첫째, 교인들은 사모의 고충을 이해해 주어야 한다. 사모들은 교회당에 들어설 때부터 상당히 조신해질 수밖에 없다. 모든 면에서 불편할 수 있다. 말투와 행색은 물론이고 옷차림까지 신경 써야 한다. 따라서 사모가 편안히 교회당에 들어올 수 있도록 환경을 조성해 주어야 한다.

둘째, 교인들은 목사와 사모를 분리해서 대해 주어야 한다. 목사와 사모는 다른 인격체이다. 물론 그들은 부부이므로 한 몸으로 여겨진다. 그러나 사모를 특별한 직분자로 여기기보다 교인의 한 사람으로 받아주어야 한다.

셋째, 교인들은 부교역자 사모를 충분히 배려해 주어야 한다. 부교역자 사모들은 대부분 젊다. 그들은 얼마 전까지 청년이었으나 어느 날 교역자와 결혼하면서 '사모'라는 무거운 짐을 지게 되었다. 그리고 그들 대부분은 모 교회를 떠나 낯선 곳에서 살고 있다. 가족이나 친구가 없는 곳으로 가는 경우가 많다. 따라서 외롭다. 경제적으로도 넉넉하지 않은 게 현실이다. 따라서 교인들(특히 여성 교인들)이 부교역자 사모를 따뜻하고 자상하게 대해드리면 좋겠다.

3. 남편 목사들에게 바라는 것은 다음과 같다.

첫째, 남편 목사는 아내를 더욱 사랑해 주어야 한다. 목사가 스트레스를 많이 받는다는 것은 익히 알려진 사실이지만, 사모도 스트레스를 많이 받는다는 점을 염두에 두기란 쉽지 않다. 사모는 다름이 아닌 남편 목사 때문에 어려움과 외로움을 겪는 경우가 많다. 그러므로 목사는 아내에게 감사함과 미안함을 느껴야 한다.

둘째, 남편 목사는 아내의 건강 관리에 신경 써 주어야 한다. 사모들 상당수는 남편의 스트레스를 줄여주다가 자칫 자신이 스트레스를 받거나 심지어 탈진할 수 있다. 실제로 이런 일이 종종 일어난다. 따라서 목사는 사모가 건강하게 지낼 수 있도록 환경을 조성해 주어야 한다. 부부가 함께 취미생활과 여가 시간을 브낸다면 좋을 것이다.

셋째, 남편 목사는 아내를 조언자요 동역자로 삼아야 한다. 아내의 말에 귀를 기울여야 한다. 교회에서 목사에게 조언해 줄 수 있는 사람은 많지 않다. 그리고 교인이 목사에게 조언하는 것이 바람직한 결과를 낳지 않는 경우가 많다. 그러므로 아내의 조언을 잘 듣기 바란다. 특히 아내가 자신의 설교를 듣고 논평해 줄 수 있도록 부탁하기를 바란다. 목사의 설교를 듣고 평가할 수 있는 사람은 현실적으로 아내밖에 없다. 물론, 아내의 말을 지나치게 듣다가 교회 운영을 잘못하는 것을 주의해야 한다.

4. 총회에 바라는 것은 다음과 같다.

첫째, 총회는 사모를 위한 프로그램을 만들어 주기를 바란다. 독회자 세미나가 많고 장로 수련회도 많으며 남녀 전도회도 각종 모임이 많은데, 사모를 위한 모임은 거의 없다. 사모들끼리 모여서 여행도 하고 맛있는 음식도 먹고 강의도 듣고 수다도 떨 수 있는 장을 만들어 주면 좋겠다.

둘째, 총회는 사모들이 경제적으로 어려움을 겪지 않도록 대책을 마련해야 한다. 대부분의 사모는 극히 적은 생활비로 살아간다. 특히 부교역자 사모들은 돈 때문에 힘겨워한다. 그들이 더 이상 기본적인 생활 문제로 고통스러워하지 않도록 생활비 지급 시스템을 갖추어야 한다.

셋째, 총회는 사모의 공적 역할이 무엇이며 사모가 교회에서 어떻게 처신해야 하는지에 대한 지침(매뉴얼)을 마련해 주길 기대한다. 사모 가운데는 교회 일에 너무 관여해서 문제를 일으키는 경우가 있고, 교회 일을 하지 않아서 원성을 듣는 경우도 있다. 따라서 총회가 사모 지침서를 만들어서 사모란 무엇이며 어떤 일을 할 수 있는지에 대한 지침을 만들어 준다면 이러한 문제가 상당히 줄어들 것이다.

8:1-13 우상에게 바쳐진 제물

고린도전서의 구조상 7-15장은 '고린도 교회의 지도자들'이 문의한 여러 사안에 대한 바울의 답변이다(참고. '고린도전서 서론'). 바울은 7장에서 결혼과 이혼과 독신에 관하여 답했다. 이제 그는 '고린도 교회의 지도자들'로부터 받은 두 번째 질문에 대해서 답변한다. 그것은 우상에게 바쳐진 제물을 먹어도 되는가에 관한 것이다. 고린도 사람들은 이방 신전에서 제사 지낼 때 고기를 바쳤으며, 제사 후 그 고기를 나누어 먹었는데, 이때 그리스도인들을 초청해서 함께 먹기도 했다. 그리고 시장에서는 우상에게 바쳐진 고기 일부가 판매되어서 고기를 먹으려는 신자들을 고민하게 했다. 이런 상황에서 신자들은 우상에게 바쳐진 고기를 먹어도 괜찮은지를 바울에게 질문했다(참고. 황원하, 『응답하라 신약성경』 [서울: 세움북스, 2016], 168-77).

<8장의 구조>

8장은 '지식'과 '사랑'을 대조하는 형태로 구성되어 있다.

   8:1-3 지식보다 사랑으로
    8:1 지식은 교만하게 하며 사랑은 덕을 세움
    8:2 지식은 교만하게 함
    8:3 사랑은 덕을 세움
   8:4-8 지식은 교만하게 함

8:9-12 사랑은 덕을 세움

8:13 결어: 사랑으로 행함

8:1-3 지식보다 사랑으로

이 단락에서 바울은 지식보다 사랑으로 행하라고 권면한다. 그의 요지는 '지식은 교만하게 하며 사랑은 덕을 세운다'라는 것이다.

1절: 바울은 "우상의 제물에 대하여는"이라는 문구로 고린도 교인들의 질의를 언급한다. 그는 7:1에서처럼 "대하여는"(concerning)에 해당하는 전치사 '페리'와 '이제'(now)라는 뜻을 가진 접속사 '데'를 사용하여 새로운 주제의 시작을 알린다(참고. 7:25). "우상의 제물"('에이돌로튀토스')이란 '우상에게 바쳐진 음식'(ESV: 'food offered to idols')이라는 뜻이다.

바울은 고린도 교인들의 질문에 대답하기 전에 이러한 사안을 신자가 어떻게 접근해야 하는지를 말한다. 즉 우상에게 바쳐진 제물을 먹어도 되는가와 같은 논쟁거리를 어떤 자세로 대해야 하는지를 언급한다. 그는 "우리가 다 지식이 있는 줄을 아나"라고 말한다. 이는 고린도 교인들이 이 분야에 대해서 지식을 가지고 있음을 바울도 알고 있다는 뜻이다. 그들은 평소 지식을 중요하게 여겼고, 지식을 많이 가지고 있는 것을 덕양으로 여겼다. 더욱이 그들은 우상에게 바쳐진 음식에 대해서도, 8:4-8에 반영되어 있듯이, 우상이 아무것도 아니며, 우상에게 바쳐진 음식 자체도 아무런 영향을 가지고 있지 않음을 알고 있었다.

그러나 바울은 "지식은 교만하게 하며 사랑은 덕을 세우나니"(NRSV: 'Knowledge puffs up, but love builds up.')라고 말한다. 이것은 단락 전체를 지배하는 문구이다. 즉 8:4-8은 지식이 교만하게 한다는 사실을 알려주며, 8:9-12는 사랑이 덕을 세운다는 사실을 설명한다.

지식은 자랑하게 하며 교만하게 하고, 결국 분열하게 한다. 따라서 이견을 가진 주제에 대하여 지식을 지나치게 내세우면서 상대를 비판하거나 정죄하는 것은 옳지 않다. 지식을 과도하게 내세우는 과정에 상대를 향한 적대적이고 경쟁적인 감정이 담기게 되어 갈등이 심화된다. 그러므로 사랑이 우선되어야 한다. 사랑은 덕을 세운다. 사랑이 행동의 동기가 되면 서로를 이해하고 배려하려 하기에 비난을 멈추게 된다. 실제로, 사랑은 분노를 잠잠하게 하며 마음을 부드럽게 한다. 그리하여 문제를 해결하고 공동체를 하나 되게 한다. 바울은 13장에서 '사랑'에 관하여 자세히 다룬다.

2절: 바울은 앞 구절에서 지식이 교만하게 하며 사랑이 덕을 세운다고 말했는데, 이 구절에서 지식이 교만하게 하는 것에 관해서 설명한다. 그는 "만일 누구든지 무엇을 아는 줄로 생각하면 아직도 마땅히 알 것을 알지 못하는 것이요"라고 말한다. 이는 고린도 교인들의 지적 교만을 책망하는 것이다. 누구든지 자신이 지식을 얻었다고 생각하면 아직 얻은 것이 아니다. 사람이 가진 지식에는 한계가 있다. 사람이 아무리 노력한다고 하더라도 세상에 존재하는 원리와 현상을 다 알 수는 없다. 그러므로 사람은 다 안다고 자부할 것이 아니라 겸손해야 한다.

3절: 이제 바울은 사랑에 관하여 말한다. "또 누구든지 하나님을 사랑하면, 그 사람은 하나님도 알아주시느니라"(ESV: 'But if anyone loves God, he is known by God.')에서 "또"라고 번역된 헬라어 접속사 '데'는 '그러나'(but)로 번역하는 것이 좋다. 사람이 하나님에 의해서 아신 바 되는 것은 큰 복이요 영광이다. 바울은 갈라디아서 4:9에서도 "이제는 너희가 하나님을 알 뿐 아니라 더욱이 하나님이 아신 바 되었거늘"이라고 했다. 지식을 자랑하면 교만하게 되고 결국 분열하게 된다. 그러나 사랑을 추구하면 덕을 세우며 하나님의 칭찬과 인정을 받게 된다. 그런데 바울은 8:1에서 '사람을 향한 사랑'을 시사했는데, 여기서는 "하나님을 사랑하면"이라고 말한다. 이는 사람을 사랑하는 것이 하나님을 사랑하는 것임을 암시한다. 이것은 8:12에서 형제를 향한 범죄를 그리스도를 향한 범죄로 표현한 것과 같다. 사람을 사랑하면, 사람끼리 화목하게 될 뿐만 아니라, 하나님의 은혜와 복도 받게 된다.

8:4-8 지식은 교만하게 함

이 단락은 8:1의 "지식은 교만하게 하며"라는 표현에 대한 설명이다.

4절: 이 구절은 고린도 교인들이 가진 지식의 내용이다(참고. 8:1). 그들은 우상이 실체가 없는 허상이라는 사실을 알고 있었으며, 하나님이 한 분만 계신다는 사실을 믿고 있었다. 그들은 바른 지식을 가지고 있어서 우상을 거부하고 하나님을 신뢰했다.

5절: 8:5-6은 8:4를 설명한 것이다. 바울은 하늘과 땅에 "신"이라 "불리는 자가 있어" "많은 신"(gods)과 "많은 주"(lords)가 있다고 말한다. 여기서 "불리는 자가 있어"에 해당하는 헬라어 '레고메노이'는 경멸조의 표현이다. 이는 '신'과 '주'가 스스로 그렇게 된 것이 아니라 단지 사람들에 의해서 그렇게 불렸을 뿐이라는 뜻이다. 세상의 '신'과 '주'는 인간이 만들어 낸 것이다. 인간은 사탄의 속임수에 넘어가서, 다양한 '신'과 '주'를 만들어 숭배했다. 그런데 어떤 학자들은 여기서 '신'이 그리스-로마의 신들을 뜻하고, '주'가 동방 종교의 신들을 가리킨다고 주장한다. 하지만 그들의 주장을 지지할 만한 근거가 없다. 아마도 하나님과 예수님이 각각 '신'과 '주'에 대조될 것이다.

6절: 바울은 우리에게 오직 한 분 하나님, 곧 아버지가 계신다는 사실을 확언한다. 앞에서 말했듯이, 세상의 신들과 주들은 타락한 인간의 종교성과 사탄의 궤계가 결탁하여 만들어 낸 결과물이다. 그러나 하나님은 스스로 계신 분으로서, 인간이 만들어 낸 존재가 아니다. 오히려 그분에 의해서 인간과 만물이 만들어졌다. 곧 만물이 그분에게서 났고, 우리도 그분을 위하여 있으며, 또한 한 주 예수 그리스도께서 계시니, 만물이 그분으로 말미암고 우리도 그분으로 말미암아 있다. 그런데 여기서 바울은 "한 하나님 곧 아버지가 계시니 만물이 그에게서 났고 우리도 그를 위하여 있고"라는 표현과 "한 주 예수 그리스도께서 계시니 만물이 그로 말미암고 우리도 그로 말미암아 있느니라"라는 표현을 병행하여 배치함으로써 하나님과 예수님을 같은 분으로 묘사한다.

7절: 그러나 이 지식은 모든 사람에게 있는 것이 아니다. 즉 우상이 아무것도 아니라는 사실을 모든 사람이 아는 것은 아니다. 단지 지식이 있는 사람, 곧 믿음이 강한 사람만 이 사실을 안다. 그래서 어떤 사람들은 지금까지 우상에 대한 습관이 있어서 우상의 제물로 인하여 그들의 양심이 약해지고 더러워진다. 당시 고린도 사람들은 평소 고기를 먹지 못하다가 우상숭배 의식이 끝나면 고기가 제공되어서 먹을 수 있었다. 이때 지식을 가진 사람들, 즉 믿음이 강한 사람들은 고기를 먹어도 아무런 죄책감을 느끼지 않았다. 이는 그들이 우상에게 바쳐진 제물이 아무런 영적 영향력을 가지고 있지 않다는 사실을 알고 있었기 때문이다. 그러나 이에 대한 충분한 지식을 가지고 있지 않은 믿음이 약한 신자들은 고기를 먹을 때 우상이 실재하며 우상에게 바쳐진 제물이 어떤 효력을 가지고 있다고 생각하여 양심의 가책을 느꼈다.

8절: 하지만 음식은 우리를 하나님 앞에 내세우지 못한다. 이 말은 우상에게 바쳐진 음식을 먹지 않았다고 해서 하나님의 칭찬을 받는 것이 아니며, 그런 음식을 먹었다고 해서 하나님의 심판대에 서서 책망받는 것이 아니라는 뜻이다. 우리가 그런 음식을 먹지 않는다고 해서 더 못사는 것도 아니고, 먹는다고 해서 더 잘사는 것도 아니다. 분명히, 우상과 음식은 아무것도 아니다. 우상은 실재하지 않으며, 음식도 그 자체로 어떠한 영향력을 지니지 않는다. 그러므로 음식이 가진 영적 효력을 두려워할 필요가 없다. 따라서 그런 음식을 먹는 자가 먹지 않는 자를 무시해서는 안 되고, 그런 음식을 먹지 않는 자가 먹는 자를 비난해서도 안 된다.

우리는 바울이 다음과 같이 말한 것을 기억해야 한다. "먹는 자는 먹지 않는 자를 업신여기지 말고 먹지 않는 자는 먹는 자를 비판하지 말라 이는 하나님이 그를 받으셨음이라"(롬 14:3). "음식물은 하나님이 지으신 바니 믿는 자들과 진리를 아는 자들이 감사함으로 받을 것이니라 하나님께서 지으신 모든 것이 선하매 감사함으로 받으면 버릴 것이 없나니"(딤전 4:3-4).

8:9-12 사랑은 덕을 세움

이 단락은 8:1의 "사랑은 덕을 세우나니"라는 표현에 대한 설명이다. 여기서 바울은 고린도 교인들이 사랑이 덕을 세운다는 진리를 어떻게 적용하고 실천할 수 있는지를 설명한다.

9절: 신자들은 우상에게 바쳐진 음식을 먹어도 되는가? 우상이나 우상에게 바쳐진 음식이 아무것도 아니라면 먹어도 괜찮은 것이 아닌가? 이에 대해서 바울은 신자의 자유가 믿음이 약한 자들에게 걸려 넘어지게 하는 것이 되지 않도록 조심해야 한다고 말한다. 신자들은 자유를 얻었다. 그들은 의식 준수에 대한 의무를 지고 있지 않다. 그러나 그들이 가진 자유는 책임을 수반한다. 특히 믿음이 약한 자들이 받을 영향을 생각해야 한다. 신자가 우상에게 바쳐진 음식을 먹을 때, 비록 그것이 아무것도 아니라고 할지라도, 믿음이 약한 자들이 그 모습을 보고 걸려 넘어질 수 있음을 알아야 한다. 그러므로 그리스도인의 행실은 항상 신중해야 한다.

10절: 이 구절은 8:9를 설명한 것이다. 바울은 지식이 있다고 자부하는 신자가 "우상의 집"에 앉아 먹는 것을 누구든지 보면, 믿음이 약한 자들의 양심이 담력을 얻어서 우상의 제물을 먹게 될 것이라고 말한다. 여기서 "우상의 집"('아이돌레이온')은 '우상을 숭배하는 신전'(idol's temple)을 가리킨다. 지식을 갖춘 신자들은 우상이나 우상에게 바쳐진 제물이 아무것도 아니라는 사실을 알고 우상을 숭배하는 신전에서 아무렇지 않게 음식을 먹을 수 있을 것이다. 그러나 기독교인으로 개종한 지 얼마 되지 않는 믿음이 약한 자들은 지식을 갖춘 자들을 따라서 우상에게 바쳐진 제물을 먹게 될 것이고 그러다가 자칫 큰 시험에 들 수 있다. 불과 얼마 전까지 그들은 우상을 숭배했으며 우상에게 바쳐진 음식에 어떤 힘이 있다고 믿었기 때문이다. 따라서 그들은 그런 음식을 먹다가 다시 과거의 상태를 떠올리다가 잘못된 길로 갈 수 있다. 그러므로 지식이 있는 강한 자는 지식이 없는 약한 자를 위하여 자신이 가진 자유와 권리를 포기할 수 있어야 한다. 한편, 바울은 10장에서 우상의 제물을 먹지 말아야 할 이유를 자세히 설명한다. 이는 나중에 설명하겠지만, 상호 간에 충돌하는 것이 아니라 조화를 이루는 것이다.

11절: 바울은 그의 지식으로 믿음이 약한 자가 멸망한다고 말한다. 여기서 '멸망한다'('아폴뤼미')라는 말은 신앙을 버린다는 뜻이 아니라 '시험에 빠져서 죄를 짓는다'라는 뜻이다. 바울은 믿음이 약한 자에 대하여 "그리스도께서 위하여 죽으신 형제"라고 말한다. "그리스도께서 위하여 죽으신 형제"라는 표현은 그가 내 가족이라는 사실을 암시하며, 가족 구성원이 모두 중요하듯이 그가 중요한 가치를 지닌 사람이라는 사실을 알려주고, 내가 사용하는 자유와 권리가 내 소중한 가족에게 큰 피해를 줄 수도 있다는 점을 일깨워 준다.

12절: 바울은 8:11의 '형제' 개념을 이어받아, 여기서는 '형제'에게 죄 짓는 것이 그리스도께 죄 짓는 것이라고 말한다. 이는 8:1-3에서 사람을 사랑하는 것이 곧 하나님을 사랑하는 것이라고 암시된 점과 같다. 그리고 이것은 자기 행동이 궁극적으로 어떠한 결과를 가져오는지를 보여준다. 형제에게 죄를 지어 그 약한 양심을 상하게 하는 것은 곧 그리스도에게 죄를 짓는 것이다. 예수 그리스도께서는 일찍이 마태복음 25:31-46에서 형제를 대접한 것이 그리스도를 대접하는 것이며, 형제를 고통스럽게 하는 것이 그리스도를 고통스럽게 하는 것이라고 말씀하셨다. 따라서 우리는 형제에게 잘 대해야 한다. 그리스도께 하듯이 형제를 대해야 한다.

8:13 결어: 사랑으로 행함

이 구절은 결론이다.

13절: 이 구절은 자신이 자유를 누리는 것보다 형제가 중요하다는 뜻이다. 이 단락에서 바울은 음식이라는 특정한 소재를 언급했다. 하지만 그의 적용은 원리적이며 포괄적이다. 즉 음식뿐 아니라 모든 일에 대해서 신자는 같은 맥락으로 이해하고 실천해야 한다는 것이다. 신자의 행동 기준은 분명하다. 그것은 타인을 위한 사랑, 곧 희생과 양보와 배려이다. 비록 어떤 사안 자체가 악한 것이 아니고, 그렇게 행하는 것에 교리적으로 문제가 없다 하더라도, 그것이 다른 사람에게 피해를 준다면 하지 않는 것이 낫다. 여기서 바울이 사용한 "실족"에 해당하는 헬라어 '스칸달리자인'은 고대 문헌에 자주 나타나지 않는 특별한 단어이다. 예수님은 형제를 '실족하게 하지 말라'라고 하시면서 이 단어를 사용하셨다(참고. 막 9:42-48; 마 18:6-9; 눅 17:2). 따라서 바울은 형제를 실족하게 하는 주제에 있어서 주님과 같은 생각을 가지고 있다.

한편, 초기 기독교회에서 우상에게 바쳐진 제물을 먹는 일은 매우 심각한 논란거리였다. 그리하여 사도들은 예루살렘 회의에서 그리스도인들이 하지 말아야 할 것들을 결정하면서, 우상의 제물을 먹으면 안 된다는 규정을 만들었다(참고. 행 15:29). 그리고 요한계시록 2:14-20(버가모 교회와 두아디라 교회에 보내는 편지)에서는 우상에게 바쳐진 제물을 먹는 행동을 음행으로 간주하였다. 이러한 결정은 우상에게 바쳐진 제물 자체에 문제가 있어서가 아니라, 지금까지 다루었듯이, 그것을 통하여 여러 문제가 발생할 수 있었기 때문이다. 즉 우상에게 바쳐진 음식을 먹는 것을 본 믿음이 약한 사람들이 실족할 수 있었으며, 또 그들이 우상에게 바쳐진 음식을 먹다가 우상을 숭배하는 일에 참여할 수 있었기 때문이다.

특주: 작은 교회에서 새 신자 관리를 어떻게 할 것인가?

1. 새 신자를 맞이할 만반의 준비를 갖추어야 한다.

새 신자는 너무나 귀하다. 그러나 새 신자 관리는 쉽지 않다. 작은 교회의 경우에는 더욱 그렇다. 오늘날 새 신자 자체가 없는 데다, 있다고 하더라도 큰 교회에 가는 경우가 흔하기 때문이다. 작은 교회에서는 새 신자 부서를 만드는 일도 어렵다. 담임목사나 사모가 새 신자를 챙겨야 한다. 그분들의 헌신 덕분에 귀한 열매가 맺히지만, 그분들은 너무 많은 일로 바쁘다. 그럼에도 작은 교회에 찾아오는 새 신자를 맞이하기 위한 만반의 준비를 갖추어야 한다. 하나님께서 새 신자를 보내주시면 잘 양육할 수 있도록 태세를 완비해야 한다. 잘 준비된 교회에 하나님이 예정하신 그분의 자녀를 보내어 주신다고 믿는다.

2. 새 신자를 관리하는 방법은 다음과 같다.

첫째, 담임목사의 설교가 가장 중요하다. 새 신자의 입교 동기에서 가장 중요한 요소가 담임목사의 설교라는 연구 결과가 있다. 설교는 구속사를 풍부하게 담고 있어야 한다. 논리적이고 명료하게 교훈을 제시해야 한다. 공감할 수 있는 메시지를 정중하면서도 감각 있게 전달해야 한다. 눈살을 찌푸리게 하는 내용이 담기지 않게 주의해야 한다. 새 신자는 성경에 나오는 인물과 사건을 잘 모르니 이런 사실을 충분히 고려해야 한다. 이는 설교를 평이하게 하거나 가볍게 하라는 뜻이 아니다. 심오하게 하면서도 알아듣기 쉽게 하라는 뜻이다. 새 신자가 기존 신자보다 더 열심히 전도하는 경우가 많다. 특히 담임목사 설교가 좋을 때 그러하다. 이들이 자연스럽게 또 다른 새 신자를 초청할 수 있게끔 매력적인 설교를 준비하시길 바란다.

둘째, 새 신자 관리부서를 만들어야 한다. 하지만 작은 교회의 경우에는 담임목사가 직접 새 신자 부서를 담당할 수밖에 없다. 그런데 이것은 새 신자의 입장에서 좋은 일이다. 그들은 담임목사를 존중하며 특별하게 생각한다. 담임목사와 친해지고 싶어 한다. 담임목사가 여러 일로 바쁘겠으나 새 신자 관리를 중요하게 여겨서 직접 양육한다면 새 신자 정착률이 높아질 것이다. 물론, 여성 새 신자의 경우 담임목사 사모가 담당하는 것이 바람직하다. 이후 차츰 여건이 마련된다면, 담임목사가 새 신자 부원을 양육하여 그들에게 관리를 맡길 수 있다. 그러나 담임목사의 관심과 방침이 이 부서에 항상 반영되어야 한다. 여기서 부연하자면, 새 신자 관리부원은 물론이고 전 교인이 친절 교육을 받음으로 새 신자가 왔을 때 반갑게 대할 수 있어야 한다.

셋째, 새 신자 교육과정을 마련해야 한다. 담임목사가 직접 복음과 목회 방침을 담은 양육 교재를 만드는 것이 제일 좋다. 그렇지 않으면 시중에 나와 있는 교재들을 활용할 수 있다. 새 신자 양육 교재들이 여럿 있으나, 필자가 저술한 『새 가족 안내서』(생명의 양식[총회 교육원])를 활용하는 것도 한 방법이다. 이 책은 필자가 시무하는 교회에서 다년간 사용하던 새 신자 양육 교재를 보편교회에 적용할 수 있게끔 한 것이다. 이 책에는 새 신자가 반드시 알아야 하는 필수교리, 궁금해하는 것들, 교회에서 사용하는 용어 해설 등이 담겨 있다.

넷째, 새 신자 친화적인 교회당 구조와 직관적인 안내판 표시 설치가 필요하다. 크고 넓은 건물과 화려한 실내장식을 부러워하기보다는 단정하고 청결한 환경을 우선시해야 한다. 처음 방문한 새 신자가 교회당 건물에 빠르게 적응할 수 있게끔 해야 한다. 평소 청소를 깨끗이 하고 위생 관리를 꼼꼼히 해야 한다. 철저한 안전 관리는 아무리 강조해도 지나치지 않다. 특히 어린 아이들을 위한 시설을 갖추어야 한다. 그래야 젊은 부부가 올 수 있다. 주차장을 갖추어야 하는데, 이는 쉽지 않은 일이다. 자체 주차장이 없다면, 교회 주변 공영 주차장 사용이나 건물 주차장 임대를 고려해 보시길 바란다.

다섯째, 홈페이지를 만들어서 교회를 알려야 한다. 현대인들은 교회에 오기 전에 검색을 통해서 미리 정보를 찾아본다. 새 신자들은 출석하고자 하는 교회에 관해 궁금한 것이 많다. 목사가 설교를 어떻게 하는지? 성경을 어떻게 가르치는지? 교인들의 성향은 어떤지? 아이들을 위한 프로그램이 있는지? 등을 알고 싶어 한다. 심지어 혹시 이단은 아닐까 불안해한다. 그러므로 홈페이지를 통해서 소속 교단, 담임목사 설교, 섬기는 이들 등을 소개해야 한다. 예배 시간과 장소에 관한 안내도 당연히 있어야 한다. 교회 사진을 자주 업데이트하면 더욱 신뢰감을 줄 수 있다. 새해에는 작은 교회에 새 신자가 많이 오기를 기원한다.

9:1-27 권리를 포기함

바울은 8장에서 우상에게 바쳐진 제물을 먹는 문제에 대하여 말하는 가운데, 8:9에서 성도들의 자유가 믿음이 약한 자들에게 걸림이 되지 않게 해야 한다고 권면했다. 그리고 8:13에서는 결론을 내리면서 자신이 이 일에 모범을 보이겠다고 했다. 그에게 있어서 중요한 것은 자신의 자유를 억제하면서까지 형제를 실족하게 하지 않는 것이었다. 8장에서 드러난 바울의 희생적이고 이타적인 정신은 이제 9장에서 그의 권리 포기 선언으로 구체화한다. 그리고 이러한 사도의 권리 포기 선언은 소위 '지식 있는 강한 자들'을 향한 권리 포기 촉구 메시지가 된다.

9:1-14 사도의 권리

바울은 사도의 권리를 언급한다. 그는 자신이 사도로서 권리를 주장할 수 있었지만 그렇게 하지 않았다고 주장한다. 9:1-2는 사도직을 변호하는 언급이며, 9:4-14는 다섯 가지 유추를 통한 사도직 권리 설명이다.

1절: 바울은 네 개의 수사학적 질문을 던진다. 그의 질문들은 모두 부정을 뜻하는 부사 '우'(not)로 시작된다. "내가 자유인이 아니냐?", "사도가 아니냐?", "예수 우리 주를 보지 못하였느냐?", "주 안에서 행한 나의 일이 너희가 아니냐?" 이 네 가지 부정은 모두 긍정적인 답변을 기대한다. 즉 이 질문들에 내포된 대답은

'그렇다'(yes)이다. 이 질문들은 바울이 자유인이며 사도가 분명하다는 점을 강조한다. 사도의 자격은 예수님의 공생애를 목격하는 것이었다(참고. 행 1:21-26). 예수님의 열두 제자들은 모두 예수님과 함께 있으면서 그분의 사역을 목격했기에 사도라는 칭함을 받았다. 그러나 바울은 예수님을 직접 보지 못했다. 따라서 당시에 그의 사도직을 의심하는 사람들이 많았다(참고. 15:8-11; 갈 1-2). 그리고 이는 고린도에서도 마찬가지였다. 이에 바울은 부활하신 예수님을 보았다고 말하면서 사도직을 주장한다.

2절: 바울은 "다른 사람들에게는 내가 사도가 아닐지라도 너희에게는 사도이니"라고 말한다. 이 말은 다른 지역에서라면 몰라도 적어도 고린도에서 자신의 사도직이 의심받는 것은 이해할 수 없다는 뜻이다. 이는 그가 고린도에서 사도로서의 면모를 충분히 드러냈기 때문이다. 그는 "나의 사도 됨을 주 안에서 인친 것이 너희라"라고 말한다. '인'(seal)이란 고대 근동에서 권위와 자격을 보증할 때 사용되었다(참고. 롬 4:11; 고후 1:22). 고린도 교인들은 그가 사도로서 일하여 거둔 열매이다. 그는 고린도에서 교회를 설립하기 위해 온갖 노력을 기울였고, 이 과정에서 많은 고난을 받았다. 그러므로 고린도 교인들 자체가 바울이 사도인 것을 증명했다.

그러나 고린도 교회의 일부 교인들이 바울의 사도직을 의심했는데, 그 이유 중 하나는 그가 '사도의 권리'를 주장하지 않았기 때문이다. 당시에 다른 사도들은 교회의 재정 후원을 받으면서 사역했다. 그리고 이는 그들이 사도라는 사실을 드러내는 뚜렷한 표지 가운데 하나였다. 하지만 바울은 그렇게 하지 않았다. 그는 고린도에 머무는 동안 교회에 재정을 요구하지 않았고, 천막 만드는 일을 하면서 생활비를 충당했다(참고. 행 18:1-3). 물론 그가 다른 지역에서도 소위 '자비량'으로 사역한 것은 아니다. 단지 고린도를 비롯한 몇몇 지역에서만 그렇게 했다. 그런데 일부 고린도 교인들은 바울이 사도가 아니므로 재정을 요청하지 않았다고 생각했다. 특히 당시 헬라 문화권에서는 철학자들이나 수사학자들이 자신에게 공부하는 학생들에게서 수업료를 받았으며, 부유한 사람들로부터도 재정적인 지원을 받는 경우가 많았다. 따라서 그러한 문화에 익숙해 있는 고린도 교인들은 바울이 그들에게서 아무런 경제적 지원을 요청하지 않자, 그가 권위 있는 선생(사도)이 아닐 수도 있다고 생각했다.

3절: 바울은 자신을 비판하는 자들에게 변명(defense, 변호)할 것이 "이것"이라고 말한다. 여기서 "이것"(this)이란 9:4-14에서 말하는 내용을 가리킨다. 그는 9:1-2에서 자신의 사도직을 주장했는데, 이제 9:4-14에서 다섯 가지 유추를 통하여 자신의 사도적 권리를 설명한다.

4-6절: 첫 번째 유추는 '다른 사도들의 예'이다. 당시에 사도들은 교회로부터 생활비를 받을 권리를 가지고 있었다. "먹고 마실 권리"란 재정을 지원받을 권리를 의미한다. 그리고 "아내를 데리고 다닐 권리"란 가족의 부양을 위하여 생활비를 지원받을 권리를 뜻한다. 그런데 이 문구는 당시 다른 사도들과 주의 형제들과 게바가 아내를 데리고 다녔음을 암시한다.

여기서 "다른 사도들"은 글자 그대로 바울을 제외한 다른 사도들이다. 그리고 "주의 형제들"은 요셉과 마리아 사이에서 태어난 예수님의 동생들인 야고보, 요셉, 시몬, 유다를 가리킨다(참고. 마 13:55; 막 6:3). 그들은 처음에 예수님을 믿지 않았지만(참고. 막 3:31-35), 나중에 예수님을 믿고 복음을 위해 헌신했다. 특히 야고보는 예루살렘 교회의 중요한 지도자가 되었다(참고. 행 1:14; 2:17; 15:13-21). "게바"는 베드로이다. 바울이 게바를 특별히 언급하는 것은 그가 고린도 교인들에게 친숙한 인물이었기 때문이다(참고. 1:12; 3:22). 복음서는 게바가 결혼했음을 알려준다(참고. 막 1:30). "어찌 나와 바나바만 일하지 아니할 권리가 없겠느냐"라는 표현은 자신과 바나바도 다른 사도들처럼 사역에 집중하기 위하여 생계를 위한 별도의 직업을 가지지 않고 교회로부터 생활비를 지원받을 권리를 가지고 있음을 강변하는 것이다. 바나바는 구브로(Cyprus) 출신의 레위족 사람으로 예루살렘 교회의 초기 구성원인데(참고. 행 4:36-37), 바울이 제1차 전도 여행을 떠날 때 동행했다(참고. 행 13:1-14:28).

7절: 두 번째 유추는 '사람의 예'이다. 바울은 세상의 이치를 동원하여 자신이 당연히 받아야 할 권리를 말한다. 그는 군인, 포도원 농부, 목자를 언급하는데, 이들은 당시의 대중적인 일꾼들이다. 그들은 일한 후에 대가를 바랄 수 있었다. 이와 마찬가지로 바울은 사도들도 교회에서 자신들이 일한 대가를 바랄 수 있다고 주장한다. 그러므로 그는 다른 사도들의 예에서 시작하여 일반적인 사람들의 예를 듦으로써, 복음을 전하는 자신이 당연히 교회의 재정적인 지원을 받을 수 있음을 설명한다.

8-11절: 세 번째 유추는 '율법 규정'이다. 바울은 '사람의 예'만이 아니라 '율법'도 사도의 권리를 지지한다고 말한다. 그는 신명기 25:4를 인용하는데, 그곳에는 "곡식을 밟아 떠는 소에게 망을 씌우지 말라"라는 말씀이 있다. 이 말씀은 일하는 소에게 먹을 권리를 주어야 한다는 뜻이다. 그런데 바울은 "하나님께서 어찌 소들을 위하여 염려하심이냐"라는 말을 덧붙이고, 이어서 "오로지 우리를 위하여 말씀하심이 아니냐 과연 우리를 위하여 기록된 것이니"라는 표현을 사용한다. 이는 이 문구의 진정한 의미를 알아야 한다는 점을 암시하는데, 그것은 이 문구가 단지 소를 위한 것이 아니라 사람을 위한 것이라는 뜻이다. 실제로 신명기 24-25장은 전체적으로 인간의 존엄성과 권리를 강조한다. 마당에서 곡식을 밟아 떠는 소가 음식을 먹지 못하게 해서는 안 된다. 그렇게 하면 소가 일할 수 없다. 마찬가지로 교회는 복음을 위하여 일하는 사도가 생활할 수 있도록 재정 지원을 아끼지 말아야 한다. 바울은 디모데전서 5:18에서도 "성경에 일렀으되 곡식을 밟아 떠는 소의 입에 망을 씌우지 말라 하였고 또 일꾼이 그 삯을 받는 것은 마땅하다 하였느니라"라고 말했다. 그리고 밭을 갈고 곡식을 떠는 농부가 추수할 소망을 가지고 일하는 것을 언급하면서, 교회를 위하여 일하는 사역자들이 교회로부터 "육적인 것", 곧 경제적인 지원을 받을 수 있음을 주장했다. 바울과 그의 동역자들은 고린도 교회에서 "신령한 것"을 뿌렸다. "신령한 것"이란 영적인 씨앗, 즉 복음이다(참고. 막 4:26-29). 그러므로 교회가 이런 일을 한 사역자들에게 "육적인 것", 즉 생활비를 지급하는 것은 당연하다(참고. 롬 15:27; 갈 6:6).

12절: 바울은 유추를 멈추고 "다른 이들"을 언급한다. 이들은 바울 이후 고린도 교회에 와서 재정적인 지원을 요청한 사역자들이다. 따라서 바울은 그들이 재정을 지원받을 권리를 가졌거든, 하물며 고린도 교회를 설립하고 목회한 자신과 동역자들이 더욱 그런 권리를 가졌다고 주장한다. 바울은 고린도 교회를 위하여 누구보다 많이 수고했으므로 그에 걸맞은 권리를 요구할 수 있었다. 그러나 "우리가 이 권리를 쓰지 아니하고 범사에 참는 것은 그리스도의 복음에 아무 장애가 없게 하려 함이로다"라고 말한다. 이는 그가 고린도에서 복음에 장애가 없게 하려고 재정 지원을 요청하지 않았다는 뜻이다. 이 서신에는 그가 무슨 이유로 그렇게 했는지가 언급되어 있지 않다. 하지만 그는 재정을 지원받지 않는 것이 더 좋다고 판단했다.

13절: 네 번째 유추는 '성전 사역자들의 예'이다. 바울은 성전에서 일하는 사역자들이 생활비를 받을 권리가 있다는 사실을 말한다. 구약시대에 성전의 일을 하는 이들은 성전에서 나는 음식을 먹었고, 제단에서 섬기는 이들은 제단에 드려진 제물 일부를 취했다(참고. 민 18:8-31). 실제로, 성전에서 일하는 레위인들은 백성들이 바친 십일조로 생활했다(참고. 레 7장; 10:12-15). 이에 바울은 신약시대에도 주님께 온전히 헌신하는 사람들이 교회로부터 물질을 당연히 받아야 한다고 주장한다.

14절: 다섯 번째이자 마지막 유추는 '예수님의 말씀'이다. 바울은 이제 예수님의 말씀을 인용하여 설명함으로써 사도가 받을 권리를 설명한다. 즉 다른 사도들의 예에서 시작하여 사람의 예와 율법의 교훈과 제사장의 권리를 거쳐서 이제 마지막이자 결정적으로 예수님의 말씀을 인용함으로써 자신의 의도를 강변한다. 예수님께서는 "복음 전하는 자들이 복음으로 말미암아 살리라"라고 말씀하셨다. 복음서에서 예수님은 "일군이 그 삯을 얻는 것이 마땅하니라"라고 언급하셨다(눅 10:7; 참고. 마 10:10). 이는 복음을 전파하는 자들이 교회로부터 생활비를 받을 수 있다는 뜻이다. 따라서 사도가 교회에서 생활비를 받는 것은 당연하다.

9:15-23 사도의 권리 포기

바울은 지금까지 사도가 가진 권리를 말했다. 이제 독자들은(paradigmatic readers) 그가 고린도 교인들에게 재정 지원을 요청할 것이라고 기대한다. 그러나 그는 오히려 반대로 이야기한다. 그는 재정 지원을 요청하지 않는다. 그러한 권리를 포기한다고 말한다.

15절: 이 구절은 바울의 권리 포기 선언이다. 그는 "그러나"('데')라는 접속사를 사용하여 주제를 전환한다. 그는 여러 지역에서 물질 지원을 받았다(참고. 고후 11:8; 빌 2:25; 4:14-18). 그러나 고린도에 머무는 동안에는 아무런 지원을 받지 않았고 심지어 요청하지도 않았다. 그는 고린도에서 천막 만드는 일을 함으로써 자신의 생활에 필요한 경비를 조달했다(참고. 행 18:1-3). 여기서 "내가 차라리 죽을지언정"이란 표현은 권리 포기에 대한 그의 강한 의지를 반영한다. 그는 고린도에서 생활비 지원을 받으면 안 된다는 생각을 단호하게 했다.

16절: 바울은 앞 구절에서 '자랑'('카우케마')이라는 단어를 사용했는데, 여기서 그 단어를 이어받는다. 그는 자신의 복음 전파 사역이 스스로 원해서 하는 것이 아니라 부득불 하는 것이라고 말한다. 그는 만일 복음을 전하지 않으면 자신에게 화가 있을 것이라고 언급한다. 이것은 그의 소명 의식을 보여준다. 그는 자신을 향한 하나님의 강력한 부르심이 있었기 때문에 사도가 된 것이지, 그것이 매력적으로 보였거나 그것을 하면 어떤 영예가 있으리라고 생각하여 사도가 된 것이 아니었다. 그러므로 그에게는 "자랑할 것"이 없었다. 하지만 그가 종(노예)이 하는 것처럼 억지로 일했다는 말이, 그가 복음 전하는 일을 즐거워하지 않았다는 뜻은 아니다(참고. 롬 1:5; 11:13; 15:15-16; 갈 1:15-16). 오히려 이 말에는 자신이 원해서가 아니라 하나님이 시키셔서 일했기에 자신에게 커다란 책임감과 영광스러운 감격이 담겨 있다.

17절: 이 구절은 바울의 사명감을 보여준다. 그는 주인으로부터 상(reward, 보수)

을 받기 위하여 일하지 않았다. 그는 단지 주인에게서 "사명"('오이코노미아')을 받았기 때문에 일했다. 이는 노예나 청지기가 주인으로부터 보수를 받기 위해 일하는 것이 아니라, 원래 주인집에서 일하게 되어 있어서 일하는 것이라는 당시의 현실을 반영한다. 그는 사도의 직분을 숙명적인 것으로 받아들였다. 그리하여 아무런 보수를 기대하지 않았다. 단지 자신에게 주어진 사명을 묵묵히 수행했을 뿐이다.

18절: 바울은 "그런즉 내 상이 무엇이냐"라고 묻는다. 그의 상은 무엇인가? 그는 "내가 복음을 전할 때에 값없이 전하고 복음으로 말미암아 내게 있는 권리를 다 쓰지 아니하는 이것이로다"라고 대답한다. 그는 세상의 상(칭찬, 명예, 부귀 등)을 바라고 복음을 전하는 사람이 아니었다. 오직 복음을 전할 때 사람들이 그리스도를 믿고 구원받는 것을 그의 상이요 기쁨이며 보람으로 여겼다. 한편, 그는 빌립보 교회와 데살로니가 교회에 보내는 편지에서도 자신의 소망과 기쁨과 면류관이 바로 '교인들'이라고 고백했다(참고. 빌 4:1; 살전 2:19). 예수님이 값없이 자신의 목숨을 내어주시기를 기뻐하셨듯이, 바울도 값없이 복음을 전하는 것을 기뻐했다.

19-23절: 바울은 가능한 한 많은 사람을 얻기 위하여 대상자들의 신분과 같이 되었다고 말한다. 그는 자유자와 종, 유대인과 이방인, 율법 아래에 있는 자와 율법 없는 자, 약한 자와 강한 자를 대조한다. '자유자와 종'은 신분의 차이를 시사하고, '유대인과 이방인'은 민족의 차이를 암시한다. "율법 아래에 있는 자"는 개종자(proselyte)를 가리키는데, 하나님을 믿고 유대의 규례를 지키는 자를 의미한다. 그리고 "율법 없는 자"는 하나님을 경외하는 자(God-fearer)로서, 하나님을 믿되 유대의 규례를 지키지 않는 자를 뜻한다. 또한, "약한 자"는 믿음이 약한 초신자를 의미하고, "강한 자"는 오랫동안 믿은 신자를 가리킨다. 지금처럼 당시도 문화적, 인종적 차이를 극복하기가 쉽지 않았다. 하지만 바울은 복음을 위하여 기꺼이 그러한 어려움을 극복했다. 즉 복음을 위하여 자신의 권리(자유자, 유대인, 강한 자)를 기꺼이 포기했다. 그에게 있어서 중요한 것은 자신의 처지와 신분이 상승하는 것이 아니라, 몇 사람이라도 더 복음을 믿고 구원받는 것이었다(참고. 10:32-33).

9:24-27 철저한 자기 훈련

바울은 복음을 잘 전하기 위하여 자신을 철저히 훈련해야 한다고 말한다. 그는 '운동 경기' 은유를 사용하여 이를 설명한다. 그는 서신서들에서 자주 이러한 은유를 사용했다(예. 빌 3:12-14; 딤후 4:7-8; 히 12:1-4). 당시 주요 운동 경기 대회는 올림픽 경기(Olympic Games)와 잇스미아 경기(Isthmian Games)였다. 특히 잇스미아 경기는 고린도에서 2년에 한 번씩 열렸는데, 고대 그리스의 4대 체육대회 중 하나였다(참고. '고린도전서 서론').

24절: 바울은 운동장에서 달음질하는 자들이 다 달릴지라도 오직 상을 받는 사람은 한 사람이듯이, 그리스도인들도 상을 받을 수 있도록 최선을 다해서 달음질해야 한다고 말한다. 이는 주님의 일을 잘 감당하기 위해서는 상당한 노력을 기울여야 한다는 뜻이다. 특히 말씀을 전하는 사람들은 더욱 자기 극기와 정진의 자세를 갖추어야 한다. 그런데 여기서 바울이 강조하는 것은 상을 받을 수 있도록 최선을 다해서 달리라는 것이지, 한 사람만 상을 받을 수 있다는 것이 아니다. 하나님은 최선을 다해 수고하는 모든 일꾼에게 상을 주신다. 바울은 다음과 같이 말했다. "나는 선한 싸움을 싸우고 나의 달려갈 길을 마치고 믿음을 지켰으니 이제 후로는 나를 위하여 의의 면류관이 예비되었으므로 주 곧 의로우신 재판장이 그 날에 내게 주실 것이며 내게만 아니라 주의 나타나심을 사모하는 모든 자에게도니라"(딤후 4:7-8).

25절: 이기기를 다투는 자는 모든 일에 절제한다. 그들은 하고 싶은 일을 자제하고, 놀고 싶은 마음을 억누르면서 훈련을 거듭한다. 그리하여 그들은 "승리자의 관"('스테파노스')을 얻는다. 이 관은 경기에서 우승한 자에게 주는 나뭇잎으로 만든 면류관이다. 그런데 이것은 쉽게 말라버리는 '썩을 관'(perishable wreath)이다. 하지만 하나님께서는 복음을 위하여 수고한 우리에게 영원히 '썩지 않을 관'(imperishable wreath)을 주신다. 그러므로 우리는 더욱 열심히 주님의 일을 위하여 수고해야 한다.

26절: 운동선수가 달려가야 할 목표지점을 정확히 알고 달리며, 권투 선수가 쓰러뜨려야 할 상대를 정확히 알고 치듯이, 바울은 자신의 삶과 사역의 목표가 무엇인지를 정확히 알고 있었다. 이러한 측면은 사역자에게 매우 중요하다. 사역자는 무엇을 위해서, 그리고 어떻게 일해야 하는지를 반드시 알아야 한다. 사역자는 지혜롭고 효율적인 전술과 전략을 갖추어야 한다. 바울은 자신이 분명한 목표를 가지고 달려가고 있다는 사실을 빌립보서 3:13-14에서 다음과 같이 진술했다. "형제들아 나는 아직 내가 잡은 줄로 여기지 아니하고 오직 한 일 즉 뒤에 있는 것은 잊어버리고 앞에 있는 것을 잡으려고 푯대를 향하여 그리스도 예수 안에서 하나님이 위에서 부르신 부름의 상을 위하여 달려가노라."

27절: 바울은 마지막으로 운동선수의 삶을 자기 삶에 대조한다. "내 몸을 쳐 복종하게 함"이란 운동선수가 철저히 훈련해서 경기에 대비하는 모습을 연상하게 한다. 그리고 "버림을 당한다"라는 말은 운동선수가 경기에서 져서 상을 받지 못하는 모습을 반영한다. 그런데 이 문맥에서 이 말은 구원의 상실을 가리키는 것이 아니다. 이 말은 비유적인 표현으로 하나님께서 주신 사명을 잘 감당하지 못하면 책망받는다는 사실을 의미한다(참고. 3:10-15).

10:1-13 역사로부터 배우는 교훈

　8장에서 바울은 우상에게 바쳐진 제물을 먹는 문제에 관하여 말했다. 고린도 교회의 일부 교인들은 우상이 아무것도 아니고 우상에게 바쳐진 음식 역시 아무것도 아니므로 그러한 음식을 먹어도 괜찮다고 생각했다. 이에 대해서 바울은 신자들이 우상 숭배 의식 후에 벌어진 잔치에 참석하여 우상에게 바쳐진 음식을 먹는 것을 혹시 믿음이 약한 사람들이 보면 시험에 들 수 있으므로 먹지 않는 것이 좋다고 권면했다. 그리고 9장에서는 믿음이 강한 자들이 믿음이 약한 자들을 위하여 권리를 포기하는 것이 바람직하다고 말했다. 특히 자신의 예를 들면서 비록 자신이 사도의 권리를 가지고 있지만, 그것을 기꺼이 포기했음을 밝히면서, 믿음이 약한 사람들을 배려할 것을 당부했다. 이제 10:1-13에서는 과거 이스라엘의 역사를 통해서 배울 수 있는 교훈을 언급한다. 광야에서 이스라엘 백성들은 세례를 받고 성찬을 행했으나 우상을 숭배함으로 멸망했는데, 바울은 고린도 교인들 역시 그러한 잘못을 되풀이하고 있음을 지적한다. 그는 이스라엘 백성들이 파멸한 예가 고린도 교인들에게 적용될 수 있다고 경고한다. 그의 요지는 신자가 우상의 잔치에 참여하면, 믿음이 약한 자들을 실족하게 할 수 있을 뿐만 아니라, 이후 자신도 영적인 위험에 빠질 수 있다는 것이다.

10:1-5 출애굽의 교훈: 세례와 성찬

바울은 출애굽 사건이 세례와 성찬의 모형이 된다고 설명한다. 이를 흔히 '출애굽 모형론'(Exodus Typology)이라고 부른다. 그는 이스라엘 백성들이 모세의 인도로 출애굽하던 상황을 통해서 교훈을 주려고 한다. 이스라엘 백성들이 홍해를 건넌 것은 세례라고 할 수 있으며(10:1-2), 광야에서 만나를 먹은 것은 성찬이라고 할 수 있다(10:3-4). 그러나 세례를 받고 성찬을 받은 다수의 사람은 광야에서 멸망했다(10:5).

1-2절: 바울은 이 구절들에서 홍해를 건넌 일을 세례로 해석한다. 그는 "형제들아 나는 너희가 알지 못하기를 원하지 아니하노니"라는 말로 담론을 시작한다. 이는 고린도 교인들이 지금 말하려는 내용을 알아야 한다는 뜻이다. 그는 "우리 조상들이 다 구름 아래에 있고 바다 가운데로 지나며"라고 진술한다. 10:1-5에는 "다"('파스', all)라는 단어가 다섯 번 나온다. 이는 집단성(공동체성)을 강조하기 위한 것이다. 구름은 하나님께서 구름 기둥으로 이스라엘을 보호하시고 인도하신 일을 생각나게 하고(참고. 출 13:21-22; 시 78:14; 105:39), 바다는 이스라엘 백성들이 홍해를 건널 때 바다가 갈라져서 그 가운데로 지나간 사건을 떠오르게 한다(참고. 출 14:21-31; 시 78:13). 따라서 구름과 바다는 모두 하나님의 인도하심과 보호하심을 상징한다. 이스라엘 백성들이 "모세에게 속하여 다 구름과 바다에서 세례를" 받았다는 말은 하나님의 임재와 보호 가운데 세례를 받았다는 뜻이다. 그들은 홍해를 건넘으로써 새로운 존재(언약 백성)가 되었다. "모세에게 속하여"라는 문구는 모세가 그들의 중재자였음을 보여주는데, 이는 예수 그리스도가 우리의 중재자(중보자)시라는 것을 예표한다. 한편, 한글성경 개역개정에는 번역되어 있지 않지만, 헬라어 원문에는 10:1의 문두에 '왜냐하면'에 해당하는 '가르'(for)라는 단어가 있는데, 이 단어가 가지는 기능은 그리 강하지 않다.

3-4절: 이 구절들은 성찬에 관한 것이다. 바울은 "다 같은 신령한 음식을 먹으며 다 같은 신령한 음료를 마셨으니"라고 말한다. 이는 이스라엘 백성들이 광야

에서 지낼 때 하나님께서 그들에게 음식과 음료를 내려주신 일을 가리킨다. 그때 하나님께서 초자연적인 능력으로 음식을 주셨기 때문에 "신령한"(spiritual)이라는 문구가 붙었다. 하나님은 메마르고 황량하여 음식과 물을 전혀 기대할 수 없는 광야에서 그분의 놀라운 능력으로 음식과 물을 공급해 주셨다. 그러나 "신령한"이라는 말은 기독론적 관점에서 이해할 수 있다. 이는 바울이 10:4에서 "신령한 반석"을 언급하면서, "그 반석은 곧 그리스도라"라고 말했기 때문이다. "다 같은"('판테스 토 아우토', all the same)이라는 표현이 반복된 것은 백성들의 집단적 동일성을 강조한 것이다. 이는 새로운 언약 공동체가 된 교회의 일치성을 강조한다.

"신령한 음식"은 '만나'를 가리키지만(참고. 출 16:1-36; 시 78:23-29), 나아가서 예수님의 '살'(빵)을 암시한다. 그리고 "신령한 음료"는 바위에서 나온 '물'을 뜻하지만(참고. 출 17:1-16; 민 20:2-13; 시 78:15-16), 궁극적으로 예수님의 '피'(포도주)를 상징한다.

"이는 그들을 따르는 신령한 반석으로부터 마셨으매"라는 말은 이해하기가 쉽지 않다. 출애굽기 17장과 신명기 20장에는 이스라엘 백성들이 광야에서 생활할 때 하나님께서 바위로부터 물이 흘러나오게 하심으로써 백성들이 물을 마실 수 있게 한 사건이 기록되어 있다. 그러나 구약성경에는 광야 생활 내내 바위가 이스라엘을 따라 다녔다는 언급이 없다. 그렇다면 이것을 어떻게 이해해야 하는가? 유대인들은 랍비 전통에 근거하여 광야에서 바위가 이스라엘을 따라다녔다고 믿었다. 이는 그들이 출애굽기 17장과 신명기 20장에 나오는 각기 다른 바위를 같은 것이라고 생각했기 때문이다. 따라서 바울은 유대 전통에 익숙한 이들을 위하여 이러한 표현을 사용한 것으로 보인다. 그런데 그는 "그 반석은 곧 그리스도라"라고 말한다. 구약에서 하나님은 반석으로 묘사된다(참고. 창 49:24; 신 32:4, 15, 18, 30-31; 삼하 22:32). 그런데 여기서 바울은 그리스도를 반석이라고 주장한다. 이것은 하나님을 그리스도라고 보는 이위일체적 관점에서 비롯된 것이다. 결국, 바울은 이스라엘 백성들이 광야에서 만나를 먹고 물을 마신 것을 성찬을 행한 것으로 해석한다.

5절: 그러나 바울은 세례를 받고 성찬을 받은 사람들의 다수를 하나님이 기뻐하지 않으셨으므로 그들이 광야에서 멸망을 받았다고 말한다(참고. 민 14:16; 시 78:31).

실제로 이집트를 탈출한 이스라엘 백성들 가운데 오직 여호수아와 갈렙만이 약속의 땅 가나안에 들어갈 수 있었다(참고. 민 14:30). 비록 그들이 광야에서 하나님의 무수한 이적을 목격했지만, 그들 가운데 소수만 순수한 믿음을 가지고 있었다(참고. 히 3:16-19; 4:2). 그리하여 하나님은 그들 중 다수를 버리셨다. 하나님의 뜻에 합당하지 않으면 누구라도 버림을 받는다. 그렇게 하여 하나님은 옛 세대를 버리시고 새로운 세대를 택하셔서 약속의 땅에 살게 하셨다. 그러므로 고린도 교인들은 각성해야 한다. 그들이 교회에 속해 있다고 해서, 즉 교인 명부에 이름이 있다고 해서 모두 구원받는 것은 아니라는 점을 알아야 한다. 교회에는 신자와 비신자가 섞여 있다.

10:6-13 역사의 본보기

이 단락은 10:1-5를 구체적으로 설명한 것이다. 여기서 바울은 출애굽한 이스라엘 백성들의 잘못을 언급하면서 고린도 교인들에게 교훈을 준다. 그는 이스라엘 백성들이 홍해를 건너고 만나를 먹음으로 세례와 성찬을 경험했으나, 우상을 숭배하고 성적으로 문란함으로 광야에서 멸망했다고 말한다.

10:6-13의 구조
10:6 과거는 지금의 본보기가 됨
10:7-10 과거의 죄악들
10:11 과거는 지금의 본보기가 됨
10:12-13 결론

6절: 구약의 사건들은 신약시대의 사람들에게 본보기가 된다. 하나님께서 죄지은 이스라엘 백성들을 멸망시키신 사건은 우리를 각성하게 한다. 우리는 과거의 사람들이 저질렀던 악을 보면서 그러한 일을 다시 저지르지 말아야 한다(참고. 롬 15:4). 악을 즐기면 멸망한다는 사실을 알아야 한다. 거룩하신 하나님은 죄를 그냥 내버려 두시지 않는다.

7절: 10:7-10에는 이스라엘 백성들이 저지른 네 가지 범죄가 언급되어 있다. 그것은 우상 숭배, 음행, 주를 시험함, 원망이다. 그런데 이것은 고린도 교인들이 저지르고 있는 죄악이며, 또 모든 시대의 사람들도 저지르는 죄악이다.

먼저, 이 구절에는 '우상 숭배'가 언급되어 있다. 바울은 "그들 가운데 어떤 사람들과 같이 너희는 우상 숭배하는 자가 되지 말라"라고 당부한다. 광야에서 이스라엘 백성들이 저지른 가장 큰 범죄는 금송아지를 신으로 숭배한 일이었다. 바울은 이미 8-9장에서 우상 숭배의 심각한 위험성에 관해서 말했는데, 이제 이스라엘 백성들이 저지른 범죄 가운데 우상 숭배를 가장 먼저 놓음으로써, 인간의 역사에서 우상 숭배가 가장 근원적인 죄악임을 지적한다. "백성이 앉아서 먹고 마시며 일어나서 뛰논다 함과 같으니라"라는 말은 이스라엘 백성들이 금송아지를 만들어서 축제를 벌인 사건을 묘사한다(참고. 출 32:1-6). 과거에 이스라엘 백성들이 광야에서 우상을 숭배하며 먹고 마시고 놀았듯이, 지금 고린도 사람들도 우상의 신전에서 종교의식을 마친 후 먹고 마시며 놀고 있다. 바울은 고린도의 우상 앞에 바쳐진 음식을 먹는 자들에게 경고의 메시지를 전한다. 비록 우상 앞에 바쳐진 제물 자체가 어떤 효력을 가진 것은 아니지만, 그렇다고 해서 그렇게 앉아서 먹고 노는 것이 결코 바람직한 것은 아니다.

8절: 이스라엘 백성들이 광야에서 저지른 두 번째 잘못은 '음행'이었다. 이스라엘 백성들은 광야에 거주하면서 가나안의 신 바알브올을 숭배하고 모압 여인들과 간음했다(참고. 민 25:1-9). 당시 바알 신을 섬기는 일은 성적인 부도덕과 연관되어 있었다. 바울은 그때 간음하다가 하루에 23,000명이 죽었다고 말한다. 이렇게 많은 사람이 단번에 죽임을 당한 일은 하나님이 음행을 얼마나 싫어하시는지를 잘 보여준다. 그런데 민수기 25:9는 그날 죽은 사람의 수가 24,000명이라고 보도한다. 따라서 모세와 바울 사이에 숫자의 불일치가 있다. 이러한 불일치는 모세와 바울이 정확한 숫자가 아닌 대략적인 숫자를 말했기 때문일 것이다. 예를 들어, 광야에서 23,500명이 죽었다고 하면 보기에 따라 23,000명이 죽었다고 할 수도 있고, 24,000명이 죽었다고 할 수도 있다. 구약에 능통한 바울이 그런 숫자를 모르고 아무렇게나 말했을 리가 없다.

역사적으로, 곧 모세 시대나 바울 시대에 우상 숭배는 대체로 음행과 밀접하게 연관되어 있었다. 민수기 25:1-3은 "이스라엘이 싯딤에 머물러 있더니 그 백성이 모압 여자들과 음행하기를 시작하니라 그 여자들이 자기 신들에게 제사할 때에 이스라엘 백성을 청하매 백성이 먹고 그들의 신들에게 절하므로 이스라엘이 바알브올에게 가담한지라 여호와께서 이스라엘에게 진노하시니라"라고 진술한다. 그리고 고린도의 아프로디테 신전에는 1,000명의 신전 창녀들이 있었다. 고린도에서 음행은 종교의식과 더불어 아무런 죄책 없이 자연스럽게 행해졌다(참고. '고린도전서 서론'; 5:1-13; 6:12-20의 주해).

9절: 이스라엘 백성들이 광야에서 저지른 세 번째 잘못은 '주를 시험함'이었다. 이스라엘 백성들은 광야에서 하나님과 모세를 향하여 원망했다. 그들은 하나님이 과연 자신들을 젖과 꿀이 흐르는 가나안으로 인도하실지를 의심했다. 곧 하나님의 능력과 약속을 의심함으로 하나님을 시험했다. 이에 여호와께서는 뱀을 이스라엘 백성에게 보내셔서 백성을 물게 하시므로 백성 중에 죽은 자가 많았다(참고. 민 21:4-9). 하나님은 그분을 시험한 자들에게 엄청난 형벌을 주심으로써 그들이 너무 쉽게 불평하지 않게 하셨다.

그런데 고린도 교인들 가운데서도 자신들이 우상의 집에서 음식을 먹었지만, 하나님이 그들에게 아무런 벌도 주시지 않는다고 생각함으로 그러한 행위를 계속해도 된다고 여기는 자들이 있었다. 하지만 그것은 큰 착각이었다. 하나님을 시험하는 일이었다. 그들의 방만한 행동으로 인해 많은 연약한 지체들이 시험에 빠졌다. 그들은 하나님께서 그들의 잘못에 대하여 아무런 징계를 하지 않으신 것이 아니라 회개하도록 참고 기다리신 것임을 깨달아야 했다. 하나님의 형벌을 두려워해야 했다. 여기서 "주를 시험하다"라는 문구는 그리스도를 시험했다는 뜻이다. 바울은 구약시대에 그리스도가 영적으로 계셨다고 믿었다(참고. 10:3-4; 유 1:5). 즉 이스라엘 백성들이 광야에서 시험한 이는 바로 그리스도(민 21:5: 하나님)라고 해석했다.

10절: 이스라엘 백성들이 광야에서 저지른 네 번째 잘못은 '원망'이었다. 이스라엘 백성들은 가데스 바네아에서 가나안 땅에 들어갈 수 없게 되자 모세와 아론에게 불만을 토로했다. 그들은 강하고 거대한 가나안 족속들에게 지레 겁먹었다. 이것은 불신앙이었다. 그들은 하나님의 전능하심을 의심했다. 그리하여 하나님은 크게 진노하셨다. 하나님은 전염병을 보내셔서 엄청난 고통을 주셨다(참고. 민 11:1; 14:2, 36-37; 16:11-35). 바울은 고린도 교인들이 우상에게 바쳐진 제물에 대해서 바울에게 불만을 토로한 것을 이스라엘 백성들이 광야에서 모세에게 불만을 토로한 것에 유비한다. 즉 하나님이 원망하는 자들을 멸망시키신 것을 언급하면서 원망하는 고린도 교인들에게 강력한 경고를 보낸다.

11절: 여기에 10:6과 같은 내용이 나온다. 즉 이 구절은 10:6을 반복하는 것이다. 구약시대 사람들에게 일어난 일은 신약시대 사람들에게 본보기가 된다. 고린도 교인들은 과거 이스라엘 백성들이 지었던 죄(우상 숭배, 음행, 주를 시험함, 원망)를 다시 짓지 말아야 한다. "말세를 만난 우리"란 고린도 교인들이 살고 있던 시대의 사람들을 가리킨다. 이는 그리스도를 기점으로 하여 옛 시대와 새 시대 사이의 종말론적인 충돌의 지점에 사는 사람들을 뜻한다(참고. 히 11:39-40; 벧전 1:10-12). 따라서 이 범주에는 주님의 재림 이전까지 모든 사람이 포함된다.

12절: 이것은 경고이다. "선 줄로 생각하는 자"란 지식을 가지고 있는 소위 '강한 자들'이다. 그들은 우상이 아무것도 아니기에 우상에게 바쳐진 음식을 먹는 것도 전혀 문제가 되지 않는다고 생각했다. 그러나 조심해야 한다. 그들은 순간적으로 넘어질 수 있다. 인간은 언제나 연약하다. 과거 출애굽한 이스라엘 백성들은 홍해를 건너고 만나를 먹었고 수많은 이적을 체험했으면서도, 하나님을 믿지 않고, 우상을 섬기며, 간음했다. 마찬가지로 지금 고린도 교인들은 예수 그리스도를 믿고 세례를 받았으며 성찬에 참여하고 있지만, 주님의 명령에 순종하지 않고 우상에게 바쳐진 제물을 오해하며 다른 사람들을 배려하지 않는다.

13절: 이 구절은 앞 구절과 다른 분위기다. 앞 구절에서 바울은 강하게 말했으나, 여기서는 부드럽게 말한다. 그는 고린도 교인들이 시험을 이길 수 있다고 격려한다. 성경에서 '시험'이란 단어는 여러 가지 의미로 사용된다. 즉 박해, 시련, 유혹 등을 뜻한다. 여기서는 유혹을 뜻한다. 하지만 유혹이 결국 박해이며 시련이다. 그리스도인은 도덕적으로 깨끗해야 한다. 설사 죄를 지었다고 하더라도 하나님께 회개하고 돌이켜야 한다. 죄의 유혹이 있을 때는 하나님의 도우심을 간절히 구해야 한다. 결국, 이러한 유혹을 이김으로 더욱 강한 믿음을 가지게 된다.

10:14-11:1 교훈을 적용함

앞 단락(10:1-13)에서 바울은 이스라엘의 역사로부터 무엇을 배울 수 있는지를 말했다. 이제 이 단락에서는 그렇게 배운 교훈을 어떻게 적용할 수 있는지를 설명한다.

10:14-22 우상의 연회와 주님의 만찬

바울은 먼저 우상 앞에서 먹는 식사의 의미를 설명한다. 그는 주의 잔과 귀신의 잔을 겸하여 마시지 못하고 주의 식탁과 귀신의 식탁에 겸하여 참여하지 못한다고 주장한다.

14절: 바울은 앞 단락에서 이스라엘 백성들이 광야에서 우상을 숭배했을 때 나타난 비극적인 파멸을 경험했음을 말했는데, 이제 여기서는 고린도 교인들에게 우상 숭배하는 일을 피하라고 촉구한다. 그는 교인들을 향하여 "내 사랑하는 자들아"('아가페토이 무', my beloved)라고 친근하게 부른다. 따라서 이 서신에서 그의 어조는 단호함과 따뜻함 사이를 오간다. "피하라"에 해당하는 헬라어 단어 '퓨게테'는 '도망하라'(flee)라는 의미이다. 따라서 "우상 숭배하는 일을 피하라"라는 말은 우상 신전의 제사에 참여하는 것으로부터 아예 벗어나라는 뜻이다.

15절: 바울은 고린도 교인을 향하여 "나는 지혜 있는 자들에게 말함과 같이 하노니"라고 말한다. 고린도 교인들은 자신들을 "지혜 있는 자들"이라고 생각했다. 하지만 바울은 3:1에서 그들을 "어린아이들"이라고 불렀다. 따라서 여기서 바울의 말은 반어법적 어조를 띤 것이다(참고. 롬 11:25; 12:16). "너희는 내가 이르는 말을 스스로 판단하라"라는 말은 이성에 논증을 호소하는 것이다. 교인들이 일반적인 상식을 가지고 있다면 바울의 말을 알아들을 것이다.

16-17절: 10:16-21에는 세 종류의 식사가 나온다. 그것은 '성찬'(16-17절), '희생 제사 후의 식사'(18절), 그리고 '우상 신전에서의 제사'(19-21절)이다. 바울은 식사를 참석자와 신(god) 간의 교제, 그리고 참석자들 간의 교제가 이루어지는 것이라고 이해한다. 이는 당시의 인식을 반영한다. 오늘날에도 그런 측면이 있지만, 주후 1세기 지중해 연안 지역에서 식사는 연합과 교류의 의미를 담았다. 따라서 같이 식사하는 것은 상대방과 긴밀히 교제하는 것을 뜻했다.

먼저, 바울은 '성찬'을 언급한다(참고. 11:23-29). 그는 "축복의 잔"(the cup of blessing)을 말하는데, 이는 유월절 식사에서 마시는 네 개의 포도주잔 중 세 번째 잔이다(참고. 11:25). 예수님은 제자들과의 마지막 만찬에서 이 잔에 대하여 "이것은 죄 사함을 얻게 하려고 많은 사람을 위하여 흘리는 바 나의 피 곧 언약의 피니라"라고 말씀하셨다(마 26:28; 참고. 막 14:22-25; 눅 22:15-20). 잔은 그리스도의 피를 상징하고, 떡은 그리스도의 몸을 상징한다. 성찬은 그리스도의 몸에 참여하는 것인데, 그리스도의 몸이 하나이므로 성찬에 참여하는 성도들도 하나가 된다. "참여"('코이노니아', participation)라는 단어는 '교제'(fellowship)를 의미한다. 성도들은 성찬을 통해서 교제한다. 한편, 여기서 바울은 성찬의 순서를 바꾸어 놓았다. 원래 떡이 먼저 나오고 잔이 나중에 나오지만, 여기서는 잔이 먼저 나오고 떡이 나중에 나왔다. 이는 17절에 나오는바 떡을 떼는 일의 중요성을 말하기 위해서이다.

18절: 바울은 성찬에 이어서 '희생 제사 후의 식사'를 말한다. 따라서 신약시대의 식사(성찬)를 언급한 후 구약시대의 식사(희생 제사 후의 식사)를 다룬다. "육신을 따라 난 이스라엘"이란 아직 그리스도를 받아들이지 않은 이스라엘 민족을 가리킨다. 그런데 여기서 이 표현은 우상에게 바쳐진 제물을 아무렇지도 않게 먹고 있는 고린도의 일부 교인들을 암시한다. "제물을 먹는 자들이 제단에 참여하는 자들이 아니냐"라는 말은 구약시대에 이스라엘 사람들이 제사를 지낸 후 제물 일부를 나누어 먹었는데(참고. 신 12:17-18; 14:22-27; 레 7:6), 그러한 음식을 먹음으로써 하나님과 교제했고, 또 함께 제사에 참여한 사람들끼리 교제한 일을 상기한다.

19-20절: 바울은 성찬과 희생 제사 후의 식사에 이어서 '우상 신전에서의 식사'를 말한다. 그는 '신약시대의 성찬'과 '구약시대의 제단 식사'에 관해 언급하면서 음식을 먹는 것이란 그 음식이 바쳐진 하나님과 교제하는 것이라고 설명했다. 그러므로 이러한 논리에 따르면 우상에게 바쳐진 음식을 먹는 것은 단순히 허기를 채우는 것이 아니라 우상과 교제하는 것이 된다. 그런데 구약시대 유대인들의 제사와 달리, 지금 이방인이 제사하는 것은 귀신에게 하는 것이며 하나님께 제사하는 것이 아니다(참고. 신 32:16-17). 우상 뒤에는 귀신이 있다. 살아있는 귀신은 죽은 우상을 이용하여 우상 숭배자들이 결국 귀신을 숭배하게 한다. 따라서 하나님의 자녀들은 우상에게 바쳐진 제물을 먹음으로써 귀신과 교제해서는 안 된다.

21절: 이 구절은 결론적 언급이다. 바울은 하나님과 교제하는 사람들이 우상과 교제하지 말아야 한다고 강하게 말한다. 물론 그렇다고 해서 그가 우상을 살아있는 존재로 보거나 우상에게 바쳐진 제물에 어떤 영적인 효력이 있다고 생각하는 것은 아니다. 그가 이미 8장에서 말했듯이, 우상은 아무것도 아니며 우상에게 바쳐진 제물 역시 아무것도 아니다(참고. 8:4, 8). 다만 우상에게 바쳐진 제물을 먹는 행동이 가져오는 결과를 말하는 것이다. 그러한 음식을 먹는 가운데 자신의 양심이 거리낌을 얻으며, 그런 가운데 자칫하면 우상 숭배자들에게 동화될 수도 있고, 더욱이 믿음이 약한 자들을 실족하게 할 수 있다는 사실을 시사하는 것이다.

22절: 바울은 수사학적 질문을 던지면서 논의를 마무리한다. "우리가 주를 노여워하시게 하겠느냐"('헤 파라젤루멘 톤 퀴리온')를 좀 더 정확하게 번역하면 '우리가 주님을 질투하시게 [충동질] 하겠느냐'(ESV: 'shall we provoke the Lord to jealousy?')이다. 이것은 강한 표현이다. 신자들이 우상의 신전에서 음식을 먹으며 우상이나 우상 숭배자들과 교제하는 것은 주님을 노엽게 하는 일이다. "우리가 주보다 강한 자냐"라는 말은 연약하기 짝이 없는 인간들이 아무런 힘도 없는 우상을 섬기는 일을 비판한 것이다. 하나님은 세상을 창조하신 분이시며 찬양을 받으시기에 합당하신 유일한 분이시다. 따라서 인간은 오직 하나님만 섬겨야 한다.

10:23-11:1 다 하나님의 영광을 위하여 하라

바울은 8장에서 시작된 우상 숭배에 관한 논의를 이 단락에서 종결한다. 그는 음식에 대한 실제적인 행동 지침을 몇 가지 제시한 후에 '다 하나님의 영광을 위하여 하라'라고 당부한다.

23절: 신자들에게는 '모든 것이 가하다'(Everything is permissible). 즉 신자들은 그리스도 안에서 자유를 얻어서 더 이상 율법적 의식과 규례에 얽매이지 않는다 (참고. 6:12). 그러나 모든 것이 유익한 것은 아니다. 그리고 모든 것이 덕을 세우는 것도 아니다. 따라서 공동체의 유익과 덕을 위하여 어떤 것들은 자제할 수 있어야 한다.

24절: 우리는 자기의 유익을 구하지 말고 남의 유익을 구해야 한다. 우상에게 바쳐진 음식 자체는 아무것도 아니다. 그것을 먹어도 되고 먹지 않아도 된다 (참고. 8:4, 8). 그러나 믿음이 약한 형제들을 배려하여 먹지 않는 것이 좋다. 이는 바울이 8:13에서 "만일 음식이 내 형제를 실족하게 한다면 나는 영원히 고기를 먹지 아니하여 내 형제를 실족하지 않게 하리라"라고 말한 것과 같다. 그는 로마서 14:15에서도 "만일 음식으로 말미암아 네 형제가 근심하게 되면 이는 네가 사랑으로 행하지 아니함이라 그리스도께서 대신하여 죽으신 형제를 네 음식으로 망하게 하지 말라"라고 언급했다.

25-26절: 이제 바울은 10:25-30에서 실제적인 행동 지침 세 가지를 알려준다.

25-26절은 첫 번째 행동 지침이다. 그는 시장에서 파는 것은 양심을 위하여 묻지 말고 먹으라고 권면한다. 당시 시장에서 파는 고기는 대개 종교 의식을 마치고 난 후에 공급되었다. 바울은 그런 것에 대해서는 양심을 위하여 묻지 말고 먹으라고 한다. 이는 괜히 고기의 출처를 물어봤다가 양심에 거리낀다면 좋지 않기 때문이다. 그는 음식을 먹어도 되는 이유를 "이는 땅과 거기 충만한 것이 주의 것임이라"라는 말로 설명한다. 이것은 시편 24:1("땅과 거기에 충만한 것과 세계와 그 가운데에 사는 자들은 다 여호와의 것이로다")을 인용한 것이다. 세상에 있는 모든 것은 하나님께서 주신 것이다. 고기 역시 하나님께서 창조하신 것으로, 그 자체로는 깨끗하고 아무런 문제가 없으므로 그냥 먹으면 된다(참고. 막 7:15, 19; 롬 14:20; 딤전 4:4).

27절: 이 구절은 두 번째 행동 지침이다. 불신자에게 초청받아 음식을 먹을 때는 묻지 말고 그냥 먹는 것이 좋다. 괜히 물어봤다가 양심에 거리낀다면 좋지 않기 때문이다. 당시 유대인들은 이방인들의 집에 들어가지 않았고, 더욱이 그들과 함께 음식을 먹지도 않았다. 바울 역시 원래는 유대의 전통을 고수했다. 그러나 회심한 후에는 그리스도인의 자유를 깨달았다. 예수님도 유대인이셨으나 유대의 전통에 얽매이지 않으셨다. 예수님은 죄인들의 집에서 죄인들과 함께 음식을 드셨으며, 부정한 나병환자의 몸에 손을 대시면서 치료하셨고, 심지어 안식일에도 일하셨다. 바울은 이런 예수님의 행적을 통하여 그리스도인의 자유로운 삶을 깨달았다.

28-30절: 이 구절들은 세 번째 행동 지침이다. 만일 불신자에게 청함을 받아서 음식을 먹을 때 그것이 우상에게 바쳐진 제물이라고 말하거든 그것을 "알게 한 자와 그[불신자의] 양심을 위하여" 먹지 말아야 한다. 비록 신자 자신은 음식 자체가 아무런 문제가 되지 않는다고 생각하여 우상에게 바쳐진 것을 먹을 수 있겠지만, 자칫 그 음식을 준 사람(믿지 않는 자 혹은 믿음이 약한 자)이 신자가 음식 먹는 모습을 보면서 그의 믿음을 의심할 수 있고, 또 그가 믿는 하나님을 망령되게 생각할 수 있기 때문이다. "어찌하여 내 자유가 남의 양심으로 말미암아 판단을 받으리요"라는 말과 "만일 내가 감사함으로 참여하면 어찌하여 내가 감사하는 것에 대

하여 비방을 받으리요"라는 말은 비슷한 뜻이다. 이는 '우상에게 바쳐진 음식을 감사함으로 먹으면 아무런 문제가 되지 않기는 하지만, 그렇다고 해서 굳이 그러한 음식을 먹어서 비방을 자초할 필요가 있겠는가'라는 뜻이다. 즉 차라리 음식을 먹지 않는 것이 좋다는 뜻이다.

31-33절: 이 구절들은 6:12-20과 병행을 이룬다. 여기서 바울은 신자의 행동 기준으로 하나님을 사랑하는 것(31절)과 이웃을 사랑하는 것(32-33절)을 언급한다.

먼저, 31절의 "그런즉 너희가 먹든지 마시든지 무엇을 하든지 다 하나님의 영광을 위하여 하라"라는 말은 신자의 첫 번째 행동 기준이다. 8-10장에 음식을 먹는 문제가 소재로 등장했기에 바울은 여기서 "먹든지 마시든지"라는 표현을 사용하지만, 이를 확장하여 "무엇을 하든지"라고 함으로써 보편적인 행동 원칙을 제시한다. 신자들은 자신들의 모든 행동이 하나님의 영광에 부합하는지 그렇지 않고 반하는지를 계속해서 검토해야 한다. 다음으로, 32-33절은 이웃을 사랑하는 것에 관한 말씀으로 신자의 두 번째 행동 기준이다. 신자는 유대인에게나 헬라인에게나 하나님의 교회에나 거치는 자가 되지 말아야 한다. 여기서 '유대인과 헬라인'은 모든 인류를 가리킨다. 바울은 모든 인류에다 '하나님의 교회'를 추가함으로써 교회에서 특별히 주의해야 할 것을 당부한다. 신자는 나아가서 "모든 일에 모든 사람을 기쁘게 하여"야 한다. 만일 신자의 행동이 하나님의 말씀에서 벗어난 것이 아니라면 사람들에게 기쁨을 줄 수 있어야 한다. 물론 모든 사람을 다 만족시키기란 쉽지 않다. 유대인과 헬라인은 살아가는 방식이 너무 달라서 한쪽을 기쁘게 하면 다른 쪽을 싫어하게 만든다. 그렇지만 하나님의 영광을 염두에 두면서 모든 사람을 배려하려고 노력해야 한다. 바울은 "자신의 유익을 구하지 아니하고 많은 사람의 유익을 구하여 그들로 구원을 받게 하라"라고 당부한다. 이것은 선행의 궁극적인 목적이 무엇인지를 알려준다. 신자가 선을 행하는 목적은 사람들이 구원받게 하는 것이다.

1절: 이 구절은 10장 마지막에 붙었어야 했다. 바울은 자신을 본받으라고 촉구한다(참고. 엡 5:1; 빌 3:17; 살전 1:6, 2:14; 살후 3:7, 9). 그는 10:33에서 "나와 같이"('카토스 카고')라는 단어를 사용했는데, 여기서 그것을 이어받아 자신을 본받으라고 권면한다. 그는 다른 사람들을 배려하는 일에 있어서 모범을 보였다(참고. 8:13; 9:19-23). 모든 일에서 모든 사람을 기쁘게 하며 자기 유익을 구하지 않고 많은 사람의 유익을 구하려고 노력했다. 유대인이었으며 자유인이었고 사도였지만, 모든 권리를 포기하고 다른 사람들의 구원을 위하여 일했다.

이러한 모습은 예수 그리스도께서 모범을 보여주신 것이었다. 예수 그리스도는 하늘의 보좌를 버리시고 이 땅에 오셔서 우리를 위해 죽으심으로 구원을 이루셨다. 바울은 예수 그리스도의 희생을 기억하면서 희생적인 삶을 살려고 했다. 그는 예수 그리스도를 본받으려고 노력했다. 그의 삶은 예수 그리스도의 삶을 반영했고, 그의 가르침은 그분의 가르침에 기반을 두었다. 분명히, 그는 예수 그리스도의 제자였다. 그러므로 그의 가르침과 예수 그리스도의 가르침을 다른 것으로 생각해서는 안 된다. 그들의 가르침은 정확히 일치한다.

주의해야 할 것은 바울이 자신을 본받으라고 했다고 해서 그를 교만한 사람이라고 여겨서는 안 된다는 사실이다. 그는 주님으로부터 특별한 권위를 부여받은 '사도'이기에 이렇게 말할 수 있다. 실상 그는 누구보다도 겸손했다. 그는 자신의 겸손을 다음과 같이 표현했다. "맨 나중에 만삭되지 못하여 난 자 같은 내게도 보이셨느니라"(고전 15:8). "모든 성도 중에 지극히 작은 자보다 더 작은 나에게 이 은혜를 주신 것은 측량할 수 없는 그리스도의 풍성함을 이방인에게 전하게 하시고"(엡 3:8). "미쁘다 모든 사람이 받을 만한 이 말이여 그리스도 예수께서 죄인을 구원하시려고 세상에 임하셨다 하였도다 죄인 중에 내가 괴수니라"(딤전 1:15).

특주: 해외 한인교회의 선교적 역할

1. 교민사회

현재 해외에 거주하는 한국 교민 수가 매우 많고, 그중 상당수는 북미 대륙에 집중되어 있다. 해외에 살면 좋은 점이 많다. 그래서 사람들이 이민을 선택하는 것이기도 하다. 그러나 애로사항도 만만치 않다. 해외 교민들이 마주하는 주요 문제는 다음과 같다. 언어 습득의 어려움, 직업과 생계 문제, 학업과 취업, 거주권(비자, 영주권, 시민권), 외로움, 고국 가족과의 연락, 교민 간의 관계, 자녀 교육 문제, 현지 정치·경제 상황 대처, 범죄와 폭력 노출 등이다. 특히 어떤 국가에서는 동성애, 동성혼, 마약, 총기 사고 등의 문제가 매우 심각한 수준이다.

하지만 무엇보다도 자녀와의 소통 문제가 가장 심각하다. 현재 교민사회에는 1.5세대를 넘어 2세대가 등장했다. 이들은 외형은 한국인이지만 정서는 외국인에 가깝다고 해도 과언이 아니다. 우리말을 잘하지 못하는 이들도 많다. 이것은 단지 언어의 문제가 아니라 문화적, 정서적 차이로 이어진다. 부모와 자녀 간의 대화가 원활하지 않으므로 갈등이 발생하거나 단절되는 수도 있다. 그리하여 한인 2세들은 자신의 정체성과 소속감에 혼란을 겪기도 한다.

해외 한인 공동체는 매우 긴밀하게 연결되어 있다. 한 다리만 건너면 다 아는 사이인 경우가 대부분이다. 마치 작은 시골 마을과 같은 느낌을 준다. 이는 장점도 있지만 단점도 있다. 같은 언어와 문화를 공유하니 잘 어울릴 수 있고, 어려움이 닥쳤을 때 서로 도울 수 있다는 장점이 있다. 반면 갈등이 발생하면 수습하기 어렵다는 단점도 있다. 다양한 배경과 성향이 공존하고, 공동체 내에서 이를 중재할 만한 역량 있는 지도자가 부족한 경우가 많기 때문이다.

2. 교민교회의 애로점

1) 다양한 배경의 교인들이 함께하다 보니 유연한 목회 지도력과 행정력이 필요하지만, 현실적으로 쉽지 않다. 특히 치리권을 행사하는 일이 어렵다. 이는 노회나 총회

같은 상회 조직이 한국처럼 활발히 운영되지 않기 때문이다.

2) 목회자들의 재교육 기회가 제한된다. 한국 책을 구하기 어려우며, 세미나에 참여하기란 더욱 어렵다. 그러다 보니 예전 한국에서 배운 지식과 경험에 의존하는 경우가 많다.

3) 교인 간 갈등이 증폭되어 교회가 분열되거나 폐쇄되는 사례도 있다. 그리하여 교인들이 큰 상처를 입게 되고, 영적 성장에도 지장을 준다.

4) 교회 간 규모의 차이가 크다. 큰 교회는 자원이 풍부하지만, 작은 교회는 소외감을 느낄 수 있다. 이는 교회 간 연합을 어렵게 한다.

5) 목회자가 생계를 위해 이중직을 가지는 경우가 많다. 사모 또한 경제적 부담을 덜기 위해 일하는 경우가 많다.

6) 자체 예배당이 없거나 교통이 불편하여 예배와 모임이 제한된다. 임대료 인상이나 건물 사용 중단 요구로 인해 곤란을 겪는 경우도 있다. 대중교통이 불편하여 자가용이 없으면 예배 참석이 어렵고, 자녀 사역은 부모의 도움이 절대적으로 필요하다.

7) 기성세대와 젊은 세대 간 단절이 존재한다. 언어와 문화 차이에서 비롯된 현상이다.

8) 교인이 고국으로 귀국하는 경우가 많다. 특히 주재원이나 유학생의 경우 그러하다.

3. 교민교회의 장점

1) 목회자들이 매우 성실하고 헌신적으로 사역한다. 대부분 목회자는 교인 한 사람 한 사람에 대한 애정이 깊다.

2) 결속력이 매우 강하다. 동포애가 형성되어 서로를 끔찍이 챙기고 교제하는 것을 좋아한다.

3) 교인들이 어려움을 겪을 때 기꺼이 돕는다. 사고, 질병, 행정 문제 등에서 교회는 큰 힘이 된다.

4) 선교에 대한 열정이 크고, 실제로 선교에 힘쓴다. 시간과 물질을 아낌없이 헌신한다.

5) 교민교회는 한인 공동체의 중심 역할을 한다. 교류와 정보교환의 장이 되고, 그 과정에서 전도가 이루어지기도 한다.

6) 영어 사역(English Ministry)을 통해 2세대의 신앙교육에 힘쓴다. 양육된 청년들은 선교와 양국 교류의 중요한 인적 자원이 된다.

7) 교회 봉사에 적극적이다. 해외에서 교회는 삶의 중심이 되며, 교인들은 자발적으로 봉사에 헌신한다.
8) 교민교회가 있기에 한인 이민자들이 신앙생활을 지속할 수 있다.

4. 바람과 제안

1) 교민교회 목회자 재교육을 지원해야 한다. 전자책, 온라인 강의, 디지털 자료 제공 등을 통해 교육 기회를 확장해야 한다.
2) 작은 교민교회 목회자들을 재정적으로 후원해야 한다. 해외 선교사나 국내 미자립교회 목회자만큼이나 교민교회 목회자들도 후원이 필요하다.
3) 교민교회 네트워크를 강화해야 한다. 교단별 또는 지역별로 연합체를 구성하고, 더욱 널리 홍보하여 많은 교회가 참여하도록 유도해야 한다.
4) 한국교회와 교민교회 간 자매결연이 이루어져야 한다. 상호 교류, 방문, 협력 사역 등을 통해 상생할 수 있다.
5) 교민교회를 선교의 전초기지로 활용해야 한다. 교민교회는 선교사역의 베이스캠프가 될 수 있으며, 이를 통해 전략적 선교가 가능하다.
6) 한국도 다문화 사회로 변화하고 있음을 인식해야 한다. 국내 이주민 선교에 교민교회의 경험이 귀중한 자산이 될 수 있다.
7) 서구 교회의 쇠퇴를 반면교사로 삼아야 한다. 북미와 유럽 교회를 연구함으로써 한국교회가 같은 길을 걷지 않도록 대비할 수 있다. 이때 교민교회는 데이터를 제공하는 창구 역할을 감당할 수 있다.

결론: 관심과 소통을 기대하며

그간 교민교회를 향한 관심과 노력이 부족했던 점을 부정하기 어렵다. 교민교회 목회자 중에는 자신이 잊혔다고 느끼는 이들이 많다. 이제 한국교회는 교민교회 및 목회자들과 활발히 소통하며, 그들의 필요를 경청하고 동시에 그들에게서 배울 점이 무엇인지를 고민해야 한다. 오늘날 한국과 해외는 더 이상 멀지 않다. 이제는 다양한 디지털 채널을 통해 연결될 수 있다.

11:2-16 남자와 여자

본문 역시 고린도 교회의 지도자들이 보낸 질문에 대한 답변으로 보인다(참고. 7:1; 8:1). 바울은 남자와 여자에 관하여 말하는데, 특히 예배를 드릴 때 갖추어야 할 용모에 관하여 언급한다. 여기서 남자와 여자는 성별 상의 남자와 여자일 수도 있고, 남편과 아내일 수도 있다. 헬라어에는 남편과 아내에게 해당하는 별도의 단어가 없다. 단지 '아네르'(남자, 남편)와 '귀네'(여자, 아내)라는 단어가 있을 뿐이다. 본문은 이해하기가 쉽지 않다. 정확한 해석을 위하여 본문의 문예적 위치와 주후 1세기의 사회-문화적 배경을 참고해야 한다. 즉 구조적으로 본문은 11-14장에 위치하는데, 여기서 바울이 예배(성찬, 은사 등)를 다루고 있음을 알아야 하며, 게다가 당시 헬라 세계와 유대 세계의 용모와 의복 형태에 관한 연구 결과를 참고해야 한다.

11:2-6 남자와 여자의 용모

바울은 11:2에서 고린도 교인들을 칭찬한 후, 11:3-6에서 남자와 여자의 용모에 관해서 말한다. 바울의 요지는 남자와 여자가 평소에는 물론이고, 특히 예배를 인도할 때 단정한 용모를 갖추어야 한다는 것이다.

2절: 바울은 고린도 교인들이 모든 일에 자신을 기억하고 또 자신이 전해 준

'전통'을 잘 지키고 있는 것을 칭찬한다. 고린도전서에 반영되어 있듯이 고린도 교회 안에는 문제가 많이 있었다. 하지만 그들은 바울이 가르쳐준 '전통'을 기억하면서 잘 지키고 있었다. 그리하여 바울은 그들이 잘못한 것들에 대해서 책망하면서도 잘한 것들을 칭찬한다. 이러한 칭찬은 하나님의 말씀을 더욱 잘 지키도록 독려하는 역할을 한다.

여기서 '전통'(*파라도세이스*)이란 글로 전해 준 것(*성경*)이 아니라, 말로 전해 준 것(*설교*)인데, 이는 당시에 바울서신이 아직 기록되지 않았기 때문이다. 또한, 바울이 여기서 말하는 전통은 복음서에서 예수님이 지적하신 유대인의 전통, 즉 '사람의 유전'(tradition of men)이 아니라, 모든 사람이 반드시 지켜야 할 '하나님의 법칙'(ordinance of God)이다. 그것은 성경으로서 교훈과 실천 규례이다. 이러한 전통은 바울이 예수님으로부터 받은 것이다. 그는 자신의 사상을 독자적으로 만들지 않았고, 예수님이 전수해 주신 말씀의 원리와 적용 방안을 말했다.

바울은 다른 서신들에서도 위와 같은 맥락의 '전통'에 관하여 언급했다. "그러므로 형제들아 굳건하게 서서 말로나 우리의 편지로 가르침을 받은 전통을 지키라"(살후 2:15). "형제들아 우리 주 예수 그리스도의 이름으로 너희를 명하노니 게으르게 행하고 우리에게서 받은 전통대로 행하지 아니하는 모든 형제에게서 떠나라"(살후 3:6).

3절: 바울은 남자와 여자의 관계(*위치와 질서*)를 알려준다. 여기서 '머리'('케팔레', head)가 무엇을 뜻하는지에 대해서 이견이 있었다. 분명히, 이 단어는 문자적으로 사용되지 않았고 비유적으로 사용되었다. 어떤 학자들은 이 단어가 '원천'을 뜻한다고 주장했고, 어떤 학자들은 '권위'를 의미한다고 생각했다. 하지만 창세기 3:16에서 하나님이 "남편은 너를 다스릴 것이니라"라고 말씀하신 것을 생각할 때 '권위'(*혹은* '*지배*')로 이해하는 것이 타당하다.

그러나 오해하지 말아야 할 것은 바울이 '머리'라는 단어를 사용했다고 해서 그것이 남녀 간의 서열(*높고 낮음*)을 의미하지는 않는다는 사실이다. 이는 "그리스도의 머리는 하나님이시라"라는 진술이 따르기 때문이다. 바울은 그리스도와 하나님의 관계를 통하여 남자와 여자의 관계를 말함으로써 남자와 여자가 질서와 조화를 이루어야 함을 말하려고 한다. 하나님과 예수님은 동등하시지만 다르다. 하나님과 예수님은 모두 유일하신 하나님이시나, 분명히 구별되는 인격체이시다. 즉 하나님은 아버지이시고, 예수님은 아들이시다. 남자는 여자의 머리이며, 여자는 남자의 몸이다. 남자는 여자를 다스리며 보호하고, 여자는 남자에게 순종하며 협력한다. 따라서 남자와 여자는 서로 없어서는 안 되는 상호의존 관계에 있다.

4절: "기도나 예언"은 공중 예배를 의미한다. 그리고 "기도나 예언을 하는 자"는 공중 예배를 인도하는 사람을 가리킨다. 하지만 어떤 학자들은 예배에 참여하는 사람을 뜻한다고 주장하는데, 이는 당시에 기도와 예언(설교)을 예배 참여자 누구나 할 수 있었기 때문이다. 당시에 교회 지도자가 정해져 있는 곳에서는 지도자가 예배를 인도했지만, 그렇지 않은 교회에서는 교인들(먼저 믿은 사람 혹은 연장자 등)이 돌아가면서 예배를 인도하는 경우가 있었다. 그러나 어떻게 보든지 간에 기도와 예언을 하는 것은 예배를 인도하는 것을 뜻한다.

머리에 무엇을 쓴다는 표현의 의미에 대해서는 오랫동안 치열한 논쟁이 있었다. 어떤 학자들은 이것을 머리에 덮어쓰는 베일(veil)이라고 주장했으나, 어떤 학자들은 머리를 길게 늘어뜨리는 것으로 이해했다. 그밖에 다른 견해들도 있으나 그다지 설득력이 없다. 만일 이것을 베일로 해석한다면, 당시 이교도 제사장들이 머리에 무엇을 쓰고 제사 집례한 것을 빗대는 표현으로 보면서, 그런 식으로 예배를 인도해서는 안 된다는 뜻이 된다. 그러나 만일 이것을 긴 머리로 이해한다면, 예배를 인도하는 남자가 성적 정체성을 상징하는 머리 모양(hairstyle)에 있어서 여자처럼 긴 머리를 해서는 안 된다는 뜻이 된다. 조금 후에 언급하겠지만, 바울은 남자가 남자다운 용모를 갖추어야 하고 여자가 여자다운 용모를 갖추어야 한다고 주장한다. 게다가 그리스-로마 세계에서 남자가 긴 머리를 하고 있으면 동성애자로 여겨지기도 했다.

위 두 가지 해석 중에서 전자(베일)가 낫다. 그렇다면 이는 남자가 공중 예배를 인도할 때 머리에 베일과 같은 것을 쓰지 말아야 한다는 뜻이 된다. 그는 머리에 아무것도 쓰지 않음으로써 그리스도가 그의 '머리'(영적인 머리, 권위)임을 드러내야 한다. 하지만 설혹 긴 머리라는 해석을 택하더라도 예배 인도자가 반듯한 자세와 단정한 용모를 갖추어야 한다는 뜻이 된다.

　　5-6절: 앞에서 말했듯이, 기도와 예언은 공중 예배를 의미한다. 따라서 이 구절은 여자가 공중 예배를 인도할 수 있음을 시사한다. 실제로 초기 기독교회에서는 여자도 설교(예언)했다(참고. 눅 2:36; 행 21:9; 욜 2:28의 성취). 바울은 여자가 공중 예배를 인도할 때 어떤 복장과 태도를 갖추어야 하는지를 설명한다. 여자가 "머리에 쓴 것"을 벗지 말아야 한다고 지시하는데, 여기서 "머리에 쓴 것"이라는 표현도 오랫동안 논란거리였다. 이를 '베일'(veil)로 이해하는 학자들이 있었으나, '긴 머리'라고 생각하는 학자들도 있었다. 이 구절에서 "이는 머리를 민 것과 다름이 없음이라"라는 문구가 있는 것을 볼 때 베일로 보는 것이 낫다. 바울은 11:6에서 "만일 여자가 머리를 가리지 않거든 깎을 것이요"라고 말하고, 11:15에서 "만일 여자가 긴 머리가 있으면 자기에게 영광이 되나니 긴 머리는 가리는 것을 대신하여 주셨기 때문이니라"라고 언급한다. 따라서 여자가 머리에 무엇인가를 쓰지 않으면 머리를 민 것과 같으니 머리에 무엇인가를 반드시 쓰라고 촉구하는 것이다. 당시 유대인 여자들은 외출할 때 천으로 머리를 가리고 다녔다. 머리를 내놓고 다니면 매춘부나 간음녀로 간주될 수 있었다. 그리스-로마 세계에서 여자가 머리를 미는 것은 레즈비언(남성 역할)이라는 표시일 수 있었다. 또한, 머리를 단정히 하지 않는 여자들은 주로 매춘부들이거나 신전에서 일하는 사제들이었다.

　　결국, 11:2-6에서 남자와 여자가 머리에 무엇을 쓴다는 표현은 모두 베일을 쓰는 것을 가리킨다. 그러므로 바울의 요지는 분명하다. 평소에는 물론이고, 특히 공중 예배를 인도할 때는(참여자들도 마찬가지) 용모와 복장에 유의해야 한다. 남자는 머리에 베일을 쓰지 않음으로써 영적인 머리이신 그리스도의 존귀를 드러내야 하며, 여자는 머리에 베일을 씀으로써 단정하고 반듯한 용모와 복장을 갖추어야 한다.

　　그런데 오늘날 이 권면을 문자적으로(글자 그대로) 적용하기란 어렵다. 이는 각 나라의 복장과 용모가 다르기 때문이다. 어떤 나라에서는 예배 인도자가 머리에 무엇인가를 쓰는 것을 하나님을 높이는 일로 여기지만, 어떤 나라에서는 아무것도 쓰지 않는 것을 바람직하게 생각한다. 또한, 머리 모양(hairstyle) 역시 시대와 문화에 따라 인식이 다르다. 따라서 이 구절을 문자 그대로 받아들일 것이 아니라 자신이 사는 지역에 보편적으로 받아들여질 수 있는 단정하고 품위 있는 외관을 갖추라는 뜻으로 이해해야 한다. 바울은 예배 인도자의 중심과 태도를 강조한다. 예배 인도자의 겉모습에서 그리스도를 경외한다는 표시가 드러나야 한다고 주장한다.

11:7-12 창조의 관점에서

바울은 11:2-6에서 남자와 여자가 기도와 예언을 할 때 갖추어야 할 외관을 말했는데, 여기서는 왜 그렇게 해야 하는지를 '창조의 관점에서' 언급한다. 특히 여자가 머리에 무엇을 쓰는 문제에 조금 더 비중을 두면서 설명한다.

7절: 남자가 하나님의 영광과 형상이라는 말은 하나님께서 남자를 만드시고 남자에게 세상을 다스리게 하셨음을 시사한다(참고. 창 1:27). 그 머리를 마땅히 가리지 않아야 한다는 말은 11:4에서 설명했듯이 그리스도 외에 다른 이에게 복종하지 말아야 한다는 뜻이다. 여자가 남자의 영광이라는 말은 여자가 남자로부터 나서 남자의 통치를 돕는다는 뜻이다(참고. 창 2:18-23). 실제로, 남자는 여자의 도움을 얻어서 활발히 활동할 수 있다.

8-9절: 남자와 여자의 관계는 분명하다. 남자가 여자에게서 난 것이 아니라, 여자가 남자에게서 났다(참고. 창 2:21-22). 그리고 남자가 여자를 위하여 지음을 받지 않았고, 여자가 남자를 위하여 지음을 받았다. 따라서 주도권은 남자에게 있다. 여자는 남자를 돕는 존재이다.

10절: 남자와 여자의 관계를 정리한 후 바울은 다음과 같이 말한다. "그러므로 여자는 천사들로 말미암아 권세 아래에 있는 표를 그 머리 위에 둘지니라"(ESV: 'That is why a wife ought to have a symbol of authority on her head, because of the angels'). 문맥을

고려할 때 "권세 아래에 있는 표"란 권세(권위)에 대한 순종을 가리키는 표식을 뜻한다. 여자는 머리에 무엇인가(베일)를 덮음으로써 남자의 권위를 인정하고 존중한다는 사실을 드러내야 한다. "천사들로 말미암아"라는 문구가 적혀있는 것은 예배드리는 곳에 하나님께서 천사를 보내셔서 사람들이 예배드릴 때 품위와 질서를 갖추고서 예배드리는지, 또 단정하고 반듯한 용모를 갖추고 있는지를 살피신다는 사상을 반영한 것이다(참고. 마 18:10).

11절: 지금까지 바울은 남자의 권위와 통치, 그리고 여자의 순종과 협력을 말했다. 여기서는 남자와 여자가 상호의존적인 관계에 있다고 말한다. 남자와 여자는 서로 없어서는 안 될 존재이다. 그들은 서로를 존중해야 한다. 한쪽이 다른 쪽을 억압하거나 무시하는 것은 옳지 않다.

12절: 남자와 여자가 상호의존관계에 있는 이유는 여자가 남자에게서 난 것같이 남자도 여자로 말미암아 났기 때문이다. 창조 때에는 남자에게서 여자가 태어났지만, 그 이후에는 여자가 남자를 낳는다. 바울은 "모든 것은 하나님에게서 났느니라"라고 말함으로써 남자와 여자가 서로 우열을 주장할 수 없음을 밝힌다. 남자는 여자에 대해서 권위를 가지지만, 이는 남자가 서열이나 위계에서 여자 위에 있다는 뜻이 아니라, 여자에 대한 보호의 책임을 진다는 뜻이다. 그리고 여자가 남자의 권위 아래 있다는 것은 남자에게 종속된다는 뜻이 아니라 여자가 남자를 도와서 세상을 다스린다는 사실을 의미한다. 남자와 여자는 하나님이 그들 각자를 세상에 보내신 목적을 잘 알아야 하며, 그들 각자에게 부여하신 역할을 충실히 이행해야 한다.

11:13-16 본성의 관점에서

바울은 11:2-6에서 예배를 인도하는 사람의 용모에 관하여 말했고, 11:7-12에서 그 근거를 '창조의 관점에서' 제시했는데, 여기서는 그 근거를 '본성의 관점에서' 설명한다. 따라서 그는 남자와 여자가 평소에도 그렇지만, 특히 기도와 예언을 할 때, 곧 예배를 인도할 때 단정하고 반듯한 외관을 갖추는 것이 마땅하다고 주장한다.

13절: 바울은 "너희는 스스로 판단하라"라고 말한다. 이는 이성과 상식으로 판단해 보라는 뜻이다. 이것은 다음 구절에 나오는 '본성'을 가리킨다. 따라서 바울은 인간이 가진 기본적인 정서와 생각으로도 무엇이 옳은지 무엇이 그른지를 알 수 있다고 말하는 것이다. 그는 "여자가 머리를 가리지 않고 하나님께 기도하는 것이 마땅하냐"라고 묻는다. 이는 11:5에서 말했듯이 여자가 머리에 쓴 것(베일)을 벗고 하나님께 기도나 예언하는 것이 옳지 않다는 뜻이다.

14절: '본성'('퓌시스', nature)은 이성과 상식을 뜻한다. 인간의 본성은 남자에게 긴 머리가 있으면 부끄러운 일이라는 것을 가르쳐준다. 즉 남자가 머리를 짧게 자르는 것이 바람직하다는 것이다. 그런데 이는 남성의 장발 자체가 문제라는 뜻이 아니다. 이것은 당시 문화에서 남성의 장발이 건전하지 않게 인식된 것을 전제한다.

15절: 이 구절은 여자가 긴 머리를 가지는 것이 보기에 좋다는 뜻이다. 여자의 긴 머리는 그 자체로 아름다운 장식이 된다. 하지만 앞에서 말한바 남성의 장발이 그 자체로 문제가 되는 것이 아니듯이 여자가 머리를 짧게 자르는 것을 나쁘게 볼 것은 아니다. 시대와 문화에 따라서 이것을 적용해야 한다. 결국, 11:14-15는 11:13을 설명하는 것인데, 바울이 말하고자 하는 것은 남자가 남자다운 용모를 갖추어야 하고, 여자가 여자다운 용모를 갖추어야 한다는 것이다. 남자와 여자는 각자의 성별을 구분할 수 있게끔 외모를 갖추어야 한다. 율법은 다음과 같이 말한다. "여자는 남자의 의복을 입지 말 것이요 남자는 여자의 의복을 입지 말 것이라 이같이 하는 자는 네 하나님 여호와께 가증한 자이니라"(신 22:5).

16절: 아마도 바울의 주장에 이의를 제기하는 사람들이 있었을 것이다. 그러나 바울은 이를 거부한다. "우리에게나 하나님의 모든 교회"라는 표현은 바울과 동역자들이 속한 교회, 곧 그들이 양육하는 모든 교회를 가리킨다. "이런 관례가 없느니라"라는 말은 예배를 인도할 때 남자가 머리에 무엇을 쓰거나 여자가 머리에 아무것도 쓰지 않는 관습이 없다는 뜻이다. 즉 예배를 인도하는 사람이 반드시 건전하고 단정하며 품위 있는 외관을 갖추어야 한다는 뜻이다.

11:17-34 성찬에 참여하는 자세

기독교의 성례(聖禮)는 두 가지, 세례와 성찬이다. 세례는 주님을 처음 믿을 때 받으며, 성찬은 세례를 받은 사람이 계속해서 받는다. 성찬은 자주 시행되는 것이 좋지만, 바르게 시행되어야 하고, 신자들은 성찬에 합당하게 참여해야 한다. 하지만 고린도 교회에서는 성찬이 바르게 시행되지 않고 있었다. 그들의 성찬은 부유한 자와 가난한 자 사이의 갈등으로 인해 훼손되었다. 그리하여 바울은 성찬에 참여하는 바른 자세를 가르쳐준다.

11:17-22 칭찬하지 않음

고린도 교회는 성찬을 시행하기는 했으나, 바른 지식을 갖추지 못한 채 잘못 시행했다. 그들은 성도의 화합과 교제를 위해 제정된 성찬 때문에 오히려 나누어졌다. 그들의 분쟁은 사회적 계층, 곧 빈부의 차이에 따른 것이었다.

17절: 바울은 "내가 명하는 이 일에 너희를 칭찬하지 아니하나니"라는 말로 새로운 주제를 말하기 시작한다. 여기서 "내가 명하는 이 일"이란 지금 다룰 일, 즉 '성찬'에 관한 일이다. 그는 11:2에서 고린도 교인들이 자신을 기억하고 자신이 가르쳐준 '전통', 곧 말씀을 잘 지킨 것을 칭찬했다. 하지만 여기서는 성찬과 관련하여 그들을 칭찬하지 않는다고 말한다(참고. 11:22). 즉 그들이 잘한 일을 칭찬하지만,

잘못한 일을 책망한다. 그들을 칭찬하지 않는 이유는 그들의 모임이 유익이 되지 못하고 도리어 해로움이 되었기 때문이다. 신자들의 모임은 즐겁고 유익해야 하는데, 오히려 괴롭게 하고 해롭게 하기 때문에 칭찬하지 않는다.

18절: 바울은 그들이 "교회에 모일 때에" 그들 중에 분쟁이 있다는 소식을 들었다고 말한다. 그리고 이 소식을 "어느 정도 믿거니와"라고 진술한다. 여기서 "너희가 교회에 모일 때에"라는 표현은 교회당(건물)에 모일 때를 뜻하는 것이 아니다. 헬라어 분사구문 '쉰에르코메논 휘몬 엔 에클레시아'는 '너희가 교회로 모일 때'(ESV: 'when you come together as a church')로 번역할 수 있다. 즉 교회당에서 주님의 이름으로 모일 때를 의미한다. 그리고 지금 바울이 말하는 '분쟁'은 1:10-17과 3:1-4에서 말한 바울파, 게바파, 아볼로파, 그리스도파와 같은 인물을 중심으로 한 파당적 분쟁과 다르다. 이것은 부유한 자와 가난한 자 사이의 차별적 갈등이다. 식사 자리는 한 가족이라는 의미와 표식이 되어야 하는데, 지금 그들에게는 오히려 분쟁과 갈등의 소지가 되었다. "어느 정도 믿거니와"(ESV: 'I believe it in part')라는 표현은 그에게 소식을 전해 준 사람들의 말을 '부분적으로만' 신뢰한다는 뜻이다. 아마도 그는 자신에게 소식을 전해 준 사람들이 객관적인 관점에서 말한 것이 아니라고 생각한 것 같다.

19절: 이 구절은 선뜻 이해하기가 쉽지 않다. 바울은 앞에서 고린도 교회의 분쟁을 비판했다(참고. 1:10-17). 그런데 여기서는 분쟁을 긍정적 측면에서 서술하는 것처럼 보인다. 그들 가운데 파당이 있어야 옳다고 인정받은 사람들이 누구인지 드러날 것이라는 말은 하나님께서 옳은 자를 받아주시고 옳지 않은 자를 심판하실 것임을 암시한다. 곧 파당 역시 하나님의 섭리 가운데 있게 되는 것인데, 사람들 가운데 파당이 생기면 하나님의 말씀에 따라 사는 옳은 사람과 그렇지 않은 사람이 뚜렷이 구분된다는 뜻이다. 이 문맥에서 옳지 않다고 인정받은 자들은 가난한 사람들을 박대하는 부자들이다. 그들은 교회의 진정한 의미를 모른 채 교회로 모여서 식사할 때 자신들의 배만 채우고 가난한 자들을 배려하지 않았다. 따라서 그들은 옳다는 인정을 받지 못하고 하나님의 심판을 받을 것이다.

20절: 여기서 "주의 만찬"(the Lord's Supper)이 무엇을 가리키는지에 대하여 논란이 있다. 이것을 '애찬'('아가페', 일반적인 식사)으로 보는 견해도 있고, '성찬'('유카리스트', 성례전)으로 보는 견해도 있으며, 애찬과 성찬을 동시에 가리킨다고 보는 견해도 있다. 이러한 혼란이 발생한 이유는 주후 1세기에 애찬과 성찬이 구별되지 않았기 때문이다. 주후 2세기에 이르러 성례전이 정립되면서 애찬과 성찬이 나누어졌다. 따라서 고린도 교인들을 비롯한 초대교회 교인들은 음식을 먹는 가운데 자연스럽게 떡을 나누어 먹고 포도주를 나누어 마시는 성찬의식을 거행했다. 구체적으로, 그들의 식사 순서는 떡 의식(성찬) -> 공동식사(애찬) -> 잔 의식(성찬)이었다(참고. 11:23-25). 여기서 바울은 성찬을 말하지만 애찬을 배제하지 않는다. 성찬과 애찬은 모두 식사이다. 식사는 식구(食口), 즉 가족이 함께 행하는 것이다. 식사 자리에서는 가족의 사랑이 가득해야 한다. 하지만 그들의 현실은 그렇지 못했다.

21절: 그렇다면 이들의 문제점은 무엇인가? 로마의 콘스탄틴(Constantine) 황제가 기독교를 공인하기 전에는 일요일이 공휴일이 아니었다. 주후 321년이 되어서야 비로소 일요일이 공휴일로 지정되었다. 따라서 초대교회 교인들은 일요일(주일) 낮에 일하고 저녁에 모였다. 그들은 일요일 저녁에 모일 때 각자 집에서 음식을 가져와서 나누어 먹었다(참고. 행 20:7). 그런데 고린도 교회에 문제가 발생했다. 부자들은 음식을 많이 가지고 와서 마음껏 먹을 수 있었지만, 가난한 자들은 힘든 일과를 마치고 늦게 와서 음식을 먹었다. 더욱이 부자들이 일찍 와서 음식을 다 먹어버리는 바람에 늦게 온 가난한 자들은 음식이 모자라서 조금밖에 먹을 수 없었다. 따라서 부자들은 너무 많이 먹어서 취했으나 가난한 자들은 너무 적게 먹어서 시장했다.

22절: 그리하여 바울은 부자들을 향하여 꾸짖는다(참고. 11:17). 하나님의 교회는 신자들의 공동체이다. 그리고 신자들의 공동체는 하나님을 아버지로 모신 가족, 즉 식구(食口)이다. 신자들은 함께 음식을 먹음으로써 한 가족임을 드러냈다(참고. 행 2:41-42). 따라서 음식을 먹는 자리에서 부유한 자와 가난한 자 사이에 차별이 있다는 것은 용인될 수 없었다. 그것은 하나님의 교회를 업신여기는 일이었다. 이에 바울은 그들의 모임이 유익이 되지 못하고 도리어 해로움이 되었다고 말하면서 책망한다. 앞에서 설명했듯이, 그들은 식사하는 도중에 성찬을 행했는데, 가장 즐겁고 화기애애해야 할 식사 자리에서 마음의 상처를 받았다면 성찬이 온전히 행해질 리가 없었고, 성찬의 진정한 의미, 즉 교회의 공동체성이 파괴될 수밖에 없었다.

11:23-26 성찬의 기원

바울은 이제 성찬의 기원으로 옮겨간다. 그는 자신이 전한 성찬이 주 예수님께 받은 것이라고 말한다. 즉 그의 가르침은 예수님의 가르침에 근거한다.

23a절: "전한 것"과 "받은 것"에 각각 해당하는 동사형 '파라디도미'와 '파라람바노'는 '전승'(tradition)을 가리킨다. 주 예수님께서는 친히 성찬을 집례하시고 성찬의 의미를 제자들에게 설명하셨다. 그러므로 성찬은 사도들이 만든 것이 아니라 주님이 제정하신 것이다. 하지만 바울이 예수님으로부터 성찬에 대해서 직접 들은 것으로 보이지는 않는다. 그는 예수님께 성찬의 교훈을 전수받은 제자들(사도들)에게서 성찬에 관하여 들었을 것이다.

23b-24절: 바울은 성찬의 기원을 언급한다. 예수님은 잡히시던 밤에 제자들과 마지막 식사를 하셨다(참고. 마 26:26-29; 막 14:22-25; 눅 22:14-20). 이날은 유월절 전날이었다. 그들은 유월절 음식을 먹으면서 과거에 하나님이 이스라엘을 구원해 주신 것을 기억하고 감사했으며, 앞으로 그리스도를 통해서 완성될 종말론적 출애굽(구원의 완성)을 바라보며 감사했다. 예수님은 축사하시고 떡에 대어서 "이것은 너희를 위하는 내 몸이니 이것을 행하여 나를 기념하라"라고 말씀하셨다. 따라서 예수님은 자신이 유월절을 완성하실 분임을 예언하셨다.

25절: 예수님은 제자들에게 떡을 떼어 주신 후, 제자들과 함께 공동식사를 하시고, 이후 잔을 나누어주셨다. 여기서 "식후에"라는 말은 '공동식사 후에'라는 뜻이다. 예수님은 잔을 가지시고 "이 잔은 내 피로 세운 새 언약이니 이것을 행하여 마실 때마다 나를 기념하라"라고 말씀하셨다. 이 잔은 유월절 식사 시에 마시는 포도주 네 잔 중에서 세 번째 잔이다. 그런데 신약성경이 '포도주'라는 단어를 사용하지 않고 '잔'이라는 단어를 사용한 것은 하나님이 내리시는 '진노의 잔'을 연상하게 하기 위해서이다(참고. 시 75:8; 사 51:17). 즉 예수님이 흘리신 피는 인간을 향한 하나님의 진노를 반영한다는 것을 가르쳐주려는 것이다. 이러한 의도적 표현을 통하여 인간이 받아야 할 하나님의 진노를 예수님이 대신 받으신 것을 깨닫게 된다.

여기서 '새 언약'이라는 단어는 대단히 특별하다. 하나님은 출애굽 때 문설주에 양의 피를 바르게 하심으로 그 피를 바른 자들이 멸망하지 않게 하셨는데('옛 언약'), 이제 예수님의 피를 통하여 인간이 영원한 멸망에서 벗어나게 하신다('새 언약'). 그러므로 '옛 언약'은 짐승의 죽음을 통한 속죄의 제사를 통하여 이스라엘 사람들이 하나님의 자녀가 되는 것을 뜻했지만, '새 언약'은 예수님의 죽음을 통한 영원한 속죄의 제사를 통하여 모든 사람이 하나님의 자녀가 되는 것을 의미한다(참고. 렘 31:31-34). '새 언약'에서 '신약'이라는 표현이 나왔다.

26절: 신자들은 성찬을 통하여 주님의 죽으심을 생각한다. 또한, 신자들은 주님이 다시 오실 때까지 성찬을 시행하고 전파해야 한다. 주님이 다시 오시면 성찬을 행할 필요가 없어진다. 새 하늘과 새 땅에는 그림자가 없고 실체만 있다.

11:27-34 성찬에 합당하게 참여하라

바울은 성찬에 참여하는 자들이 갖추어야 할 자세를 말한다. 그는 성찬에 참여하는 자가 합당하게 참여해야 하며, 주님의 몸을 분별해야 한다고 주장한다. 그리고 성찬에 합당하게 참여하지 않는 자는 벌을 받을 것이라고 경고한다.

27절: "주의 떡이나 잔을 합당하지 않게 먹고 마시는 자"란 11:22에 언급된

'하나님의 교회를 업신여기고 빈궁한 자들을 부끄럽게 하는 자'를 가리킨다. "주의 몸과 피에 대하여 죄를 짓는 것"은 예수 그리스도의 몸 그리고 예수 그리스도의 몸이 상징하는 교회에 대하여 죄를 짓는 것을 의미한다. 이들은 사회적 계층을 나누고 가난한 사람들을 무시하므로 그들을 대속하신 주님의 뜻을 모독했다. 즉 주님이 십자가에서 목숨을 내어놓으신 이유와(사랑), 주님이 희생하심으로 이루신 결과(교회)를 훼손했다.

28절: 그러므로 성찬에 참여하는 사람은 자기를 살핀 후에 이 떡을 먹고 이 잔을 마셔야 한다. 여기서 자기를 살핀다는 말은 자신이 잘못한 것이 없는지를 살핀다는 뜻이다. 다시 말해서, 예수님이 십자가에서 자신을 희생하심으로 사람들을 구원하셨다는 사실을 망각한 채 오로지 자신의 욕심을 채우는 데에만 관심을 두고 있지 않은지를 점검해야 한다는 뜻이다. 성찬에 참여하는 사람들은 주님의 고난과 구원의 은덕을 생각해야 하지만, 동시에 옆에 있는 형제자매들, 특히 힘든 처지에 있는 사람들에게 연민의 마음을 느껴야 하며 사랑을 베풀어야 한다.

29절: 이 구절은 11:27과 병행을 이룬다. "주의 몸을 분별하지 못하고 먹고 마시는 자"라는 표현은 주님의 몸과 피로 이루어진 교회에서 가난한 형제를 박대한 채 성찬에 참여하는 자를 의미한다. 그는 주님을 향한 종교적 의례를 중요하게 여겼지만, 주님의 자녀를 향한 사랑을 실천하지 않았다. 따라서 그는 진정한 신자가 아니었다. 바울은 그러한 사람을 향하여 신랄하게 비난한다. 그것은 곧 "자기의 죄를 먹고 마시는 것"이었다. 즉 그가 먹고 마신 것은 주님의 몸과 피가 아니라 그의 죄였다. 따라서 그는 성찬에 참여함으로 더욱 비참할 지경에 이르게 되었다. 믿는 사람들은 하나님과의 관계를 중요하게 여겨야 하지만 또한 사람들과의 관계를 귀하게 생각해야 한다. 그런데 성찬은 하나님과 인간의 교제뿐만 아니라 인간과 인간의 교제를 포함한다. 즉 성찬은 주님과 우리의 관계를 가깝게 하지만, 동시에 성도 간의 사랑을 증진한다. 그러므로 성찬은 교회의 공적 식사, 곧 온 교인이 함께 행하는 식사이다.

30절: 바울은 성찬에 합당하지 않게 참여하는 자들이 하나님의 벌을 받은 사실을 말한다. 그들이 받은 벌은 "그러므로 너희 중에 약한 자와 병든 자가 많고 잠자는 자도 적지 아니하니"라는 문구에 담겨 있다. 이것은 비유가 아니다. 이것은 고린도 교회에서 실제로 일어난 일이다. 고린도 교인 중에서 주님의 몸을 분별하지 못하고 먹고 마심으로 하나님의 심판을 받아 몸이 약한 자와 병든 자가 많았고 심지어 죽은 자(잠자는 자)도 적지 않았다는 뜻이다. 그러므로 성찬에 합당하게 참여하면 은혜가 되지만, 합당하지 않게 참여하면 재앙이 된다.

31절: 그들이 자신들을 살폈으면 "판단", 곧 하나님의 징계를 받지 않을 것이다. 이 말은 하나님의 심판(징계)을 받지 않으려면 자신을 잘 살펴야 한다는 뜻이다. 신자들은 주님이 십자가에서 죽으신 이유가 무엇인지를 생각해야 한다. 주님의 사랑과 은총을 통하여 자신이 새로운 사람이 되었는데, 그에 합당하게 살아가고 있는지를 점검해야 한다. 특히 자기 욕심을 채우는 데 급급하고 가난한 형제들을 무시하면서 지내지 않았는지를 성찰해야 한다. 성찬은 철저히 교회적이다. 그것은 교회를 인정하고 교회의 의미를 되새기는 일이다. 성찬에 참여하는 자가 교회를 무시하고 교회에 속한 형제를 사랑하지 않는 것은 사악한 행태이다.

32절: 우리가 판단(심판)을 받는 것은 주님께 징계를 받는 것이다. 그리고 이러한 주님의 징계는 나쁜 것이 아니다(참고. 5:5). 그것은 이방신이 잔혹한 형벌을 내리는 것과 다르다. 하나님께서 그분의 자녀를 꾸지람하시는 것이다. 바울은 하나님이 우리를 징계하시는 목적을 다음과 같이 말한다. "이는 우리로 세상과 함께 정죄함을 받지 않게 하려 하심이라." 하나님은 징계를 통하여 신자가 영원한 멸망을 겪지 않게 하신다. 그러므로 하나님의 징계를 받을 때는 아직 기회가 있음을 생각하고, 회개하며 돌이켜야 한다. 우리는 다음 성경 말씀을 명심해야 한다. "주께서 그 사랑하시는 자를 징계하시고 그가 받아들이시는 아들마다 채찍질하심이라 하였으니 너희가 참음은 징계를 받기 위함이라 하나님이 아들과 같이 너희를 대우하시나니 어찌 아버지가 징계하지 않는 아들이 있으리요 징계는 다 받는 것이거늘 너희에게 없으면 사생자요 친아들이 아니니라"(히 12:6-8).

33-34절: 이 구절들은 결론이다. 지금까지 언급했듯이, 초기 기독교회에서는 애찬(식사)과 성찬(의식)이 섞여 있었다. 따라서 여기서 '먹는다'라는 표현은 애찬과 성찬을 모두 포함한다. 그들은 모일 때마다 애찬과 성찬을 거행했으므로 "먹으러 모일 때"라는 표현이 사용되었다. 바울은 실제적인 지침을 주는데, "만일 누구든지 시장하거든 집에서 먹을지니"라고 말한다. 배가 고프면 집에서 음식을 미리 먹고 오는 것이 좋다. 그러면 교회로 모였을 때 늦게 온 사람들이 음식이 모자라서 허기지는 일은 없을 것이다. 그들이 이렇게 해야 하는 이유는 그들의 모임이 "판단 받는 모임", 즉 하나님의 징계를 받는 모임이 되지 않게 하려는 것이다. 신자들의 모임은 항상 즐겁고 유익해야 한다. 그리고 무엇보다도 하나님의 사랑과 은혜가 가득해야 한다. 결코, 무지함과 경솔함으로 인해 싸우고 나누어지는 일이 되어서는 안 된다.

　　바울은 마지막으로 "그 밖의 일들은 내가 언제든지 갈 때에 바로잡으리라"라고 말한다. 여기서 "그 밖의 일들"이 무엇을 가리키는지를 알기가 어렵다. 성찬에 관해서 그가 미처 쓰지 못한 것일 수도 있고, 이 서신에 기록된 여러 지침에 대한 부가적인 가르침일 수도 있다. 아니면 고린도 교회에 이 서신에 언급된 사안들 외에 다른 일들도 있었을 것인데, 그것을 의미할 수도 있다. 하여튼 바울은 나중에 고린도를 방문할 때 상황을 바로잡겠다고 말한다.

12:1-31 성령의 은사

고린도 교회의 또 다른 문제점은 성령의 은사에 관한 것이었다. 고린도는 동서양을 연결하는 교통의 요충지였기에 여러 나라로부터 다양한 사상이 들어왔는데 그중 하나가 아시아와 이집트의 신비주의였다. 이러한 신비주의는 고린도 교회 안에서 성령의 은사와 결부되어 열광적 혼합주의로 자리 잡았다. 이에 바울은 12-14장에서 성령의 은사 문제를 다룬다. 여기서 그는 신구약 전체를 통틀어 성령의 은사에 관한 가장 분명하고 상세한 가르침을 제공한다.

12:1-3 성령을 받은 증거

바울은 성령의 은사에 대하여 말하기 전에 성령을 받은 증거에 대하여 말한다. 그는 영적인 존재와 세력이 실제로 있다는 사실을 전제하면서 사람이 성령으로 말미암아 예수님을 주님이시라고 고백할 수 있다고 주장한다. 이것은 우리가 성령을 받을 때 신비주의 현상만을 경험하는 것이 아니라는 점을 가르쳐준다. 오히려 성령이 우리에게 나타나신 가장 분명한 증거는 우리가 예수님을 주님으로 믿고 고백하는 것임을 알려준다.

1절: 바울은 고린도 교인들을 향하여 "신령한 것에 대하여 나는 너희가 알지 못하기를 원하지 아니하노니"라고 말한다. 여기서 "신령한 것"이란 '성령의 은사'이다. 이 단어는 헬라어로 '톤 프뉴마티콘'(속격 중성 복수)인데, 한글성경 개역개정은 헬라어 단어를 직역하여 "신령한 것"이라고 번역했으나, 상당수 영어 성경(예. ESV, NASB, NIV, NRSV)은 '성령의 은사들'('spiritual gifts' 혹은 'the gifts of the Spirit')이라고 번역했다. 영어 성경들이 이 단어를 '성령의 은사들'이라고 번역한 것은 문맥을 고려한 것으로 의미를 분명히 드러내려는 목적 때문이다. 바울은 신자들이 '성령의 은사들'에 관하여 알기를 원한다.

2절: 바울은 고린도 교인들이 이전에 "이방인"('에트노스', pagan)으로 있었다고 말하는데, 여기서 "이방인"은 민족적 개념이 아니라 종교적 개념이다. 즉 그들이 이전에 구원받지 않은 상태로 있었다는 뜻이다. 그때 그들은 "말 못하는 우상에게로 끄는 그대로 끌려" 갔다. 이 말은 그들이 살아있지도 않은 우상을 숭배하는 어리석은 짓을 저질렀다는 뜻이다. 특히 그들은 마귀가 주는 '황홀경'('엑스타시')에 빠져서 우상을 숭배했다. 따라서 이 구절에 들어있는 암묵적 메시지는 그들이 이전에 추구한 신비 체험이 마귀의 역사였다는 것이다.

3절: 당시 어떤 사람들은 "예수를 저주할 자"라고 했는데, 이는 예수님이 십자가에서 죽으신 것이 저주받은 결과라고 생각했기 때문이다. 그리고 당시 "예수를 주"시라고 고백하는 것은 로마 황제가 고린도를 다스리던 상황과 또 그들의 다신교적 배경을 고려할 때 매우 대담하면서도 획기적인 일이었다. 참으로, 그들은 오직 "하나님의 영", 곧 "성령"으로 말미암아 예수님의 십자가 희생의 참된 의미를 알 수 있었으며, 예수님을 주님으로 고백할 수 있었다. 성경은 명백히 말한다. 우리가 스스로 예수님을 주님으로 고백한 것이 아니다. 성령께서 우리가 그렇게 고백할 수 있게 하셨다. 그러므로 바울은 성령을 받은 가장 분명한 증거가 예수님을 주님으로 고백하는 것이지 신비 체험이 아니라는 점을 알려준다. 성령은 단지 권능이나 영향력이 아니라 '신적 인격'(Divine Personality)이시다. 따라서 우리가 성령을 사용하는 것이 아니라 성령이 우리를 다스리는 것이다.

12:4-6 여러 은사와 한 분 하나님

바울은 모든 은사가 하나님 한 분에게서 나왔다고 말한다. 즉 우리가 다양하게 하나님을 섬길 수 있도록 하나님께서 다양한 은사를 주셨다는 것이다. 그러므로 은사들 간에는 차별이 없어야 한다. 그리고 은사들로 인해 신자들 간에 차등이나 분쟁이 일어나서도 안 된다.

4-6절: 바울은 은사를 삼위일체 하나님과 연관시켜 서술한다. 즉 "은사"('카리스마', gift), "직분"('디아코니아', service), "사역"('에네르게마', activity)을 각각 "성령", "주"(그리스도), "하나님"에 대비한다. "은사는 여러 가지나 성령은 같고"와 "직분은 여러 가지나 주는 같으며"와 "사역은 여러 가지나 모든 것을 모든 사람 가운데서 이루시는 하나님은 같으니"는 같은 뜻이다. 바울은 같은 말을 다르게 세 번 말함으로써 은사의 다양성과 동등성을 알려준다. 이 구절들이 알려주는 것은 신자들이 은사에 따라서 직분을 받으며, 직분을 받아서 사명을 감당한다는 사실이다. 그러므로 은사에는 차별이 없어야 한다. 그리고 사역자는 서로를 존중해야 한다.

12:7-11 은사의 목적과 종류

바울은 은사의 목적과 종류를 언급한다. 이를 통해 은사의 공공성과 다양성을 가르쳐준다.

7절: 이 구절은 은사의 목적이 무엇인지를 알려준다. 바울은 "각 사람에게 성령을 나타내심은 유익하게 하려 하심이라"라고 말한다. 여기서 "성령을 나타내심은"('헤 파네로시스 투 프뉴마토스')이라는 표현은 '성령의 은사'를 가리킨다. "유익하게 하려 하심이라"에 해당하는 헬라어 문구 '프로스 토 쉼페론'을 더 정확하게 번역하면 '공동의 유익을 위하여'(ESV: 'for the common good')이다. 그러므로 성령의 은사는 개인을 위한 것이 아니라 공공을 위한 것이다. 그리스도인들은 받은 은사를 교회적으로 사용해야 한다.

8-10절: 바울은 은사들을 나열한다. 하지만 여기에 제시된 은사 목록은 은사 전체가 아니다. 성경에는 이보다 더 많은 은사가 나온다(참고. 롬 12:4-8; 고전 12:28-30; 엡 4:11-13). 바울은 모든 은사를 제시하지 않고 생각나는 대로 아홉 가지만 말한다. 이때 은사들을 나열하면서 '다른'(another)이라는 의미를 지닌 헬라어 단어 '알로스'와 '헤테로스'를 사용하여 은사를 세 부분으로 나눈다. 항상 그런 것은 아니지만, 고전 헬라어에서 '알로스'와 '헤테로스'는 다른 뉘앙스를 지닌다. '알로스'는 '같은 종류 안에서 다른'(another of the same kind)이라는 뜻이고, '헤테로스'는 '다른 종류에서 다른'(another of a different kind)이라는 뜻이다. 따라서 바울은 '헤테로스'를 사용하여 은사를 구분한다. 한글성경 개역개정에서 '알로스'는 "어떤 사람"으로 번역되었고, '헤테로스'는 "다른 사람"으로 번역되었다.

<종류 1. 지혜와 지식>

어떤 사람에게는(for to one) 성령으로 말미암아 지혜의 말씀을
어떤 사람에게는('알로스', to another) 같은 성령을 따라 지식의 말씀을

<종류 2. 신유와 이적>

다른 사람에게는('헤테로스', to another) 같은 성령으로 믿음을
어떤 사람에게는('알로스', to another) 한 성령으로 병 고치는 은사를
어떤 사람에게는('알로스', to another) 능력 행함을
어떤 사람에게는('알로스', to another) 예언함을
어떤 사람에게는('알로스', to another) 영들 분별함을

<종류 3. 방언과 통역>

다른 사람에게는('헤테로스', to another) 각종 방언 말함을
어떤 사람에게는('알로스', to another) 방언들 통역함을 주시나니

'지혜와 지식'은 고린도 교인들이 많이 가지고 있다고 자랑하던 은사이다. 여기서 '믿음'은 일반적인 믿음이 아니라 이적을 일으킬 수 있는 강력한 믿음이다.

'병 고침과 능력 행함'은 초자연적인 이적이다. '예언'은 성령의 감동으로 말씀을 가르치는 모든 행위를 뜻한다. '영들 분별함'은 누군가가 성령의 감동으로 예언하거나 사역할 때 그것이 과연 하나님이 주신 것인지 아닌지를 분별할 수 있는 은사이다. 이것은 당시에 각 교회에서 지도자로 세워진 신자가 제대로 된 과정(오늘날 신학교와 같은)을 통과하지 못하고 말씀을 가르쳤으므로 그들을 검증하는 유효한 수단이 되었다. '방언과 방언 통역'은 고린도 교인들이 관심을 많이 가진 은사인데, 이것이 마지막에 나온 것은 14장에서 자세히 다루어지기 때문이다.

11절: 이 구절은 지금까지의 설명을 요약한다. 은사는 여러 가지이나 한 분 성령께서 나누어 주시는 것이다. 따라서 은사들 간에는 차등이 있을 수 없다. 그리고 은사는 성령께서 "그의 뜻대로" 나누어 주시는 것이다. 따라서 인간이 은사를 스스로 선택할 수 있는 것이 아니며, 더욱이 특정한 은사를 원한다고 해서 주어지는 것도 아니다. 비록 은사를 달라고 간구하는 것은 가능하겠지만, 성령께서 그분의 뜻에 따라 은사를 나누어 주신다. 참으로, 은사에 있어서 성령의 뜻(하나님의 판단)이 가장 중요하고 완전하며 선하다. 그러므로 자신에게 주어진 은사를 소중히 여겨야 하며, 다른 사람에게 주어진 은사를 부러워하지 말아야 한다. 또한, 은사를 제 마음대로 사용하지도 말아야 한다. 오직 하나님의 일을 위해서 주어진 것임을 알고 그에 걸맞게 사용해야 한다. 은사를 자기 과시용으로 사용하거나 자기가 남들보다 더 나은 은사를 받았다고 자랑하는 것은 성령 하나님의 주권과 계획을 모독하는 일이다.

12:12-26 하나의 몸과 많은 지체

지금까지 바울은 은사들을 언급했는데, 이제 이 단락에서는 교회를 말한다. 이는 은사의 다양성과 은사의 교회적 사용을 설명하기 위해서이다. 그는 교회, 즉 신자들의 공동체를 '한 몸'에 유추한다. 당시에는 연설가들이 사회적 단결을 요청하기 위해서 몸 유추를 많이 사용했다.

12절: 바울은 한 몸과 한 몸에 속한 많은 지체를 언급한다. 이는 앞으로 전개할 가르침을 위한 전제이다. "그리스도도 그러하니라"라는 말은 그리스도와 교회를 동일시하면서, 그리스도께서 친히 세우신 교회의 통일성, 곧 교회의 연합을 명제적으로 진술한 것이다. 그리스도는 교회의 머리이시고, 교회는 그리스도의 몸이다. 따라서 신자들은 교회를 신성하고 거룩한 공동체로 여겨야 한다. 교회 생활을 진실하고 진중하게 해야 한다.

13절: 바울은 우리가 다 한 성령으로 세례를 받아 한 몸이 되었다고 주장한다. 즉 신자 공동체에 인종적 차별(유대인과 헬라인)과 신분의 차이(종과 자유인)가 사라져 버렸다고 말한다(참고. 갈 3:27-28; 골 3:9-11). 여기서 '성령으로 세례를 받는다'라는 말은 성령으로 말미암아 예수님을 주로 고백한 사람이 깨끗하게 씻음(세례)을 받아 새로운 사람이 된다는 뜻이다. 그리고 '성령을 마신다'라는 표현은 성령으로 충만해진다는 뜻이다(참고. 요 7:37-39; 엡 5:18-2). 하나님은 사람을 차별하지 않으시고 성령을 통하여 씻음을 받게 하시며 성령으로 충만함을 받게 하신다. 그리하여 인종과 신분을 초월한 보편적 공동체를 이루게 하신다.

14-20절: 바울은 사람의 몸에 여러 기관이 있으며, 몸에 속한 기관 중에서 중요하지 않은 것이 없다는 분명한 사실을 설명한다. 실제로 우리 몸의 모든 기관은 각기 그 고유한 역할이 있어서 하나라도 없으면 안 된다. 교회 안에는 다양한 사람들이 있다. 그리고 그들 모두는 없어서는 안 될 소중한 존재들이다. 따라서 교인들은 교회에서 자기 임무를 충실히 수행해야 하며(몸의 기관이 자기 임무를 수행하듯이) 다른 교인들을 존중해야 한다(몸의 기관이 서로를 인정하듯이). 그렇게 하면 교회가 견고해질 것이고 활력을 얻게 될 것이다.

21-26절: 바울은 하나의 몸과 여러 지체에 관한 유추를 계속하면서 그것을 교회적 상황에 적용한다. 눈이 손을 무시할 수 없고 머리가 발을 내팽개칠 수 없다. 더 약하게 보이는 몸의 지체가 도리어 요긴하고, 덜 귀하게 보이고 별로 아름답지 않게 보이는 지체가 더 귀하고 더 아름답다. 실제로, 몸 안에 있는 심장, 폐, 간,

위 등은 보이지 않지만, 어떤 면에서 보이는 눈, 코, 입보다 더 중요하다. 그것들이 없으면 즉시 생명을 잃어버리기 때문이다. 결국, 몸에 속한 기관은 '모두' 중요하다. 그리고 몸의 기관들은 서로 긴밀히 연결되어 있다. 하나님은 몸 사이에 분쟁이 없고 서로를 돌보게 하셨다. 몸에서는 한 지체가 고통을 받으면 모든 지체가 함께 고통을 받고 한 지체가 영광을 얻으면 모든 지체가 함께 즐거워한다. 이와 마찬가지로 교회의 구성원들은 공동체에 속해 있는 사람들은 서로를 중요하게 여겨야 하고 도와야 하며 붙들어 주어야 한다. 분열하지 말아야 한다. 고통과 기쁨을 나누어야 한다(참고. 롬 12:15-16).

12:27-31 은사들과 직분들

바울은 마지막 단락에서 '한 몸에 붙어 있는 여러 지체의 비유'를 교회에 적용한다.

27절: 교인들은 그리스도의 몸이고, 교인들 각각은 지체의 각 부분이다. 교회에 속한 교인들은 마치 몸의 단결처럼 강력하게 연합해야 한다. 그들은 확고한 공동체 의식을 가져야 한다. 교회 구성원 모두가 소중하다는 사실을 강하게 인식해야 한다.

28절: 몸의 유추가 이제 은사와 직분에 적용된다. 바울은 사도, 선지자, 교사를 말하고, 이어서 능력을 행하는 자, 병 고치는 은사, 서로 돕는 것, 다스리는 것, 각종 방언을 말하는 것을 언급한다. 앞에 나오는 사도와 선지자와 교사는 교회의 세 직분이다. 이 직분들은 교회를 세우고 성도를 온전하게 한다. 이어서 나오는 은사 목록은 12:8-10에서와 마찬가지로 은사를 대략 나열한 것이며 낱낱이 서술한 것이 아니다. 다만 방언이 제일 뒤에 나온 이유는 14장에서 살펴보겠지만, 고린도 교인들이 방언을 과도하게 좋아했는데, 이것이 하나님께서 주신 여러 은사 중의 하나일 뿐이라는 사실을 알려주기 위해서이다. 결국, 바울은 하나님께서 여러 직분과 은사를 주셨다는 사실을 언급함으로 서로 간의 차이와 다양함을 인정할 것을 촉구한다.

29-30절: 이 구절들은 수사학적 질문(rhetorical questions)으로 부정적인 답변을 기대한다. 이 질문에 내포된 대답은 한 사람이 모든 은사를 가지고 있는 것이 아니며 은사를 받은 사람들이 서로 협력해야 한다는 사실이다. '사도'와 '선지자'와 '교사'는 당시에 교회의 기초를 세우는 중요한 임무를 수행했다. 그들 다음으로 여러 은사를 받은 사람들이 교회를 섬겼다.

'사도'(apostle)는 예수님의 열두 제자(가룟 유다 제외, 맛디아 추가)와 바울로 한정된다. 그러나 넓은 의미에서는 바나바(참고. 행 14:14), 예수님의 동생 야고보(참고. 갈 1:19), 실라(참고. 살전 2:6), 그리고 안드로니고와 유니아(참고. 롬 16:7) 등을 포함한다. '선지자'(prophet)는 여러 지역을 순회하면서 말씀을 전하는 사람들이다(참고. 행 11:28; 21:9, 11; 15:32; 고전 14:29 등). 이들은 사도들의 가르침을 지역교회들에서 말씀을 가르쳤다. '교사'(teacher)는 지역의 개체교회를 섬기는 사람들이다. 당시에 사도들과 선지자들은 순회하면서 말씀을 가르쳤기에 그 활동이 광범위했다. 따라서 각 지역교회에는 교사가 필요했다. 이들은 사도들과 선지자들의 교훈을 따라 소속한 교회에서 말씀을 가르쳤다. 당시에 목회자 양성 과정(신학교)이 없었기 때문에 이들을 오늘날의 지역교회 목회자로 볼 수 있다.

31절: 이 구절은 12-14장을 연결하는 가교역할을 한다. "너희는 더욱 큰 은사를 사모하라"라는 말은 14장을 전망한다. 여기서 "더욱 큰 은사"란 14장의 문맥을 고려할 때 교회를 섬기는 데 필요한 은사이다. 따라서 이 문구는 뒤에서 살펴보겠지만 개인을 위한 '방언'보다 교회를 위한 '예언'을 사모하라는 뜻이다. "내가 또한 가장 좋은 길을 너희에게 보이리라"라는 말은 13장과 연결된다. 여기서 "가장 좋은 길"이란 13장에 나오는 '사랑'이다. 사랑은 성령의 은사를 사용하는 가장 좋은 길(방식)이다. 즉 사랑은 은사 자체가 아니라 은사를 사용하는 방식이다. 사랑이 없으면 아무리 신령하고 신비한 은사를 가지고 있다고 하더라도 아무것도 아니다.

특주: 작은 교회 목사도 목사다

　작은 교회 목사들에게는 교단이나 교계에서 일어나는 일들이 그저 남의 것처럼 느껴지는 경우가 많다. 소외감을 느끼는 것이다. 그러나 작은 교회 목사도 목사다. 그들에게 교단과 교계의 일원이라는 자부심을 심어줌과 더불어 교단의 사안에 참여할 기회를 제공해야 한다. 이를 위해서 다음과 같이 제안해 본다.

1. 목사를 교회 규모에 따라 구분하는 것은 옳지 않다고 생각한다.

　목사로서 가장 바람직한 모습은 자기 교회 목회에 전념하는 것이다. 목사는 유명인이 될 필요가 전혀 없다. 굳이 총회나 노회나 각종 기관의 높은 자리에 앉을 이유가 없다. 그저 자기에게 맡겨진 목회 현장에서 신실하게 목양하면 된다. 그것이 가장 중요하다. 스펙이 좋거나 언론에 자주 노출되거나 집회에 자주 불려 가는 목사가 괜찮은 목사라는 인식이 사라지기를 기대한다. 어떤 선배 목사의 말씀처럼 "목사는 감투를 똥으로 여겨야 한다." 주변을 둘러보니 훌륭한 목사들은 자기에게 주어진 교회에서 양들을 잘 돌보는 분들이었다.

2. 교단에 속한 모든 목사의 생활비를 호봉제로 전환해야 한다.

　같은 목사인데도 큰 교회 목사는 거액의 생활비를 받고, 작은 교회 목사는 굶어 죽기 직전이다. 이게 말이 되는가? 나는 오래전부터 교단 목사 생활비를 호봉제로 전환해야 한다고 주장해 왔다. 하지만 반응이 시원찮았다. 목사 생활비 호봉제 시행이 뭐 그리 어려운 일인가? 연구하고 규정을 만들어서 시행하면 될 일이다. 목사 생활비 호봉제가 도입되면 큰 교회 목사나 작은 교회 목사나 같은 목사가 될 것이다. 차별이 없을 것이다. 오히려 작은 교회 목사가 되려고 노력할지도 모르겠다. 제발 이 제도를 시급히 도입해 주시기를 바란다.

3. 작은 교회 목사들에게 상처와 좌절감을 안기는 일이 없기를 기대한다.

　교단이나 기관에 재정을 기부하면 신문에 사진과 함께 이름과 액수가 대문짝만하게 실린다. 일견 이해할 수 있다. 그들에게 재정이 필요하기 때문이다. 그런데 문제는 돈을 내야만 교단을 사랑하는 이들처럼 비친다는 사실이다. 돈을 내지 못하면 제대로 취급을 받지 못하는 게 현실 아닌가? 돈을 내지 못하더라도 교단을 지극히 사랑하는 가운데 간절히 기도하며 마음으로 응원하는 이들이 많다는 사실을 알아주기를 바란다.

4. 작은 교회 목사들을 총회 총대로 선출해 주기를 기대한다.

각 교단은 매년 봄 노회에서 총회 총대를 선출한다. 약간의 변동이 있지만 누가 선출될지 뻔하다. 그리고 총대로 선출되면 국회의원이라도 된 것처럼 의기양양해진다. 이제는 바뀌어야 한다. 큰 교회 목사들이 주로 총대로 선출되는데, 그러지 않았으면 좋겠다. 작은 교회 목사, 개척교회 목사, 미조직교회 목사, 농어촌교회 목사 가운데 일부를 총대로 선출해 주면 좋겠다. 그렇게 하면 그들이 교단의 상당수를 차지하는 작은 교회들의 입장을 잘 대변할 수 있을 것이다. 마치 국회의원 비례대표처럼 이들을 각 노회에서 조금이라도 선출해 주기를 바란다.

5. 총회 총대 숫자를 줄이고 작은 교회 목사들을 전문위원 등으로 활동하게 하면 좋겠다.

모든 교단이 그렇지는 않겠지만, 상당수 교단의 총회 총대는 너무 많다고 생각한다. 총대 숫자를 획기적으로 줄일 필요가 있다. 총대 중 상당수는 별로 활동이 없어 보인다. 굳이 총대를 그렇게 많이 선출해야 하는가? 총대로 선출되어서 총회에 간들 얼마나 많은 이들이 의사 결정 과정에 참여해서 영향을 미칠 수 있는가? 그냥 한 노회에서 노회장과 장로 부노회장만 총대로 가면 되지 않는가? 총대를 대폭 줄이고 상비부 등에 전문위원 등을 두면 되지 않는가? 이때 전문성이 있는 작은 교회 목사들과 장로들을 등용해서 일하게 하면 어떨까?

글을 맺으면서

큰 교회 목사라고 유능한 것이 아니며, 작은 교회 목사라고 무능한 것이 아니다. 목사가 큰 교회에서 일하거나 작은 교회에서 일하는 것은 청빙 제도상의 문제, 사명감의 차이, 시대적 상황 등 여러 가지 복합적인 이유 때문이다. 그러므로 교회 규모에 따라서 목사를 차별하는 일은 없기를 바란다. 작은 교회 목사도 목사다. 그들이 교계와 교단의 일원이라는 자긍심을 가지고 힘차게 일할 수 있도록 풍토를 조성해 주어야 한다.

13:1-13 사랑: 은사를 사용하는 방법

바울은 12:31b에서 "내가 또한 가장 좋은 길을 너희에게 보이리라"라고 말했다. 앞에서 언급했다시피, 이 어구는 13장과 연결되는데, 성령의 은사를 사용하는 가장 좋은 길(방식)이 사랑이라는 뜻이다. 곧 사랑은 은사가 아니라(어떤 의미에서는 최고의 은사이겠지만), 은사를 최상으로 사용하는 방식이다. 고린도 교인들의 문제는 은사가 없다는 데 있지 않았다. 오히려 은사를 가지고 있었으나 잘못 사용한 데 있었다. 그들은 은사를 사랑으로 사용하지 않았다. 따라서 13장에서 바울은 사랑이란 무엇이며, 사랑이 어떠한 가치를 지니고 있는지를 역설한다. 그리하여 그리스도인들이 은사를 어떻게 사용해야 하는지를 가르친다.

13:1-3 사랑의 필수성

이 단락의 요지는 사랑이 없으면 아무것도 아니라는 것이다. 바울은 성령의 은사 다섯 가지(방언, 예언, 능력, 구제, 희생)를 언급하면서 사랑이 없으면 어떤 은사라도 유익이 없다고 주장한다. 은사를 반드시 사랑으로 사용해야 한다는 것이다. 그는 사랑이 없는 행위의 무익성을 점점 더 강해지는 어조로 말한다.

1절: 바울은 "내가 사람의 방언과 천사의 말을 할지라도 사랑이 없으면 소리 나는 구리와 울리는 꽹과리가 되고"라는 말로 담론을 시작한다. 여기서 "사람의 방언과 천사의 말"이 무엇을 뜻하는지에 대하여 논란이 있다. 어떤 학자들은 "사람의 방언"을 사도행전 2장에 나오는 언어 일치 이적으로 보고, "천사의 말"을 사도행전 19장에 나오는 성령에 의해 주어진 신비한 언어로 여긴다. 하지만 어떤 학자들은 "사람의 방언"을 말을 잘하는 은사라고 주장하며, "천사의 말"을 성령에 의해 주어진 신비한 언어라고 생각한다. 하지만 이런 견해들은 모두 옳지 않다.

"사람의 방언과 천사의 말"('타이스 글로싸이스 톤 안토로폰 ..... 카이 톤 앙겔론')을 정확하게 번역하면 '사람들과 천사들의 말들'(ESV: 'the tongues of men and of angels')이다. 고린도 교인들은 사람이 방언의 은사를 받아서 말하는 것을 천사의 말을 하는 것이라고 생각했다. 그들은 방언을 말함으로써 천사들처럼 하늘의 예배에 참여할 수 있다고 생각했다. 따라서 방언을 대단한 은사로 여겨서 방언 받기를 사모했다. 그러나 바울은 사랑이 없으면 아무 것도 아니라고 말한다. 그는 "소리 나는 구리와 울리는 꽹과리"가 된다고 표현한다. "소리 나는 구리"(noisy gong)란 고린도가 구리(bronze) 생산지로 유명했기에 언급되었다. 구리는 고대에 극장에서 배우들의 목소리를 증폭시켜 주는 도구로 사용되었다. "울리는 꽹과리"(clanging cymbal)는 "소리 나는 구리"와 함께 사용되면서 무의미함과 광란적 열광성을 강조한다. 따라서 바울의 '의도는 사랑이 없는 방언이란 공허하고 시끄러울 뿐이다'라는 것이다.

2절: "예언하는 능력"은 말씀을 전하는 행위로 "모든 비밀과 모든 지식"을 알 수 있는 능력이다. 당시는 성경이 기록되지 않았기에 성령의 감동을 받아서 예언(설교)하는 경우가 많았다. "산을 옮길 만한 모든 믿음"은 엄청난 이적을 일으킬 수 있는 능력이다(참고, 막 11:23). 이는 아무나 가질 수 없는 실로 대단한 것이다. 그러나 사랑이 없으면 그러한 은사들이 아무것도 아니다. 결국, 고린도 교인들은 초자연적인 은사들(방언, 예언, 이적)에 큰 가치를 두었지만, 바울은 그런 은사들이 사랑이라는 방식으로 사용되지 않는다면 아무것도 아니라고 말한다.

3절: 문맥을 고려할 때 여기서 '구제와 희생'은 순수한 것이 아니다. 이것들은 자신을 드러내기 위한 행위들이다. 즉 자기 의로움(self-righteousness)을 과시하기 위한 것이다. 인간은 때로 감흥적이며 광란적으로 되어서 의로움을 드러내기 위하여 심지어 자기 몸을 불사르게 내주기까지 한다. 그러나 사랑이 없으면 그러한 일이 그에게 아무 유익도 없다.

13:4-7 사랑의 속성

바울은 사랑의 속성을 열거한다. 그는 열 가지를 제시하는데, 처음 두 가지는 적극적 묘사('~하며')이며, 나머지 여덟 가지는 소극적 묘사('~하지 아니하며')이다. 처음 두 가지는 하나님의 속성을 대변하고, 나머지 여덟 가지는 타락한 인간이 가지고 있는 일반적인 성향을 반영한다.

4a절: 바울은 먼저 "사랑은 오래 참고 사랑은 온유하며"라고 말한다. 이 두 가지는 하나님의 대표적인 속성이다. 우리는 성경 전체에서 하나님의 이러한 속성들을 발견할 수 있다("오래 참고": 출 34:6; 민 14:18; 롬 2:4; 벧전 3:20 등; '온유하며': 시 18:50; 사 54:8; 렘 9:24 등). 하나님은 인간을 향하여 오래 참아주시며 온유함을 보이셔서 분노하지 않으신다. 인간은 이러한 하나님의 속성을 본받아야 한다. 자신을 공격하거나 괴롭히거나 해롭게 하는 자들에 대하여 참아주고 품어주어야 한다. 히브리서 12:3은 다음과 같이 진술한다. "너희가 피곤하여 낙심하지 않기 위하여 죄인들이 이같이 자기에게 거역한 일을 참으신 이를 생각하라."

4b-6절: 바울은 이어서 사랑의 속성 여덟 가지를 나열한다. 이것들은 타락한 인간이 가지고 있는 일반적인 성향을 반영한다. 이를 다음과 같이 정리할 수 있다.

1) 시기하지 않음: 자신이 받은 은사의 가치를 모르고 다른 사람이 가진 은사를 시기하는 것은 옳지 않다(참고. 3:3).
2) 자랑하지 않음: 모든 은사는 동등한 가치를 지니므로 자신이 받은 소위 '화려한' 은사를 자랑하지 말아야 한다(참고. 1:29-31; 3:21; 4:7; 5:6).
3) 교만하지 않음: 지혜와 지식의 은사를 가졌다고 생각하면서 교만하지 말아야 한다(참고. 4:6; 4:18-19; 5:2; 8:1).

4) 무례히 행하지 않음: 서로 친근하다고 해서 함부로 대하는 것은 바람직하지 않다.

5) 자기의 유익을 구하지 않음: 다른 사람을 배려하는 삶을 살아야 한다(참고. 10:24). 또한, 은사는 공동의 유익을 위한 것임을 알아야 한다(참고. 12:7).

6) 성내지 않음: 자주 혹은 쉽게 화를 내서는 안 된다.

7) 악한 것을 생각하지 않음: 다른 사람의 잘못을 오래도록 마음에 품지 말아야 한다.

8) 불의를 기뻐하지 않고 진리와 함께 기뻐함: 사랑은 진리와 함께 있다. 사랑은 불의를 도모하지 않으며, 불의를 행하면서까지 상대를 감싸주지도 않는다.

7절: 여기서 "모든 것"('파스', all things)이란 단어가 사용된 것은 과장법(hyperbole)이다. 이는 사랑이 아무것이나 참고 믿고 바라고 견디지는 않기 때문이다. 바울은 사랑의 강력한 성향을 강조하기 위하여 "모든 것"이라는 단어를 사용한다. 그는 네 개의 동사를 통하여 사랑의 속성을 드러낸다. 그것들은 '참는다', '믿는다', '바란다', '견딘다'이다. 이들 중 '믿는다'와 '바란다'라는 동사는 이 장의 결론(13:13)을 전망한다. 네 개의 동사는 다음과 같이 인클루시오(inclusio)를 형성한다.

참는다: 사랑 - 오래 참음
믿는다: 믿음
바란다: 소망
견딘다: 사랑 - 오래 참음

13:8-13 사랑의 영원성

바울은 지금까지 사랑의 필수성(13:1-3)과 속성(13:4-7)을 말했는데, 이제 마지막으로 사랑의 영원성을 언급한다. 즉 은사는 한시적이나 사랑은 영원함을 주장한다.

8절: 사랑은 언제까지나 떨어지지 않는다. 즉 사랑은 영원하다. 그러나 예언과 방언과 지식은 그친다. 즉 은사는 언젠가 없어진다. 따라서 은사를 가졌다고 만족할 것이 아니라 사랑을 좇아야 한다. 이 구절에서 "언제까지나"(never)에 해당하는 헬라어 '우데포테'는 바울서신에서 오직 여기에만 사용되었다. 따라서 바울은 사랑의 영원성을 특별히 강조한다.

9-10절: 지금 우리는 부분적으로 알고 부분적으로 예언한다. 현재 우리의 지식과 이해는 온전하지 않다. 그러나 "온전한 것"('텔레이오스', the perfect)이 올 때는 부분적으로 하던 것이 폐하여질 것이다. 여기서 "온전한 것이 올 때"란 언제인가? 어떤 학자들은 성경 기록이 끝났을 때를 뜻한다고 주장한다. 하지만 어떤 학자들은 예수님이 다시 오실 때를 가리킨다고 생각한다. 만일 전자를 택한다면, 성경의 기록이 종결된 주후 1세기 이후 더 이상 은사가 존재하지 않게 되었다는 뜻이다. 그러나 만일 후자를 택한다면, 예수님이 다시 오시기 전까지 은사가 존재할 것이라는 뜻이다. 13:11-12가 종말론적 언어를 담고 있는 것을 고려할 때 후자로 보는 것이 타당하다. 그리고 현실적으로 이 세상에서 은사가 종결되었다는 주장은 설득력이 없다. "온전한 것이 올 때"란 주님을 실제로 뵐 때이다. 은사는 지속되다가 세상의 종말이 오면 폐하여진다. 이는 은사가 이 세상에서 하나님의 일을 하기 위해 필요한 도구이기 때문이다. 주님의 재림으로 이루어지는 새 하늘과 새 땅에서는 은사가 더 이상 필요하지 않다.

11-12절: 바울은 두 개의 예를 사용하여 '지금'(present age)과 '나중'(age to come)을 유추한다. 첫 번째 예는 '어린아이와 어른의 예'이다. 어렸을 때는 말하는 것이 어린아이와 같고 깨닫는 것이 어린아이와 같고 생각하는 것이 어린아이와 같다가 장성한 사람이 되어서는 어린아이의 일을 버린다. 두 번째 예는 '거울로 보는 것과 얼굴과 얼굴을 대면하여 보는 것의 예'이다. 지금은 거울로 보는 것 같이 희미하지만(당시의 거울은 구리로 만들어져서 희미했음), 그때는 얼굴과 얼굴을 대하여 볼 것이며, 지금은 부분적으로 알지만, 그때는 온전히 알 것이다(참고. 고후 3:18; 요일 3:2-3).
그런데 이러한 유추들은 고린도 교인들이 자신들을 성장한 사람이라고 생각하면 안 된다는 메시지를 함의한다. 그들은 지식과 지혜를 가지고 있다고 생각했다. 자신들이 많은 것을 알고 있다고 믿었다. 또한, 자신들이 성령의 은사를 많이 받았다고 여기면서 그것들을 과시했다. 따라서 그들은 교만했다. 하지만 이는 착각이다. 그들은 자신들의 생각과 인식이 아직 어린아이와 같음을 알아야 한다. 그리고 자신들이 모든 것을 알고 있는 것처럼 여기지 말아야 한다. 자신들의 지식과 이해가 여전히 희미하며 부분적임을 깨달아야 한다.

요한일서 3:2-3은 다음과 같이 말한다. "사랑하는 자들아 우리가 지금은 하나님의 자녀라 장래에 어떻게 될지는 아직 나타나지 아니하였으나 그가 나타나시면 우리가 그와 같을 줄을 아는 것은 그의 참모습 그대로 볼 것이기 때문이니 주를 향하여 이 소망을 가진 자마다 그의 깨끗하심과 같이 자기를 깨끗하게 하느니라."

13절: 믿음, 소망, 사랑에 대한 언급은 13:7과 연관된다. 앞에서 말했듯이, 13:7은 '믿음-믿으며; 소망-바라며; 사랑-참으며 견딘다'의 구조를 가진다. 따라서 사랑은 믿음과 소망을 포함한다. 이는 믿음과 소망이 사랑을 설명한다는 뜻이다.

믿음은 하나님에 대한 신뢰이며, 소망은 하나님을 향한 갈망이고, 사랑은 하나님의 성품을 닮는 것이다. 따라서 믿음과 소망과 사랑은 모두 중요하고 가치가 있다(참고. 신약성경에서 믿음, 소망, 사랑이 함께 나오는 구절들: 롬 5:1-5; 갈 5:5-6; 엡 4:2-5; 골 1:4-5; 살전 1:3; 5:8; 딛 2:2; 히 6:10-12; 10:22-24; 벧전 1:3-8 등). 그러나 믿음과 소망과 사랑 중에서 제일은 사랑이다. 성경은 사랑을 제일 중요하게 여긴다. 하나님은 사랑이시다(참고. 요일 4:16). 하나님을 사랑하고 이웃을 사랑하는 것보다 더 큰 계명은 없다(참고. 마 22:36-40).

14:1-25 방언과 예언

바울은 12-14장에서 성령의 은사를 다룬다. 12장에서 그는 은사에 대해 설명했는데, 14장에서는 은사 중 방언과 예언에 관해 언급한다. 이는 당시 고린도 교인들에게 방언이 큰 인기가 있었으나, 바울이 방언보다 예언을 강조하고자 했기 때문이다. 14장은 크게 두 부분으로 나뉜다. 14:1-25는 방언과 예언에 관한 설명이며, 14:26-40은 질서 있는 예배에 관한 권면이다.

14:1-5 방언보다 예언을 선호하라

바울은 방언보다 예언을 선호하라고 촉구한다. 그는 교회의 유익을 고려할 때 방언보다 예언이 낫다고 주장한다. 방언은 개인의 덕을 세우지만, 예언은 교회의 덕을 세운다고 말한다. 따라서 교회의 유익을 위하여 방언보다 예언하기를 원해야 한다는 것이다.

1절: 이 구절은 전환 구절로서 13장의 내용을 요약하고, 14장의 방향을 설정한다. "사랑을 추구하며"(ESV: 'pursue love')라는 말은 12:31b의 "내가 또한 가장 좋은 길을 너희에게 보이리라"라는 말을 이어받는다. 신자는 사랑이라는 방식으로 은사를 사용해야 한다. "신령한 것들을 사모하되"(ESV: 'earnestly desire the spiritual gifts')라는 말은 신자들이 교회를 잘 섬기기 위하여 은사들을 사모해야 한다는 뜻이다

(참고. 12:ㆍ). "특별히 예언을 하려고 하라"(ESV: 'especially that you may prophesy')라는 말은 12:31a의 "너희는 더욱 큰 은사를 사모하라"와 연결된다. 이것은 14장에서 다루어질 주제이다. 예언은 하나님의 말씀을 전하는 행위이다. 신자들은 교회를 잘 섬기기 위하여 은사들을 사모하되 특별히 예언의 은사를 받으려고 해야 한다. 예언을 통하여 교회는 유익을 얻을 것이다.

2절: 바울은 14:2-4에서 왜 고린도 교인들이 방언보다 예언을 구해야 하는지를 설명한다. 방언은 사람을 향한 것이 아니라 하나님을 향한 것이다. 방언은 이해할 수 없는 언어이므로 알아들을 수 있는 사람이 없다. "영으로 비밀을 말함이라"(ESV: 'he utters mysteries in the Spirit')라는 표현은 성령에 의해서 인간이 이해할 수 없는 말을 한다는 뜻이다. 방언은 알아들을 수 없는 언어이다. 따라서 뒤에 나오듯이 방언은 통역되어야 한다.

3-4절: 그러나 예언하는 자는 사람에게 말하여 덕을 세우며 권면하며 위로한다. 방언과 달리 예언은 사람에게 말한다. 즉 예언은 사람에게 말하는 것이므로 사람에게 도움이 된다. 방언을 말하는 자는 자기의 덕을 세우지만, 예언하는 자는 교회의 덕을 세운다. 따라서 교회 공동체를 고려할 때 방언보다 예언이 낫다. 고린도 교인들은 신비적 열광주의의 영향으로 방언을 중요하게 생각했다. 그러나 바울은 방언보다 예언이 더 낫다고 주장한다. 이는 방언이 예언보다 열등하다는 뜻이 아니다. 모든 은사는 동등한 가치를 가진다. 이것은 다만 교회 공동체의 유익을 생각한 언급이다. 즉 교인들에게는 알아듣지 못하는 방언보다 알아들을 수 있는 예언이 도움이 된다는 것이다. 따라서 교회를 위하여 방언을 말하기보다 예언하라는 것이다.

5절: 이 구절은 14:1-5의 결론이다. 바울은 "나는 너희가 다 방언 말하기를 원하나"라고 말한다. 그런데 이는 12:30의 "다 방언을 말하는 자이겠느냐"와 모순되는 것처럼 보인다. 하지만 바울은 민수기 11:29에서 모세가 "여호와께서 그의 영을 그의 모든 백성에게 주사 다 선지자가 되게 하시기를 원하노라"라고 말한 것과 같은 맥락에서 이렇게 언급했다. 하나님께서 모든 사람에게 방언의 은사를 주시지는 않겠으나, 특정한 개인만 그러한 은사를 받을 수 있다는 엘리트주의(elitism)를 경계하고 배제하려는 의도를 가지고 이렇게 말한 것이다. 게다가 바울은 이렇게 말함으로써 자신이 방언의 가치를 평가절하하지 않는다는 사실을 분명히 한다. 그는 방언이 성령의 은사로서 유익하다는 사실을 인정한다. 그리하여 14:39에서도 방언 말하는 것을 금지해서는 안 된다고 주장한다. 따라서 그가 염려하는 것은 방언에 대한 지나친 관심과 특별히 선택된 사람만 방언을 받을 수 있다는 생각이며, 또한 사람들의 모임에서 방언을 지나치게 말함으로써 발생하는 혼란이다.

바울은 "특별히 예언하기를 원하노라"라고 말하는데, 이는 14:1에서 이미 언급한 것이다. 따라서 14:1-5를 인클루시오(inclusio) 형태로 만들어 예언을 강조한다. 그는 이어서 "만일 방언을 말하는 자가 통역하여 교회의 덕을 세우지 아니하면 예언하는 자만 못하니라"라고 말한다. 이것 역시 14:1-5에서 강조한바 교회를 위한다는 측면에서는 방언보다 예언이 낫다는 뜻이다.

14:6-12 알아들을 수 있어야 한다

바울은 앞 단락에서 주장한 내용을 이 단락에서 자세히 언급한다. 여기서 그는 사람이 알아들을 수 있는 말을 해야 그의 말이 사람들에게 도움이 된다는 것을 구체적인 예를 들어 설명한다. 그가 예로 드는 것들은 피리, 거문고, 나팔, 그리고 외국어이다.

6절: 바울은 1인칭 단수('내가')를 사용하면서 현실적인 논리를 펼친다. 만일 그가 고린도 교인들에게 나아가서 알아들을 수 없는 방언으로 말하면 그들에게 유익이 되지 않을 것이다. 그러나 그가 알아들을 수 있는 계시와 지식과 예언과 가르치는 것으로 말하면 그들에게 유익이 될 것이다. 이처럼 성도들은 서로에게 알아들을 수 있는 말을 해서 유익을 주어야 한다.

7-9절: 바울은 두 가지 유추를 사용하여 알아들을 수 있는 말을 해야 한다고 주장한다. 먼저, '피리'(flute)와 '거문고'(harp)를 소재로 사용한다. 피리와 거문고는 소리를 낼 때 그 음의 분별을 나타내지 않으면 피리 부는 것인지 거문고 타는 것인지 알 수가 없다. 피리는 피리의 소리를 내야 하고, 거문고는 거문고의 소리를 내야 한다. 다음으로, '나팔'(bugle)을 소재로 사용한다. 나팔은 군대에서 전투를 준비하거나 신호를 보낼 때 사용한다. 만일 나팔이 분명하지 못한 소리를 내면 전투를 준비할 수 없게 된다.

바울은 두 가지 유추를 마치면서 "이와 같이 너희도"('후토스 카이 휘메이스', ESV: 'so with yourselves')라는 표현을 사용하여 이 유추를 고린도 교인들에게 적용한다(참고. 14:12). 피리와 거문고와 나팔이 각기 자기 소리를 내듯이 사람도 알아들을 수 있는 말을 하라는 것이다.

10-12절: 바울은 한 가지 유추를 더 말한다. 그것은 '외국어'를 소재로 한 것이다. 당시 고린도는 동방과 서방을 연결하는 곳이었고, 외국인이 많이 왕래하는 곳이었으므로 이러한 유추가 적당했다. 그는 "이같이 세상에 소리의 종류가 많으나 뜻 없는 소리는 없나니"라고 말한다. 여기서 "소리"('포네')는 '언어'(language)를 뜻한다. 세상에는 다양한 언어가 있는데 그들이 사용하는 언어에는 모두 뜻이 있다. 그 언어의 뜻을 알지 못하면 듣는 자가 외국인이 되고 말하는 자도 외국인이 된다. 즉 서로 말을 이해하지 못하여 의사소통할 수 없으면 동족이 될 수 없다. 이것은 창세기 11장의 바벨탑 사건을 염두에 둔 언급이다.

바울은 외국어 유추를 마치면서 "그러므로 너희도 영적인 것을 사모하는 자인즉 교회의 덕을 세우기 위하여 그것이 풍성하기를 구하라"라고 당부한다. 여기서 앞의 경우와 같은(참고. 14:9) "그러므로 너희도"('후토스 카이 휘메이스', ESV: 'so with yourselves')라는 표현을 사용하여 이 유추를 고린도 교인들에게 적용한다. "영적인 것"('프뉴마')은 14:1의 "신령한 것"('프뉴마티코스')과 같다. 이는 모두 성령의 은사를 가리킨다. 따라서 바울은 교회의 덕을 세우기 위하여 은사가 풍성하기를 구하라고 권면한다. 은사는 교회를 효율적으로 섬길 수 있게 하는 유용한 도구이다. 교회를 잘 섬기기를 원하는 사람들은 필히 은사를 구해야 한다.

14:13-19 방언은 통역되어야 한다

바울은 앞 단락(14:6-12)에서 알아들을 수 있는 말을 해야 교회에 도움이 된다고 주장했다. 이제 이 단락에서는 그 주제를 이어받아 '방언 통역'을 언급한다.

13절: 바울은 "그러므로"('디오', NIV: 'for this reason')라는 접속사로 단락을 시작한다. 이는 앞 단락과 이 단락을 이어준다. 그는 "방언을 말하는 자는 통역하기를 기도할지니"라고 권면한다. 방언은 이해할 수 없는 언어이다. 따라서 방언 통역의 은사를 구할 필요가 있다. 통역의 은사는 본인이 받을 수도 있고, 다른 사람이 받을 수도 있다(참고. 12:10, 30; 14:5, 26-27). 어떤 사람이 방언할 때 자기가 통역할 수도 있고 다른 사람이 통역할 수도 있다.

14-15절: 이 구절들은 방언 통역의 유익이다. '영'('프뉴마', spirit)과 '마음'('누스', mind)은 같은 기관이다. '영'과 '마음'을 분리하는 삼분설(영, 혼, 육)을 가지고 이 말씀에 접근하는 것은 옳지 않다. 바울은 두 단어를 구별하여 사용함으로써 강조점을 설정하고자 한다. '영'은 정서적인(emotional, affective) 면을 강조한 것이고, '마음'은 이지적인(intellectual, cognitive) 면을 강조한 것이다. 그러므로 "영으로 기도하고 또 마음으로 기도하며"라는 표현은 방언으로 기도하고 통역된 해석으로 기도한다는 뜻이다. 이와 마찬가지로 "영으로 찬송하고 또 마음으로 찬송하리라"라는 문구도 방언으로 찬송하고 통역된 해석으로 찬송한다는 뜻이다.

16-17절: 바울은 14:14-15에서 1인칭 단수('내가')를 사용하여 자신(개인)이 방언을 말하는 것을 언급했는데, 이 구절들에서는 2인칭과 3인칭을 사용하여 예배에 참석한 사람들이 받을 영향을 말한다. "네가 영으로 축복할 때"(ESV: 'if you give thanks with your spirit')라는 문구는 '방언으로 기도하거나 찬송할 때'를 뜻한다(참고. 14:15). "아멘"이란 단어는 '옳습니다'라는 뜻이다. 예배 시간에 교인들은 기도하거나 설교할 때 '아멘'이라고 말함으로써 공감과 찬동을 표시한다(참고. 민 5:22; 신 27장; 느 5:13; 대상 16:36; 시 106:48). 그들은 '아멘'을 말함으로써 모두가 함께 예배에 참여하

고 있음을 드러낸다. 결국, 방언으로 기도하거나 찬송하면 당사자 개인에게 도움이 된다. 하지만 그 말을 알아듣지 못하는 다른 사람들을 세워주지는 못한다. 즉 방언은 교회적으로 유익이 되지 않는다.

18-19절: 바울은 자신이 방언의 가치를 누구보다도 잘 알고 있다는 사실을 밝힌다. 그러나 남을 가르치기 위하여 깨달은 마음으로 다섯 마디 말하는 것이 일만 마디 방언으로 말하는 것보다 낫다고 고백한다. 헬라어에서는 '일만'이 가장 큰 숫자이다. 따라서 '다섯'과 '일만'은 '매우 작은 것'과 '지극히 큰 것'을 상징적으로 대조한다. 이러한 숫자상의 대조는 교회에서 교인들에게 도움을 주기 위하여 알아들을 수 있는 언어로 말해야 한다는 사실을 강조한다. 물론 14:27에서 보듯이 그는 예배 중에 방언으로 말하는 것을 완전히 금하지 않는다. 단지 그러한 모임에서 방언을 남발하거나 통역 없이 방언하는 것을 경계한다.

14:20-25 방언과 예언이 불신자들에게 미치는 영향

이제 바울은 방언과 예언이 교회 밖의 불신자들에게 미치는 영향에 대하여 말한다. 이것은 방언보다 예언을 선호해야 하는 또 다른 이유가 된다.

20절: 신자들은 악에서 어린아이가 되어야 한다. 즉 어린아이처럼 악에 물들지 말아야 한다. 그러나 지혜에는 장성한 사람이 되어야 한다. 즉 어른처럼 매사에 신중하고 성숙해야 한다.

21절: 이 구절은 이사야 28:11-12를 각색하여(loosely) 인용한 것이다. 원래 '율법'은 모세오경을 일컫지만, 선지자들이 율법을 해석했기 때문에 선지자들의 말도 '율법'이라고 불렸으며, 때로 구약성경 전체를 '율법'이라 하기도 했다. 이사야 28:11-12 내용은 다음과 같다. 선지자들은 알아들을 수 있는 언어로 말씀을 전했으나 죄로 인해 마음이 단단히 굳어진 사람들은 듣지 않았다. 그래서 하나님은 다른 언어('다른 방언과 다른 입술')를 사용하는 앗수르를 통하여 이스라엘을 징계하셨다.

그러나 마음이 강퍅했던 이스라엘은 끝내 하나님께 돌아오지 않았다.

22절: 방언은 믿지 않는 자들을 위하는 표적이다. 이는 알아들을 수 없는 말로 설명하면 사람들이 복음을 받아들일 수 없어서 구원에 이를 수 없기 때문이다. 하지만 예언은 믿는 자들을 위하는 표적이다. 이는 알아들을 수 있는 말로 설명하면 사람들이 복음을 받아들여서 구원에 이를 수 있기 때문이다. 이것은 마치 예수님이 '비유'의 목적을 설명하시는 가운데 이사야서를 인용하여 "내가 그들에게 비유로 말하는 것은 그들이 보아도 보지 못하며 들어도 듣지 못하며 깨닫지 못함이니라"라고 말씀하신 것과 같다(마 13:13-15).

23절: 이 구절은 14:22a(방언: 불신자를 향한 표적)를 설명한 것이다. 교회가 함께 모여 예배드릴 때 다 방언으로 말하면 알지 못하는 자들(은사를 이해하지 못하는 자들)이나 믿지 않는 자들(불신자들)이 들어와서 미쳤다고 비난할 것이다. 특히 당시 신비주의에 바탕을 둔 '밀의 종교'(mystery religion)가 많았기 때문에 기독교인들이 그런 집단으로 의심받을 수 있었다.

24-25절: 이 구절들은 14:22b(예언: 신자를 향한 표적)를 설명한 것이다. 만일 다 예언을 하면, 즉 알아들을 수 있는 말로 설교하면, 믿지 않는 자들(불신자들)이나 알지 못하는 자들(은사를 이해하지 못하는 자들)이 들어와서 죄를 깨닫고 회개함으로 하나님께 경배하며 하나님의 살아계심을 고백하게 될 것이다. 여기서 "모든 사람에게 책망을 들으며 모든 사람에게 판단을 받고 그 마음의 숨은 일들이 드러나게 되므로"라는 표현은 사람들이 복음을 듣고 마음에 찔림을 받아서 죄를 깨우친다는 뜻이다.

14:26-40 품위 있고 질서 있는 예배

바울은 14:1-25에서 예배드릴 때 알아들을 수 있는 말을 해야 교인들에게 유익이 된다고 언급했다. 이제 이 단락에서는 예배를 어떻게 드려야 하는지를 말한다. 고린도 교인들은 무질서와 혼란 속에서 예배를 드렸는데, 이는 그들이 은사(특히 방언과 예언)를 바르게 사용하지 않았기 때문이다. 따라서 바울은 은사를 올바로 사용하라고 당부하는 가운데 품위 있고 질서 있는 예배를 드리라고 권면한다.

14:26-33a 차례를 따라 하라

바울은 예배드릴 때 방언과 예언을 어떻게 사용해야 하는지를 가르친다. 그는 하나님께서 질서와 화평의 하나님이시므로, 예배드리는 자들이 질서와 화평을 좇아야 한다고 권고한다.

26절: 바울은 "그런즉 형제들아 어찌할까"라는 말로 담론을 시작한다. 이 말은 예배를 잘 드리기 위하여 신자들이 어떻게 해야 하는지를 알려주겠다는 뜻이다. 그는 예배의 요소들을 언급한다. 그것은 찬송시(psalm), 말씀(teaching), 계시(revelation), 방언(tongues), 방언 통역(interpretation of tongues)이다. 물론 예배에는 이 요소들 외에 더 있지만, 여기서 바울은 대표적인 것들을 예시한다. 그는 "모든 것을 덕을 세우기 위하여 하라"라고 권고한다. 예배는 삼위 하나님께 드리는 것이지만, 참석한 성도들을 가르치고 위로하기 위한 목적도 가지고 있다. 따라서 예배의 요소들은 성도들을 세워주는 것이어야 한다.

27-28절: 먼저, 바울은 방언이 어떻게 성도들을 세워줄 수 있는지를 언급한다. 만일 누가 방언으로 말하려면 두 사람이나 많아야 세 사람이 차례를 따라 해야 하고 한 사람은 통역해야 한다. 두 사람이나 세 사람이 차례를 따라 방언하라는 것은 비록 일반인이 알아듣지 못하지만, 그것도 언어이기 때문이다. 따라서 방언을 말할 때 한 사람씩 차례로 말해야 한다. 그리고 그렇게 말해진 방언은 통역의 은사를 받은 사람을 통해서 모두에게 전달되어야 한다. 그래야 예배에 참석한 교인들에게 유익이 된다. 만일 통역하는 사람이 없으면 교회에서는 잠잠해야 하고, 자신과 하나님의 개인적인 대화가 되어야 한다.

29-33a절: 다음으로, 바울은 예언이 어떻게 성도들을 세워줄 수 있는지를 알려준다. 예언하는 자는 둘이나 셋이 해야 한다. 이는 방언의 경우와 같다. 만일 곁에 앉아 있는 다른 사람에게 계시가 있으면 먼저 하던 사람은 잠잠해야 한다. 서로 경쟁적으로 예언하려고 해서는 안 된다. 그래서 예배를 혼란스럽지 않게 해야 한다. 29절의 "다른 이들은 분별할 것이요"와 32절의 "예언하는 자들의 영은 예언하는 자들에게 제재를 받나니"라는 문구는 같은 뜻이다. 당시는 정경이 완성되기 전이었다. 그리고 전문적인 신학 훈련을 받은 목회자(감독자)도 부족했다. 따라서 회중들 가운데 예언이나 계시가 직접 임하곤 했다. 이때 회중들이 서로 경쟁적으로 말함으로써 혼란이 생겼다. 더욱이 이러한 상황에서 예언이나 계시는 정확하거나 분명하지 않을 수 있었다. 그래서 바울은 예언이 분별 되거나 제재를 받아야 한다고 주장한다. 분별과 제재는 토론을 통하여 예언과 계시의 진위를 파악하는 일이다(참고. 살전 5:21; 요일 4:1). 한 사람이 예언할 때 다른 사람들은 구약성경과 신앙 양심과 건전한 상식 등에 근거하여 그것의 진위를 살펴야 한다. 특히 12:10에 소개된 "영들 분별함"의 은사를 받은 사람들이 그 예언이 맞는지를 확인해 주는 일이 필요하다. 당시에 교회 안에 이단들이나 불건전한 자들이 있었기 때문에 이런 절차는 대단히 중요했다. 한편, 32절의 "예언하는 자들의 영"이

라는 표현은 예언하는 사람들 자체를 가리키는데, 예언이 영적인 일이기 때문에 이런 표현이 사용되었다.

바울은 단락을 정리하면서 "하나님은 무질서의 하나님이 아니시요 오직 화평의 하나님이시니라"라고 말한다. 하나님은 질서와 화평을 좋아하신다. 따라서 성도들은 예배드릴 때 질서와 화평을 좇아야 한다. '질서'는 올바른 형식을 의미한다. 이것은 예배를 드릴 때 차례를 지키며 품위와 품격을 유지하는 것을 시사한다. 그리고 '화평'은 충실한 내용을 뜻한다. 이것은 예배 중에 시행되는 찬송과 기도와 방언(통역)과 예언 등이 교인들 모두의 공감을 얻어서 교인들이 혼란해하지 않고 차분해지는 것을 암시한다. 예배에서 형식과 내용은 모두 중요하다. 올바른 형식은 충실한 내용을 잘 보존하며 전달할 수 있다.

14:33b-35 여자는 교회에서 잠잠하라

바울은 질서 있는 예배를 말하는 가운데 여자들이 교회에서 잠잠해야 한다고 말한다. 비평학자들은 이 단락이 어색하게 끼어들어 있다고 생각하면서 후대에 누군가가 이 단락을 삽입했을 것이라고 주장한다. 이는 본문이 디모데전서 2:11-12의 "여자는 일체 순종함으로 조용히 배우라 여자가 가르치는 것과 남자를 주관하는 것을 허락하지 아니하노니 오직 조용할지니라"와 비슷한데, 디모데전서를 비롯한 목회서신이 후대에 기록되었기 때문이라는 것이다. 그러나 이 단락이 후대에 첨가된 것이라고 볼 근거는 없다. 또한, 목회서신(딤전, 딤후, 딛)이 바울이 아닌 후대 사람들에 의해 쓰였다는 주장도 옳지 않다. 오히려 당시 상황을 고려하면서 본문을 면밀히 살펴본다면 본문이 원래부터 있었던 것이며 여기에 진술된 내용이 바울의 전체 사상과 전혀 모순되지 않는다는 사실을 알 수 있을 것이다.

33b-35절: 바울이 여기서 말한 것은 여성이 교회에서 아무 말도 하지 말고 조용히 있어야 한다는 뜻이 아니다. 그는 11:2-16(특히 5절)을 비롯하여 여러 서신서에서 여성의 교회적 지위를 인정했다. 예를 들어, 그는 뵈뵈(참고. 롬 16:1-2), 브리스가(참고. 롬 16:3-4; 행 18:18-28), 유니아(참고. 롬 16:7), 유오디아와 순두게(참고. 빌 4:2-3) 등의

활약과 공헌을 칭찬했다. 그리고 실제로 당시에 여성들은 교회를 위하여 많은 일을 했다. 따라서 바울이 여성들을 무시하거나 그들의 활동을 제한한다고 보는 것은 옳지 않다.

오히려 바울의 의도를 다음과 같이 이해할 수 있다. 당시 사회에서 여성들은 자유롭게 발언할 수 있는 권리를 가지지 못했다. 하지만 교회에서는 그들이 자유롭게 말하도록 허락을 받았다. 이 때문에 여성들이 교회에서 말을 많이 하다 보니 일부가 무분별하게 말했고, 이러한 행위가 예배를 혼란스럽게 했다. 그리하여 바울은 "율법에 이른 것 같이"(참고. 창 3:16, 창조 질서) 여자가 남자에게 복종해야 하며 지나치게 자기 의견을 피력해서는 안 된다고 가르친다. 그리고 어떤 여성들이 특정 문제에 대해 지나치게 질문한 것 같은데, 이에 대해 바울은 예배의 질서를 유지하기 위하여 궁금한 것이 있으면 집에 가서 남편들에게 물어보라고 권고한다. 더욱이 당시에는 사회 여건상 여성들이 성경(교리) 교육을 제대로 받지 못했으므로 교회에서 함부로 발언하는 것이 성경적(교리적) 혼선을 초래할 가능성이 있었다.

14:36-40 결론

12-14장의 성령의 은사에 관한 논의가 여기서 마무리 된다. 여기서 바울은 신자의 겸손을 촉구하며, 자신의 권면이 하나님의 명령이므로 반드시 순종해야 한다고 말한다.

36절: 바울은 하나님의 말씀이 특정한 사람들에게만 임하는 것이 아니라 다른 사람들에게도 임한다는 사실을 말한다. 따라서 신자들은 자기 우월감에 빠지지 말아야 한다. 하나님의 계시가 자기에게만 임한다고 착각하지 말아야 한다. 하나님은 모든 사람을 사랑하신다. 그리고 하나님은 교회의 질서와 품위를 위하여 그분의 뜻에 따라 적절한 사람에게 말씀을 주신다. 그러나 우리가 기억해야 할 것은 하나님의 계시가 모든 교인에게 임하는 일이 보편적 현상이 아니라는 사실이다. 이것은 초기 기독교회의 특별한 상황에서 발생한 현상이다. 앞에서 말했듯이,

당시는 정경이 완성되지 않았고, 말씀을 전문적으로 배워서 전하는 목회자(감독자)도 없었다. 따라서 이 구절의 내용을 일반화하지 말아야 한다. 물론 하나님은 누구를 통해서든지, 어떤 방식으로든지 말씀하실 수 있다. 하지만 하나님은 신구약 성경 66권을 우리에게 계시로 주셨다. 따라서 우리가 하나님의 말씀을 들을 수 있는 가장 정확하고 보편적인 방식은 성경이다.

37절: 고린도 교회에는 바울의 가르침을 거부하는 자들이 있었다. 그들은 바울의 말을 하나님의 말씀으로 받아들이지 않았다. 그래서 그는 이 서신에서 자신의 사도적 권위를 줄곧 언급했다. 이제 여기서 그는 "만일 누구든지 자기를 선지자 혹은 신령한 자로 생각하거든", 곧 '만일 자신이 성령의 영감을 받았다고 생각한다면', 그가 그들에게 편지하는 이 글이 주님의 명령인 줄 알아야 한다고 당부한다. 그는 사도이기에 그의 말은 곧 "주의 명령"이다. 그는 하나님께 영감을 받아서 편지를 기록했다. 따라서 그의 말을 주님의 말씀으로 받아야 한다.

38절: "만일 누구든지 알지 못하면 그는 알지 못한 자니라"란 문구를 정확하게 번역하면 '만일 누구든지 이것을 인정하지 않는다면, 그도 인정받지 못한다'(ESV: 'If anyone does not recognize this, he is not recognized')이다. 이 말은 만일 누구든지 바울의 말이 하나님의 말씀임을 인정하지 않는다면 하나님께서도 그를 인정하지 않으실 것이라는 뜻이다. 따라서 이 말씀은 엄중한 경고이다. 바울은 단호한 어조로 자신의 사도적 권위를 주장한다.

39-40절: 바울은 마지막으로 "예언하기를 사모하며"라고 말한다. 이는 교회의 유익을 위해서이다. 그러면서 "방언 말하기를 금하지 말라"라고도 언급한다. 이는 개인의 유익을 위해서이다. 그리고 결론적으로 "모든 것을 품위 있게 하고 질서 있게 하라"라고 당부한다. 하나님은 질서와 화평의 하나님이시다(참고. 15:33). 따라서 신자들은 질서와 화평을 좇아서 예배드려야 하며, 예배 중에 질서 있고 품위 있게 은사를 사용해야 한다.

15:1-34 부활의 확실성

고린도전서 15장은 소위 '부활장'이다. 그중 15:1-34는 부활의 확실성에 대한 강변이다. 이는 고린도 교인 일부가 부활을 부정했기 때문이다(참고. 15:12). 바울은 부활이 복음의 핵심이며 본질이기에 이 주제를 상세히 다룬다. 그 덕분에 우리는 성경 전체에서 부활에 관한 가장 폭넓고 깊은 교훈을 여기서 얻게 된다. 인간에게 가장 두려운 일은 죽음이다. 그 누구도 죽음의 문제를 해결할 수 없었다. 그러나 예수님이 해결하셨다. 그분은 부활의 '첫 열매'가 되셨다.

15:1-11 복음의 핵심: 그리스도의 부활

바울은 그리스도의 부활이 복음의 핵심임을 말한다. 그리고 그리스도의 부활이 실제로 일어난 사건이라는 점을 강조한다. 이는 그리스도 부활의 역사적 신빙성(historical reliability)을 잃어버리면 부활에 관한 모든 논의가 의미 없어지기 때문이다. 또한, 그는 자신이 그리스도의 부활을 전파하는 일에 어떻게 참여하게 되었는지를 고백한다.

1-2절: 이 구절들에는 부활이 복음의 핵심이라는 사상이 담겨 있다. 부활은 복음에서 가장 중요한 요소이다. 또한, 이 구절들은 고린도 교인들이 지식을 가지고 있다고 자랑하면서도 정작 가장 중요한 지식인 복음을 소홀히 여긴 것을 부드

럽게 꾸짖는다(참고. 12:1-3).

3-4절: 바울은 그리스도께서 부활하신 사실을 말한다. 그는 "성경대로" 그리스도께서 우리 죄를 위하여 죽으시고 장사 지낸 바 되셨다가 "성경대로" 사흘 만에 다시 살아나셨다고 진술한다. 여기서 "성경대로"('카타 타스 그라파스', in accordance with the Scriptures)라는 단어가 강조되는데, 이는 시편 16:8-11과 이사야 53:5-6 등의 예언(부활의 전조)이 성취되었음을 뜻한다. 그리고 "사흘 만에"라는 단어는 호세아 6:2와 요나 1:17 등을 반영한다.

예수님은 공생애 기간에 제자들에게 자신의 고난과 부활을 적어도 세 차례 예언하셨다. 우선, 마가복음 8:31에서 예수님은 "인자가 많은 고난을 받고 장로들과 대제사장들과 서기관들에게 버린 바 되어 죽임을 당하고 사흘 만에 살아나야 할 것을 비로소 그들에게 가르치시되"라고 말씀하셨다. 그리고 이 예언대로 예수님은 죽음에서 살아나셨다. 또한, 마태복음 28:6은 다음과 같이 보도한다. "그가 여기 계시지 않고 그가 말씀하시던 대로 살아나셨느니라 와서 그가 누우셨던 곳을 보라." 그리고 누가복음 24:6-7은 다음과 같이 진술한다. "여기 계시지 않고 살아나셨느니라 갈릴리에 계실 때에 너희에게 어떻게 말씀하셨는지를 기억하라. 이르시기를 인자가 죄인의 손에 넘겨져 십자가에 못 박히고 제삼일에 다시 살아나야 하리라 하셨느니라."

"죽으시고"('아페타넨')라는 단어는 아오리스트 능동태(aorist active)로서 그리스도가 "우리 죄를 위하여" 십자가에서 기꺼이 그리고 실제로 돌아가셨다는 사실을 알려준다. 이는 그리스도의 죽음이 사실이라는 점과 더불어 그리스도의 육체적 실존성을 부정했던 가현설자들의 교리를 반박한다. "다시 살아나사"('에게게르타이')라는 단어는 완료 수동태(perfect passive)이면서 동시에 신적 수동태(divine passive)이다. 이것은 그리스도께서 지금 살아계신다는 사실을 알려주며, 그리스도의 부활이 하나님께서 역사하신 결과임을 보여준다.

5-7절: 바울은 그리스도의 부활을 목격한 증인들을 언급함으로써 그리스도의 부활이 사실임을 강조한다. 이 증인들 가운데 상당수는 그가 이 편지를 쓸 때 생

존해 있었다. 그러므로 부활은 부인할 수 없는 역사적 사실이었다.

1) "게바와 열두 제자에게"(5절): 예수님은 부활하신 후 게바(베드로)에게 나타나셨고, 그 후에 열두 제자에게 나타나셨다(참고. 눅 24:34; 요 20:19-20).

2) "오백여 형제에게"(6절): 예수님이 부활하신 후 오백여 형제에게 보이신 일은 오직 이곳에만 기록되어 있다. 이 일은 아마도 갈릴리에서 일어난 것 같다. 바울은 그들 중 대다수가 당시에 살아있다고 말함으로써 부활의 사실성을 강조한다.

3) "야고보에게"(7a절): 여기서 야고보는 예수님의 형제 야고보로서 예루살렘 교회의 지도자이며(참고. 행 15:13) 야고보서의 저자이다. 야고보는 당시 유대 그리스도인들 가운데에서 대단히 권위 있는 인물이었으므로 부활하신 예수님이 야고보에게 나타나셨다는 점은 부활의 사실성을 강력하게 입증한다.

4) "모든 사도에게"(7b절): 모든 사도는 5절의 "열두 제자"와 다른 사람들이다. 이들은 광범위한 제자 공동체를 가리키는 것으로 보인다(참고. 행 14:14; 갈 1:17-19).

8절: "맨 나중에"('에스카톤 판톤', last of all)라는 단어는 시간적 표현이며 중요도를 뜻하는 것이 아니다. 그는 자신이 마지막으로 '겨우'(혹은 '극적으로') 부활하신 예수님을 볼 수 있었는데, 이것이 그에게 큰 영광이며 은혜라는 의도로 이렇게 말한다. 이 일은 사도행전 9장에 기록되어 있다. "만삭되지 못하여 난 자"('토 엑트로마', one untimely born)라는 어구는 적절한 임신 기간을 채우지 못하고 태어난 자라는 뜻으로, 열두 제자가 적절한 임신 기간에 태어난 자들이라는 사실과 대조하기 위한 것이다. 이것은 자신을 겸손하게 일컫는 표현이다.

9-10절: 바울은 또 자신에 대하여 "나는 사도 중에 가장 작은 자"라고 말한다. 이는 그가 열두 제자와 달리 그리스도를 일찍 만나지 못했고 그리스도께 직접 교육받지도 못했기 때문이다. 이어서 그는 "나는 하나님의 교회를 박해하였으므로 사도라 칭함 받기를 감당하지 못할 자니라"라고 말한다. 그는 하나님의 교회를 맹렬히 핍박한 자였기에 사도가 될 자격이 없었다. 그리고 실제로 당시 그리스도

인들 가운데는 바울의 사도직을 인정하지 않는 이들이 있었다. 그래서 그는 서신서들에서 종종 자신의 사도직을 주장했다(참고, 고후 3:1-4:6; 5:11-21; 10-13장; 갈 1-2장 등).

그러나 그는 하나님의 은혜로 사도가 되었으며 모든 사도보다 더 많이 수고했다고 진술하며, 그렇게 할 수 있었던 것이 그와 함께 하신 하나님의 은혜 때문이었다고 고백한다. 그는 디모데전서 1:15-16에서도 이와 비슷하게 말했다. "미쁘다 모든 사람이 받을 만한 이 말이여 그리스도 예수께서 죄인을 구원하시려고 세상에 임하셨다 하였도다. 죄인 중에 내가 괴수니라 그러나 내가 긍휼을 입은 까닭은 예수 그리스도께서 내게 먼저 일체 오래 참으심을 보이사 후에 주를 믿어 영생 얻는 자들에게 본이 되게 하려 하심이라."

11절: 바울은 단락의 결론을 맺는다. 그의 결론은 자신과 열두 제자가 믿는 것이 같으며, 그들이 전파하는 내용도 같다는 뜻이다. 예수님의 가르침은 열두 제자와 바울에게 동일하게 전수되었고, 그들은 예수님께 받은 바로 그 교훈을 훼손이나 왜곡 없이 후세대에 전파했다.

15:12-19 만일 부활이 없으면(1)

바울은 앞 단락에서 부활이 복음의 핵심이고, 많은 사람이 부활을 목격했기에 부활이 사실이며, 열두 제자와 마찬가지로 자신도 이 복음에 참여할 수 있었다고 고백했다. 이제 이 단락에서 그는 고린도의 일부 교인들이 부활을 부정하는 것에 대해서 반박한다. 그는 부활이 없으면 기독교 신앙이 아무런 가치도 가지지 못한다고 강한 어조로 주장한다.

12절: 이 구절은 고린도의 일부 교인들이 가진 심각한 문제를 드러낸다. 그리스도께서 죽은 자 가운데서 다시 살아나셨다고 전파되었으나 고린도의 일부 교인들은 부활이 없다고 주장했다. 그들이 부활을 부정한 것은 성경에 대한 불신과 더불어 헬라 철학의 영향 때문이었다. 헬라 사람들은 영혼을 선한 것으로 여겼으며 육신을 악하고 부패한 것으로 보았다. 그리고 사후 세계에서는 육신이 없이 영혼만 존재한다고 생각했다. 그러므로 그들로서는 선한 영혼이 악한 육체에 다시 들어간다는 사상을 받아들일 수 없었다. 그들은 성경보다 철학을 우위에 두었다.

13-19절: 바울은 죽은 자의 부활이 없다면 어떻게 되겠는지에 대해서 언급한다. 이 부분은 ABA'B' 구조를 가진다. 이러한 구조적 배열은 부활이 없을 때의 비참한 상황을 강조한다. 즉 부활이 없는 복음의 헛됨과 신앙의 무익함을 보여준다.

> 13절: 만일 죽은 자의 부활이 없으면 그리스도께서 다시 살아나지 못하셨을 것이다(A).
> 14-15절: 만일 그리스도의 부활이 없으면 우리의 믿음이 헛것이 될 것이다(B).
> 16절: 만일 죽은 자의 부활이 없으면 그리스도께서 다시 살아나지 못하셨을 것이다(A').
> 17-19절: 만일 그리스도의 부활이 없으면 우리의 믿음이 헛것이 될 것이다(B').

그런데 15:17-19에서 바울은 부활이 없으면 우리의 믿음이 헛된 것이 될 것이라는 개념을 자세히 설명한다. 곧 우리가 여전히 죄 가운데 있을 것이며, 이미 죽은 사람은 망했을 것이고, 우리에게 구원의 소망이 사라져서 우리가 더욱 불쌍한 자가 될 것이라고 말한다.

15:20-28 그리스도의 부활과 그 결과

바울은 이 단락에서 그리스도께서 죽은 자 가운데서 살아나셨다는 사실을 선포한다. 그리고 부활의 결과가 무엇인지를 설명한다.

20절: "그러나 이제"(‘뉘니 데’, but now)라는 문구로 단락이 시작된다. 이는 상황의 전환을 뜻한다. 그리스도의 부활은 "잠자는 자들의 첫 열매"가 되었다. 예수님 이전에 죽은 자들이 다시 살아난 경우가 있었지만(예. 나사로), 그들은 다시 죽었다. 따라서 진정한 부활은 예수님이 처음이다. "첫 열매"라는 표현은 앞으로 많은 열매(대규모의 부활)가 있을 것을 암시한다.

21-22절: 바울은 아담과 그리스도를 대조한다. 아담-그리스도 대조는 바울서

신에만 여러 곳에 나타난다(참고. 롬 5:12-21; 고전 15:45-49; 빌 2:6-11; 골 1:15-20 등). 두 사람의 대조는 극적이다. 사망이 한 사람으로 말미암았으니 죽은 자의 부활도 한 사람으로 말미암는다. 아담 안에서 모든 사람이 죽은 것 같이 그리스도 안에서 모든 사람이 삶을 얻는다. 아담은 죄를 지어서 모든 사람을 사망에 이르게 했지만, 그리스도는 부활하셔서 모든 사람을 살아나게 하신다. 아담의 후손은 죽을 운명에 처해 있으므로 생명을 주시는 그리스도를 믿어야 한다.

23절: 그리스도의 부활은 그리스도에게 속한 자들의 부활로 이어진다. 즉 그리스도가 부활하신 사건은 그리스도인들이 부활하는 사건의 근거가 된다. 그리스도가 부활하셨기 때문에 그분을 믿는 사람들이 부활할 수 있다. 우리 몸의 부활은 그리스도께서 이 땅에 다시 오시는 날에 이루어질 것이다(참고. 살전 4:16). 그날 모든 사람이 다시 살아날 것이다.

24-26절: 그리스도께서 다시 오시는 날은 "마지막"('텔로스', the end), 곧 세상의 종말이다. 그날은 그리스도가 "모든 통치와 모든 권세와 능력을 멸하시고 나라를 아버지 하나님께 바칠 때"이다. "통치"(rule), "권세"(authority), "능력"(power)은 하나님을 대적하는 세력들을 의미한다(참고. 롬 8:38; 골 1:16; 2:10-15; 엡 1:21; 3:10; 6:12). 그리스도는 모든 원수를 그 발아래에 두실 때까지 왕 노릇 하신다. 즉 그리스도는 역사적으로 왕 노릇 하시다가 마지막 날에 모든 원수를 완전히 이기신다. 맨 나중에 멸망 받을 원수는 "사망"이다. 세상의 종말이 오면 사탄과 사망이 완전히 멸망하고 완전한 하나님의 나라가 시작된다.

그런데 이러한 종말론적 사건(현상)은 현재적이면서 동시에 미래적이다. 예수님은 이미 사탄의 세력을 이기셨으나, 미래에 완전히 이기실 것이다. 마찬가지로 부활도 지금 일어나는 일이지만, 미래에 궁극적으로 일어날 일이다. 따라서 부활을 미래에 일어날 사건으로만 보는 것은 온전하지 않다. 그것은 이미 우리가 누리고 경험하는 일이다. 부활은 현재 이 세상을 살아가는 그리스도인들에게 승리와 소망을 준다. 그리스도인들은 부활 신앙을 소유함으로 세상을 이길 수 있다. 그러나 부활이 없으면 아무런 승리와 소망이 없다. 부활은 삶의 동력이다.

27-28절: 바울은 시편 8:6과 시편 110:1을 인용한다. "만물을 그의 발아래에 두셨다 하셨으니"라는 말은 성부 하나님께서 만물을 복종하게 하신다는 뜻이다. 그리고 "만물을 그의 아래에 두신 이가 그중에 들지 아니한 것이 분명하도다"라는 말은 성부 하나님께서 만물을 복종하게 하실 때 하나님 자신이 복종의 대상이 되는 것은 당연히 아니라는 뜻이다. "아들 자신도 그때에 만물을 자기에게 복종하게 하신 이에게 복종하게 되리니"라는 말은 성자 예수님이 성부 하나님께 복종하신다는 뜻이다. 그러나 이것은 성자가 성부에게 종속되거나 성자가 성부보다 열등하다는 뜻이 아니다. 이것은 성경 전체에 계시된 성부와 성자의 관계 속에서 (삼위일체) 이해해야 한다. 성부와 성자는 동등하시다. 그러나 성자는 성부의 권위를 존중하시고 성부에게 순종하신다. 그리고 성부는 성자를 사랑하시며 성자에게 권한과 책임을 위임하신다. 곧 성부와 성자의 관계는 완전하며 조화롭기에 성부와 성자 사이에는 충돌이나 갈등이 전혀 없다.

15:29-34 만일 부활이 없으면(2)

바울은 다시 15:12-19에서 언급한 내용, 즉 '만일 부활이 없으면'으로 돌아간다. 따라서 15:1-34는 ABA 형태를 취한다. 그는 육체의 부활이 없으면 우리가 얼마나 어리석은 자가 되는지를 설명한다. 곧 육체의 부활이 반드시 있다는 사실을 강조한다.

29절: "죽은 자들을 위하여 세례를 받는 자들"이란 누구를 가리키는가? 그들은 왜 죽은 자들을 위하여 세례를 받는가? 이 구절은 당시에 세례를 받지 못하고 죽은 이들을 위하여 '대리 세례'를 받는 관습이 있었음을 반영한다. 그런데 이 구절을 얼핏 읽으면 마치 바울이 죽은 자들을 위한 대리 세례를 인정하는 것 같은 느낌을 받는다. 그러나 바울의 신학과 사상을 전체적으로 조망할 때 그가 죽은 자들을 위한 대리 세례를 인정했을 것이라고는 생각되지 않는다. 그리고 본문에서 바울은 2인칭이 아니라 3인칭 대명사를 사용하여 말한다(ESV: 'what do people mean by being baptized on behalf of the dead? If the dead are not raised at all, why are people baptized on their behalf?'). 이는 고린도 교인들 대다수가 죽은 자들을 위한 대리 세례를 받아들이거나 시행한 것이 아니라 일부 극소수에 의해서 시행되었음을 암시한다. 당시 정통 기독교가 이런 의식을 행했다는 기록은 없고, 일부 이단들(예. 말시온)이 행했다는 기록은 남아있다. 그러므로 죽은 자들을 위한 세례는 당시의 잘못된 관습일 뿐 바울의(곧 정통 기독교의) 교훈이 아니었다. 그렇다면 굳이 바울이 이 말을 한 이유는 무엇인가? 원래 세례는 죽음과 부활을 전제한다. 즉 죽은 자들을 위한 대리 세례를 시행하는 것은 미래에 부활이 있을 것이라는 믿음이 있다는 뜻이다. 따라서 바울의 요지는 '부활을 인정하지 않으면서 죽은 자들에게 세례를 주어야 한다고 생각하는 것은 잘못되었다'라는 것이다.

30-32절: 바울은 자신의 경험을 기초로 하여 죽은 자의 부활이 없다면 사도들이 복음을 위해서 위험을 무릅쓸 필요가 없었을 것이라고 강변한다(참고. 4:11-13, 고후 4:8-12, 6:3-10, 11:23-33). "나는 날마다 죽노라"라는 표현은 바울이 항상 생명의 위협에 노출되어 있었음을 반영한다. "에베소에서 맹수와 더불어 싸웠다면"이라는 말은 에베소의 원형 경기장에서 맹수와 싸운 일을 연상하게 한다. 그는 지금 에베소에서 이 편지를 쓰고 있는데, 당시 에베소의 원형 경기장에서는 많은 사람이 맹수에 의해서 생명을 잃었다. 따라서 그는 자신의 삶이 대단히 위험했다는 사실을 이러한 은유로 표현한다. 한편, 그가 에베소에 머무는 동안 에베소의 원형 경기장에서 생명의 위협을 느낀 적이 있었는데(참고. 행 19:23-41), 이는 그가 에베소를 떠나기 직전에 일어난 일이므로, 이 편지를 보낸 후에 발생했다(참고. 15:8). 그러므로 "내가 사람의 방법으로 에베소에서 맹수와 더불어 싸웠다면 내게 무슨 유익이 있으리요"라는 문구는 에베소에 머물 때 부활에 대한 믿음과 소망이 없이 지냈더라면 견디지 못했을 것이며, 그러한 수고가 아무런 유익이 되지 않았을 것이라는 뜻이다. "죽은 자가 다시 살아나지 못한다면 내일 죽을 터이니 먹고 마시자 하리라"라는 말은 쾌락을 추구하는 에피쿠로스학파의 구호였다. 부활을 모르는 자, 곧 내세를 생각하지 않는 자는 현세에서 쾌락을 추구하는 것을 자연스럽게 여길 수 있다. 그러나 부활을 믿는 자는 이 세상을 육신대로 살 수가 없다. 그는 이 세상의 삶이 전부가 아니라는 사실을 잘 안다. 그는 내세를 철저히 대비한다.

33-34절: "악한 동무들은 선한 행실을 더럽히나니"라는 말은 주전 292년에 헬라의 극작가 메난더(Menander)가 쓴 '타이스'(Thais)라는 제목의 희극에 나오는 격언을 인용한 것이다. 바울은 "악한 동무들"이라는 표현을 '부활을 부정하는 자들'에 사용하면서 그들과 사귀는 것이 타락하게 되는 계기가 된다고 경고한다. 그는 이어서 "깨어 의를 행하고 죄를 짓지 말라"라고 당부한다. 부활 신앙은 마래적이지만 또한 현재적이다. 그것은 현재의 삶을 충실히 살 것을 요청한다. 곧 부활에 대해서 궁금해하거나 부활의 의미에 대해서 논쟁하는 것으로 드러나는 것이 아니라 이 세상에서 어떻게 살아가야 하느냐로 드러난다. 그는 로마서 6:13에서 다음과 같이 말했다. "너희 지체를 불의의 무기로 죄에게 내주지 말고 오직 너희 자신을 죽은 자 가운데서 다시 살아난 자 같이 하나님께 드리며 너희 지체를 의의 무기로 하나님께 드리라."

"하나님을 알지 못하는 자"는 부활을 부정하는 자를 가리킨다(참고. 15:12). 부활은 하나님이 친히 하시는 일이므로 부활을 부정하는 것은 하나님을 알지 못하는 것이다. "내가 너희를 부끄럽게 하기 위하여 말하노라"라는 문구는 주후 1세기 지중해 연안 국가들이 '명예와 수치'(honor and shame)를 대단히 중시했던 것을 고려할 때 매우 강하게 꾸짖는 표현이다. 바울은 일찍이 6:5에서도 "내가 너희를 부끄럽게 하려 하여 이 말을 하노니"라고 말했다. 가장 중요하면서도 본질적인 지식, 곧 부활에 관한 지식을 가지고 있지 않은 것은 안타깝다. 그것은 복음 자체를 부정하는 일이다,

15:35-58 부활한 몸과 부활한 삶

바울은 15:1-34에서 부활의 확실성을 말했다. 그리스도의 부활은 역사적 사실이다. 제자들은 부활을 직접 목격했으며, 보혜사 성령을 통하여 부활의 의미를 깨달았다(참고. 요 2:22; 12:16; 20:9). 부활은 복음의 핵심이다. 부활은 신자의 믿음을 참되게 하며, 복음 전파를 위한 수고를 가능하게 하고, 신자가 깨어서 의를 행하는 동시에 죄를 짓지 않게 한다. 이제 바울은 15:35-58에서 부활에 관한 좀 더 상세한 지식을 전수해 준다. 그는 부활한 몸의 신비로운 특성을 설명하고(15:35-49), 부활을 믿는 신자들의 승리하는 삶을 언급한다(15:50-58).

15:35-49 부활한 몸

바울이 부활에 관하여 말하자, 어떤 사람들은 부활한 몸에 대하여 궁금증과 호기심을 가질 수 있었다. 따라서 바울은 부활한 몸에 관하여 설명한다. 물론 인간의 지식으로는 부활한 몸의 특성을 전부 알 수 없다. 그것은 이성을 훨씬 초월하는 일이다. 하지만 바울은 우리가 이해할 수 있는 범위 내에서 최대한 자세히 설명한다.

35절: 여기에는 고린도 교인들의 두 가지 질문이 소개되어 있다. 그들이 실제로 이렇게 물었는지 아니면 바울이 이것을 가정해서 만들었는지는 분명하지 않다. 하지만 이 질문들은 고린도 교인들의 회의적인 생각을 반영한다. 두 가지 질문은 "죽은 자들이 어떻게 다시 살아나며"와 "어떠한 몸으로 오느냐"이다. '죽은 자들이 어떻게 다시 살아나는가'라는 질문은 죽은 자의 부활이 가능한지에 관한 것이다. 그리고 '죽은 자들이 어떠한 몸으로 오는가'라는 질문은 부활한 몸이 어떤 형태를 가지는지에 관한 것이다.

36-41절: 바울은 두 가지 질문에 대하여 답변한다. 먼저, '죽은 자의 부활이 가능한가'라고 질문하는 자들을 향하여 "어리석은 자여"라는 간단한 표현으로 대답한다. 이것은 시편 14:1을 반영한 것이다. 이는 비판하며 조롱하는 말이다. 부활은 증명의 문제가 아니라 믿음의 문제이다. 사실 하나님을 증명하려는 시도 자체가 죄악이다. 그러한 자들은 어리석기 짝이 없다. 역사적으로 부활을 부정하는 자들이 있었다. 그들 중 어떤 이들은 예수님이 죽지 않으셨고 크게 다치셨다가 다시 회복하셨을 것이라고 주장했다. 그러나 로마 군사들이 예수님의 몸을 찔렀을 때 물과 피가 나온 것과 그들이 예수님의 죽음을 확인하고 다리를 꺾지 않은 일과 그들이 중대한 죄인을 철저히 감시했을 것이라는 점을 고려하면 이러한 주장은 설득력을 잃는다. 그리고 어떤 이들은 예수님의 제자들이 예수님의 시신을 훔쳐 갔다고 생각했다. 하지만 로마 군사들이 무덤을 지켰던 것과 제자들이 처음에 예수님의 부활을 의심했던 것, 그리고 오히려 제자들이 다른 사람들이 예수님의 시신을 훔쳐 갔다고 생각한 것을 고려할 때 이런 주장은 타당하지가 않다. 또한, 고대 가현설자들은 예수님이 육체로 오신 적이 없었고 그들이 본 것은 환상이었다고 주장했다. 하지만 복음서는 예수님이 실제로 이 땅에서 사셨음을 너무나 명백히 보도한다. 특히 요한복음 1장은 예수님이 육신을 입고 오셨다고 선언한다.

다음으로, 바울은 '부활한 몸이 어떤 형태를 가지는가'라고 질문하는 자들에 대해서 대답한다. 그는 자연으로부터의 유추들을 사용하여 부활을 설명한다. 그러나 이러한 유추들이 부활에 관한 모든 정보를 제공해 주지는 않으며, 인간의 머리로 부활의 신비를 모두 이해하기도 어렵다. 다만 자연의 이치를 사용하여 부활의 연속성과 불연속성을 최대한 설명하려고 한다.

첫째, 식물의 유추(36-38절): 씨가 땅에 떨어져서 죽지 않으면 살아나지 못한다. 즉 씨앗이 땅에 떨어지면 땅 속에 잘 들어가서 겉으로 보이지 않아야 열매를 맺는다. 씨앗은 장차 나무가 되고 열매를 맺는다. 그러나 씨앗을 뿌리는 것은 장래의 형체를 뿌리는 것이 아니라 다만 밀이나 다른 것의 알맹이뿐이다. 즉 씨앗으로는 나무의 모양과 열매를 상상할 수 없고, 단지 그것을 가능하게 한다. 하나님은 그분의 뜻대로 씨앗에 형체를 주시되 각 종자에게 그 형체를 주신다. 이처럼 인간이 부활하면 지금과 같으면서도(씨앗) 전혀 다른 몸(열매)을 가질 것이다.

둘째, 동물의 유추(39절): 육체라고 해서 다 같은 육체가 아니다. 사람의 육체가 있고, 짐승의 육체가 있으며, 새의 육체가 있고, 물고기의 육체가 있다. 즉 다양한 육체가 있다. 그들 모두는 다르다. 하나님께서는 다양한 종류의 육체를 만드셨다. 따라서 하나님께서 부활의 몸을 만드신다고 해서 이상할 것은 전혀 없다. 하나님은 그분의 놀라운 능력으로 그 일을 이루신다.

셋째, 천체의 유추(40-41절): 세상에는 하늘에 속한 형체도 있고, 땅에 속한 형체도 있는데, 하늘에 속한 것의 영광이 따로 있고, 땅에 속한 것의 영광이 따로 있다. 그리고 천체에서는 해의 영광이 다르고 달의 영광이 다르며 별의 영광도 다른데, 별과 별의 영광이 다르다. 이와 같이 부활한 몸은 죽었다가 다시 살아나서 독특하게 영광스러운 존재가 된다.

42-44절: 이제 바울은 자연의 유추로부터 부활한 몸에 대하여 추론한다.

첫째, 육체는 썩지만, 부활체는 썩지 않는다(42절). 부활한 몸은 죽지 않는다.

둘째, 육체는 욕되지만, 부활체는 영광스럽다(43a절). 부활한 몸은 죄를 짓지 않는다.

셋째, 육체는 약하지만, 부활체는 강하다(43b절). 부활한 몸은 병에 걸리지 않는다.

넷째, 육체는 육의 몸이지만, 부활체는 신령한 몸이다(44절). 부활한 몸은 완전하다.

45-49절: 아담-그리스도 모형론이 다시 등장한다. 이것은 바울서신에서만 발견된다(참고. 롬 5:12-21; 고전 15:21-22; 빌 2:6-11; 골 1:15-20). "기록된 바"('게그랍타이', it is written)

라는 단어는 창세기 2:7의 "여호와 하나님이 땅의 흙으로 사람을 지으시고 생기를 그 코에 불어넣으시니 사람이 생령이 되니라"를 반영한다. "첫 사람 아담"(the first man Adam)이 "생령"이 된 것처럼 "마지막 아담"(the last Adam)은 "살려주는 영"이 되셨다. 아담은 "생령"(living being)이다. 그는 육의 사람이고 땅에서 났으며 흙에 속한 자이고 현재의 몸이다. 그러나 마지막 아담이신 그리스도는 "살려주는 영"(life-giving spirit)이시다(참고. 15:22). 그분은 신령한 분이시며 하늘에서 나셨고 하늘에 속한 분이시며 부활한 몸이시다.

흙에 속한 자들은 흙에 속한 자와 같고 하늘에 속한 자들은 하늘에 속한 이와 같다. 즉 아담을 좇는 자는 아담의 연약함을 가지지만, 그리스도 안에 거하는 자는 그리스도의 완전함을 공유한다. 지금 우리는 흙에 속한 자의 형상을 입었으나 장차 하늘에 속한 자의 형상을 입을 것이다. 즉 그리스도께서 주시는 생명을 받아서 영원히 살 것이다. 이에 바울은 다음과 같이 말한다. "그는 만물을 자기에게 복종하게 하실 수 있는 자의 역사로 우리의 낮은 몸을 자기 영광의 몸의 형체와 같이 변하게 하시리라"(빌 3:21).

15:50-58 부활한 삶

15장 마지막 부분은 부활의 실존적 의미에 관한 강론이다. 바울은 마지막 날에 그리스도께서 다시 오실 때 신자들이 부활할 것을 언급하면서 현재 그들이 어떠한 삶을 살아야 하는지를 말한다. 이 단락은 세 부분으로 나뉘는데, 15:50-53은 육체 부활의 필요성을 설명한 것이며, 15:54-57은 예수 그리스도의 승리를 선언한 것이고, 15:58은 결론적 언급이다.

50절: "혈과 육은 하나님 나라를 이어받을 수 없고"라는 말과 "썩는 것은 썩지 아니하는 것을 유업으로 받지 못하느니라"라는 말은 같은 뜻이다. 이 문구들은 병행을 이룸으로써 메시지를 강조한다. "혈과 육"(flesh and blood)은 지금 우리가 입고 있는 몸을 가리킨다. 이것은 죽을 몸이다. '하나님 나라를 유업으로 받는다'라는 말은 이스라엘 백성들이 약속의 땅 가나안을 받는 것과 하나님의 집인 성전에 들어가는 것을 배경으로 한다. 여기서 가나안과 성전은 하나님 나라의 그림자이다. 따라서 이 말은 신자들이 하나님 나라에 들어가서 영원히 사는 것을 의미한다. 지금의 몸으로는 하나님 나라에 들어갈 수 없다. 오직 부활한 몸으로만 들어갈 수 있다.

51-53절: 그렇다면 신자들의 몸은 언제 부활의 몸으로 변하는가? 그것은 예수님이 다시 오실 때이다. 바울은 "보라 내가 너희에게 비밀을 말하노니"라고 하면서 주의를 환기한다. 이는 그동안 감추어져 있었으나 이제 그에게 임한 계시를 말하겠다는 뜻이다. 그는 데살로니가전서 4:13-18과 유사한 말을 한다. 신자들은 다 잠자고 있을 것이 아니라, 마지막 나팔에 순식간에 홀연히 다 변화될 것이다. 이는 예수님이 재림하실 때 죽었던 신자들이 모두 살아날 것이라는 뜻이다(참고. 슥 9:14). 그날에 나팔 소리가 울리면서 예수님이 다시 오시면 죽은 자들이 썩지 않을 몸으로 다시 살아날 것이고, 살아 있는 자들도 변화될 것이다(참고. 롬 11:25; 고전 2:7; 롬 16:25-26; 고전 4:1; 13:2; 엡 3:3-4, 9; 골 1:26-27 등). 그리하여 썩을 몸이 썩지 않을 몸을 입을 것이고, 죽을 몸이 죽지 않을 몸을 입을 것이다(참고. 요 5:29; 행 24:15).

54-55절: 바울은 이사야 25:8과 호세아 13:14를 인용한다. 54절은 이사야 25:8을 인용(MT)한 것으로 하나님께서 사망을 완전히 멸절하신다는 뜻이다. 그리고 55절은 호세아 13:14를 인용(LXX를 느슨하게 따름)한 것으로 하나님께서 사망을 깨뜨리셔서 사망이 힘을 완전히 잃어버린다는 뜻이다. 여기서 "쏘는 것"이라는 표현은 벌침(독침)을 쏘는 것을 의미한다. 따라서 사망이 쏜다는 말은 사람이 독침을 맞아서 죽는 것을 가리킨다.

56-57절: 바울은 앞에서 인용한 구약성경을 여기서 설명한다. "사망이 쏘는 것은 죄요"라는 말은 죄가 사망의 벌침(독침)이라는 뜻이다. 이는 죄로 인하여 사망하게 되었다는 사실을 가리킨다. 그리고 "죄의 권능은 율법이라"라는 말은 율법이 죄를 강하게 드러낸다는 뜻이다. 이는 사람이 율법으로 말미암아 죄를 분명히 깨닫게 된다는 사실을 반영한다. 하나님께서 우리 주 예수 그리스도로 말미암아

우리에게 승리를 주셨으므로 우리는 하나님께 감사해야 한다.

58절: 결론적 언급이다. "그러므로"('호스테', therefore)라는 접속사는 이 구절이 긴 강화의 결론임을 알려준다. 부활에 관한 논의는 실제적인 적용으로 끝난다. 이는 부활 신앙이 이론이나 관념으로 그쳐서는 안 되며 실천으로 이어져야 한다는 사실을 시사한다. 바울은 고린도 교인들을 "내 사랑하는 형제들아"라고 친근하게 부른다. 그는 교인들에 대한 깊은 애정을 가지고 권면한다. "견실하며 흔들리지 말고"란 표현은 부활에 대한 확고한 믿음을 가지라는 뜻이다. 부활에 대한 믿음이 튼튼하지 못하고 흔들리면 신앙생활 자체가 무너진다. "항상 주의 일에 더욱 힘쓰는 자들이 되라"라는 권면은 15장 전체를 고려할 때 두 가지 실천을 시사한다. 부활을 믿는 사람은, 첫째, 위험을 무릅쓰고 복음을 전파해야 하며(참고. 15:30-32), 둘째, 선한 행실과 더불어 깨어 의를 행하고 죄를 짓지 말아야 한다(참고. 15:33-34).

바울은 마지막으로 "이는 너희 수고가 주 안에서 헛되지 않은 줄 앎이라"라고 말한다. 이는 우리의 수고가 반드시 열매를 맺는다는 뜻이다. 즉 하나님께서 우리의 수고에 대하여 보상하신다는 뜻이다. 그러므로 우리는 이 땅에서 부활 신앙을 가지고 최선을 다해 수고해야 한다.

특주: 부활과 주일

1. 부활

　예수 그리스도의 부활은 역사적 사실이다. 예수 그리스도는 실제로 살아나셨다. 그리고 이로 인해 우리의 부활이 보증되었다. 본디 사람에게 죽음이란 가장 무서운 것이지만, 부활을 믿는 신자들에게 죽음은 더 이상 위협이 되지 못한다. 그래서 사도들은 죽음을 두려워하지 않고 복음을 전파했다. 바울은 부활이 없으면 자신의 믿음과 수고가 모두 헛것이라고 말했다. 그러므로 예수 그리스도의 부활은 신자의 역동적인 소망과 헌신을 가능하게 한다.

　부활은 미래성과 현재성을 가진다. 부활의 미래성이란 우리가 종말에 부활할 것이라는 사실을 의미한다. 예수님이 재림하실 때 우리는 모두 부활할 것이다. 부활의 현재성이란 우리가 이 세상에서 이미 부활을 누리며 산다는 것을 시사한다. 부활은 미래에 일어날 일이지만, 현재 이미 일어나고 있는 일이다. 부활의 미래성과 현재성은 오묘한 조화를 이룬다. 우리는 미래에 부활이 있을 것을 믿는 가운데 지금 여기서 부활의 실재와 능력을 경험한다.

2. 주일

　부활을 가장 강하게 경험하는 날은 '주일'이다. 예수님의 부활이 일요일에 일어났기에 신약 시대 그리스도인들은 일요일을 '주일'(주님의 날)이라고 부른다. 그리고 성도는 주일마다 모여서 예배드린다. 성도는 주일 예배를 통하여 용서와 회복을 경험한다. 즉 주일 예배는 언약 갱신 의식이다. 따라서 주일 예배는 신자의 삶에서 대단히 중요하다. 주님이 주일에 부활하신 것처럼, 우리도 주일 예배를 통해서 부활한다. 성도는 이 세상에서 '일주일 사이클'(6일간 일하고 하루 쉼)을 허락받았는데, 주일에 부활하여, 한 주간을 열심히 살다가, 다시 주일에 힘을 얻어 새로운 한 주간을 지내는 사이클을 반복한다. 따라서 주일이 없으면 삶에서 활력을 잃는다.

　구약시대 이스라엘 백성들은 안식일 규례를 철저히 지켰다. 하지만 구약성경은 이스라엘 백성들이 바벨론에 포로로 잡혀간 이유가 안식일을 지키지 않았기 때문이라고 지적한다. 예레미야 25:11-12와 29:10은 포로 생활 기간이 70년임을 알려준다. 왜 하필 70년인가? 이는 이스라엘 백성들의 잘못이 안식년(일)을 지키지 않은 데 있었기 때문이다. 그래서 그들은 안식년의 10배 기간인 70년 포로 생활을 하게 되었다. 이렇게 이스라엘 백성들이 안식년을 어김으로 바벨론에 포로로 잡혀갔다는 언급은 역대하 36장에 잘 나와 있다(특히 36:21).

안식일(년)의 의미는 무엇인가? 안식은 하나님이 메시아를 통해서 주시는 선물이다. 이스라엘 백성들은 안식일을 지킴으로 오실 메시아를 통해서 얻게 될 진정한 안식을 미리 맛보며, 또한 장차 메시아가 오심으로 이루어질 영원한 안식을 소망해야 했다. 그런데 그들은 이것의 의미를 모른 채 문자적 안식일 규정만 생각했다. 즉 안식일이 예표 하는 실체, 곧 메시아를 몰랐다. 그래서 바벨론에 포로로 잡혀가 안식 없는 70년을 보내면서 회개해야 했다.

이제 신약시대에 이르러 성도들은 주일을 지킨다. 그런데 안식일과 주일은 날짜만 바뀐 것이 아니다. '안식일, 안식년, 희년'이라는 3종 세트는 예수님을 통해서 성취되었다. 이제 예수님 안에서 우리는 안식일을 지키며 안식을 누린다. 예수님은 "수고하고 무거운 짐 진 자들아 다 내게로 오라 내가 너희를 쉬게 하리라"라고 말씀하셨다(마 11:28). 우리는 예수님 안에서 매일, 매 순간 안식일을 지킨다. 그러나 예수님이 부활하신 이날(주일)을 특별히 구별하여 지킨다. 그런 면에서 부활주일은 1년에 한 번 있는 날이 아니다. 매 주일이 부활주일이다. 하지만 교회 전통에 따른 부활주일에 우리는 부활의 의미를 더욱 강하고 분명하게 생각할 수 있다.

그러므로 우리는 주일을 귀하게 여겨야 한다. 주일 성수(主日 聖守)를 하기 위해서 노력해야 한다. 이는 주일날 죽고 부활하는 일을 경험하기 때문이다. 주일을 잘 지키기 위해서 가장 중요하게 여겨야 할 일은 예배를 잘 드리는 것이다. 교회는 예배에 가장 많은 신경을 써야 한다. 목사는 성경에 기반한 적실한 설교를 해서 성도들에게 은혜를 끼쳐야 한다. 장로는 교회 전반의 분위기 조성과 예배 준비에 최선을 다해야 한다. 성도들은 예배에 참여하기 전에 몸과 마음을 다듬어야 하며, 예배에 참여하게 되면 깨끗하고 온전하게 하나님께 나아가야 한다.

16:1-24 마지막 권면과 인사

바울은 편지를 마무리한다. 그는 몇 가지 권면을 하고 개인적인 당부를 한 후 마지막 인사를 한다. 구체적으로 말하자면, 16:1-4는 예루살렘 교회의 가난한 신자들을 위한 연보에 관한 당부이고, 16:5-12는 고린도 방문 계획을 알리는 것이며, 16:13-24는 간단한 권면과 인사이다.

16:1-4 연보를 당부함

이 단락은 예루살렘 교회의 가난한 신자들을 위한 연보를 당부한 것이다. 바울은 여러 이방 교회에서 예루살렘 교회를 돕기 위한 연보를 시행했다(참고. 행 24:17; 롬 15:25-31; 고후 8-9장; 갈 2:10). 그에게 이 일은 매우 중요했다. 그는 이를 통하여 예루살렘 교회의 어려운 신자들을 돕고자 했을 뿐 아니라, 나아가서 유대인과 이방인의 연합과 일치를 도모하고자 했다.

1절: 이 구절에 "연보"라는 단어가 나온다. 이 단어에 해당하는 헬라어 단어 '로게이아'는 신약성경에서 이곳에만 나온다. 이 단어는 자원해서 하는 '모금'(collection)을 의미한다. 따라서 "성도를 위하는 연보"('테스 로게이아스 에이스 투스 하기우스', the collection for the saints)란 문구는 성도들을 돕기 위한 모금을 가리킨다. "…에 관하여는"('페리', concerning)이라는 표현은 고린도 교회의 대표자들이 바울에게 질문한 것에 대하여 답변하고 있음을 시사한다(참고. 7:1, 25; 8:1; 12:1). 이미 바울은 그들에게 연보를 언급했는데, 그들이 이에 관하여 질문하자 답변한다. "내가 갈라디아 교회들에게 명한 것 같이"라는 말은 바울이 갈라디아 지방의 교회들에게 연보를 명한 일을 반영한다(참고. 갈 2:10).

2절: "매주 첫날"은 안식일 다음 날인 일요일(주일)로 하나님께 예배드리는 날이다(참고. 행 20:7). "각 사람이 수입에 따라 모아 두어서"라는 말은 각자의 형편에 맞게 준비하라는 뜻이다. 어떤 사람은 많이 바칠 수 있고, 어떤 사람은 조금 바칠 수 있는데, 중요한 것은 바치는 사람의 중심이다. 헌금은 평소에 모아 두었다가 드리는 것이 좋다. "내가 갈 때에 연보를 하지 않게 하라"라는 말은 주일날 갑자기 연보하려 하지 말고 평소 조금씩 돈을 미리 모아 두라는 뜻이다. 고린도후서 9:5에는 이 권면이 다음과 같이 표현되어 있다. "그러므로 내가 이 형제들로 먼저 너희에게 가서 너희가 전에 약속한 연보를 미리 준비하게 하도록 권면하는 것이 필요한 줄 생각하였노니 이렇게 준비하여야 참 연보답고 억지가 아니니라."

3절: 바울은 자신이 직접 돈을 가져가는 것이 아니라 고린도 교회가 "인정한 사람", 곧 그들이 돈을 맡겨도 괜찮겠다고 생각하여 선정한 사람들이 예루살렘으로 가지고 가게 하겠다고 말한다. 이렇게 함으로써 그는 재정 관리에 있어서 어떤 의심도 남기지 않게 한다. 사도행전 20:4에는 돈을 관리하는 사람들의 명단이 나오는데, 아마도 일부 명단일 것이다. 여기서 "편지"란 바울의 소개 편지로서, 연보의 취지와 연보자의 명단이 적힌 문서인 것 같다. 그리고 연보가 "은혜"('카리스')라고 표현되어 있는데, 이는 '선물'(gift)이라는 뜻도 지닌다.

4절: 바울이 고린도전서를 기록할 때는 아직 직접 대표단을 이끌고 예루살렘을 방문할지를 결정하지 않았다. 그러나 두어 해 후 로마서를 기록할 때는 직접 대표단을 이끌고 예루살렘으로 가겠다고 말한다(참고. 롬 15:26-33).

16:5-12 여행 계획

바울서신 끝부분에는 자신이나 제자의 여행 계획에 관한 언급이 자주 나온다 (참고. 롬 15:22-33; 고후 13:1-10; 엡 6:19-22; 골 4:7-9). 여기서도 바울은 고린도를 방문할 계획을 밝힌다. 이는 자신이 직접 방문하여 교제하고 가르치는 일이 필요하기 때문이다.

5-6절: 바울은 에베소에서 이 편지를 쓰고 있다(참고. '고린도전서 서론'; 행 19:21-22). 그는 제3차 전도 여행 중 에베소에서 3년간 머물렀는데, 지금은 아마도 3년의 기간이 끝나갈 무렵일 것이다. 그는 마게도냐를 거쳐서 고린도를 방문하여 그곳에서 겨울을 지낼 계획을 세우고 있다. 사도행전 20:1-2는 이러한 계획이 이루어졌음을 알려주지만, 처음 계획한 것만큼 빨리 이루어지지는 않았다. 그는 고린도 교인들이 자신의 다음 목적지로 가는 것에 도움(재정적인 도움)을 주기를 기대한다. 이 시점에서 그의 다음 목적지가 어디인지는 분명하지 않다. 아마도 예루살렘이거나 로마일 것이다.

7절: 바울은 고린도를 잠시 스쳐 지나가는 것이 아니라 그곳에서 얼마 동안 머물기를 원한다. "만일 주께서 허락하시면"이란 문구는 일정을 주님의 뜻에 맡긴다는 뜻이다(참고. 4:19). 그는 독자적으로 판단해서 행동하지 않고 언제나 주님의 인도를 받아서 행동했다.

8-9절: 오순절은 유월절 후 50일째 되는 날로서 밀 추수 잔치가 벌어지는 절기이다(참고. 레 23:15-22). 바울은 주후 55년 초(봄)에 에베소에서 이 편지를 쓰고 있는데(참고. '고린도전서 서론'; 5:7; 15:20), 그곳에서 오순절(늦봄)을 보내고, 마게도냐에서 여름을 보낸 후(참고. 행 20:1-12), 고린도에 도착하여 겨울을 보낼 계획을 하고 있다. 당시 마게도냐에서 고린도까지 가는 데 약 6개월이 걸렸기에 여름에 출발하면 겨울이 되어야 도착할 수 있었다. 그는 고린도에서 3개월간 머물면서 겨울을 보낼 것이다. 이후 그는 고린도에 머물면서 로마서를 기록하게 된다. "내게 광대하고 유효

한 문이 열렸으나 대적하는 자가 많음이라"라는 말은 전도의 문이 활짝 열렸으나 대적하는 자가 많아서 어려움을 겪고 있다는 뜻이다. 실제로 그는 에베소에서 회심자를 많이 얻었으나 고난과 위험도 많이 겪었다(참고. 행 19장).

10-11절: 바울은 디모데를 고린도에 보내겠다고 말한 적이 있다(참고. 4:17). 그가 디모데를 보내는 이유는 지금 자신이 직접 가기 힘들기 때문이다. 디모데는 이 서신을 고린도 교회에 전달한다. 바울은 디모데를 통하여 고린도 교인들에게 자신의 모습(역할 모델)을 보여주기를 원한다. 이제 고린도 교인들은 디모데를 통하여 바울을 보게 될 것이고, 결국 그를 사도로 임명하신 예수님을 보게 될 것이다. 바울은 디모데가 고린도 교회에 도착하면 조심하여 "그로 두려움이 없이" 그들 가운데 있게 하라고 당부한다. 이는 디모데가 아직 젊고 당시에 잘 알려지지 않은 인물이었기 때문이며, 더욱이 바울을 싫어하는 사람들이 디모데를 힘들게 할 수 있었기 때문이다. 한편, 디모데는 지금 마게도냐를 여행하고 있다(참고. 행 19:22). 바울은 누구든지 디모데를 멸시하지 말고 그를 평안히 보내어 자신에게로 오게 하라고 부탁한다. 바울은 형제들(동역자들)과 함께 디모데를 기다릴 것이다.

12절: 바울은 "형제 아볼로"에 대해서도 말한다. "…에 대하여는"('페리', concerning)이라는 문구는 고린도 교회 지도자들의 질문(요청) 제기를 암시한다(참고. 16:1의 주해). 고린도 교회의 일부 교인들은 아볼로를 너무나 좋아하여 바울에게 아볼로를 보내 달라고 요청했다. 그러자 바울은 그들의 의사를 존중하여 아볼로에게 고린도에 가라고 많이 권했다. 하지만 아볼로는 고린도에 갈 뜻이 전혀 없다. 그는 자신이 고린도에 가면 분열의 요인이 될 수 있다고 생각하여 가지 않으려고 한 것 같다(참고. 1:12; 3:4-5, 22; 4:6). 이는 교회를 향한 그의 진실된 마음을 보여준다. 한편, 그는 지금 헬라에서 복음을 전하고 있다(참고. 행 18:24-28).

16:13-24 권면과 인사

이 단락은 서신의 끝맺음이다. 16:13-14는 일반적인 권면이며, 16:15-18은 스데바나에 대한 칭찬과 더불어 주님의 일꾼들을 대접하라는 언급이고, 16:19-20은 문안 인사이며, 16:21-24는 마지막 인사와 축도이다.

13-14절: 일반적인 권면이다. "깨어 믿음에 굳게 서서 남자답게 강건하라"라는 문장은 네 개의 현재 명령형 동사로 구성되어 있다. 그것은 '깨어 있으라'('그레고레오', be watchful), '믿음에 굳게 서라'('스테케테 엔 테 피스테이', stand firm in the faith), '남자다워라'('안드리제스테', act like men), '강건하라'('크라타이우스테', be strong)이다. 이 단어들은 모두 군사 용어이다. 즉 바울은 군사 은유를 사용하여 강력한 메시지를 전달한다. 이 권면은 15장 마지막 부분의 '견실하며 흔들리지 않는 사람이 되라'라는 말과 같다(참고. 15:58). 또한, 바울은 "너희 모든 일을 사랑으로 행하라"라는 말을 덧붙인다. 이는 13장에 있는 사랑에 관한 권면을 생각나게 한다. 모든 일을 사랑으로 행할 때 가치가 있다.

15-16절: 바울은 스데바나 가정을 높이 평가한다. 스데바나 가정은 아가야의 "첫 열매"('아파르케')인데, 이는 '첫 회심자'(ESV: 'the first converts')라는 뜻이다. 1:16에는 바울이 이들에게 세례를 주었다는 언급이 있다. 스데바나는 개인의 재산을 사용하여 성도들을 섬겼던 것으로 보인다. 바울은 이어서 이 가정과 더불어 일하며 수고하는 모든 사람에게 "순종하라"라고 권면한다. 이는 교회의 질서와 체계를 시사하는 표현이다. 교인들은 지도자들에게 순종해야 한다. 그들의 감독과 지도에 순응해야 한다. 그렇게 할 때 교회가 연합하여 든든해진다.

17-18절: 바울은 스데바나와 브드나도와 아가이고가 온 것을 기뻐하는데, 이는 그들이 고린도 교인들의 부족한 것을 채웠기 때문이라고 진술한다. 이 말은 바울이 고린도 교인들을 보지 못해서 아쉬워했는데, 이 사람들이 채워주었다는 뜻이다. 그들은 바울에게 고린도 교회의 사정을 알려주었고, 교인들의 문의를 담은 편지를 가져왔으며, 필시 바울을 위한 후원금도 가져왔을 것이다. 바울은 "그들이 나와 너희 마음을 시원하게 하였으니 그러므로 너희는 이런 사람들을 알아주라"라고 당부한다. 그들은 바울과 고린도 교인들에게 매우 유용했다. 따라서 고린도

교인들은 그들을 칭찬해야 하고, 그들에게 감사해야 한다.

19-20절: 바울은 자신과 함께 있는 네 그룹의 문안 인사를 고린도 교회에 전달한다. 첫째, "아시아의 교회들"이란 바울이 세운 소아시아 지역의 교회들을 가리킨다. 둘째, "아굴라와 브리스가"는 한때 고린도에서 천막제조업을 하면서 바울을 도와 고린도 교회를 세웠는데(참고. 행 18:1-3), 지금은 바울을 따라 에베소로 이주하여 그곳에서 사업을 하면서 자기 집에 교회를 세우고 있었다(참고. 행 18:18). 그들은 바울의 신실한 동역자로서 바울의 목숨을 구하기 위해 자신들의 목숨을 내놓은 적도 있다(참고. 롬 16:3-4). 아볼로 역시 이 부부에게서 "하나님의 도를 더 정확하게" 배웠다(참고. 행 18:24-26). 셋째, "그 집에 있는 교회"는 아굴라와 브리스가의 집에서 모인 '가택 교회'(house church)이다. 넷째, "모든 형제들"은 에베소 교인들이다. "입맞춤"은 당시의 일반적인 인사법이었다(참고. 롬 16:16; 고후 13:12; 살전 5:26; 벧전 5:14). 바울은 여기에 "거룩하게"를 덧붙여서 그리스도인들의 인사법으로 만든다.

21절: 지금까지는 바울의 말을 동역자가 대필했으나, 이제 마지막 부분에서 바울은 친필로 마무리 한다(참고. 갈 6:11; 골 4:18; 롬 16:22; 살후 3:17; 몬 1:19). 아마도 고린도전서를 대필한 사람은 소스데네일 것이다. 이는 바울이 1:1에서 인사말을 하는 가운데 소스데네의 이름을 넣었기 때문이다. 바울의 친필은 고린도 교인들을 향한 친근함을 드러내기 위한 것이지만, 또한 이 편지가 바울에게서 온 것이 확실하다는 것을 보증하기 위해서이다(참고. 살후 2:1). 즉 서명과 같은 역할을 하기 위해서이다. 당시에 유명인의 이름을 도용하여 편지를 보내는 일이 잦았기에 바울은 편지 끝부분에 친필을 적음으로 이 편지가 자신에게서 온 것임을 밝힌다.

22절: 이 구절은 '저주 선언'('아나테마')이다(참고. 12:3; 갈 1:8-9). 바울은 "만일 누구든지 주를 사랑하지 아니하면 저주를 받을지어다"라고 말한다. 이는 모든 신자가 주님을 반드시 사랑해야 한다는 사실을 주지시킨다. 당시 고린도에는 교회를 파괴하는 자들이 있었다. 그들은 주님을 사랑하지 않았으며, 따라서 반드시 저주를 받을 것이다. 바울은 이어서 "우리 주여 오시옵소서"(ESV: 'our Lord, come')라고 기도

한다. 헬라어 본문에는 이 문구가 '마라나 타'로 되어 있다. 이것은 아람어 음역으로 주님의 재림을 기원하는 문구이다. 초기 기독교인들은 이 기원을 아람어 그대로 말했다. '마라나 타'라는 표현은 신약성경에서 이곳에만 나온다. 요한계시록 22:20에는 '아멘 주 예수여 오시옵소서'가 있는데, 헬라어 본문에는 '아멘, 에르쿠 퀴리에 이에수'(ESV: 'Amen. Come, Lord Jesus')로 되어 있다.

23절: 이 구절은 축도이다(참고. 민 6:24-26; 고후 13:13). 바울은 서신을 "주 예수 그리스도의 은혜"로 시작하여(1:3) "주 예수 그리스도의 은혜"로 마친다. 이는 복음이 처음부터 끝까지 '은혜'라는 사실을 가르쳐준다.

24절: 바울은 마지막 구절에서 자신의 사랑을 표현한다. 비록 일부 고린도 교인들이 그를 적대시했으나, 그는 그들을 미워하지 않고 사랑한다(참고. 4:14; 10:14; 15:58).

부록: 요하네스버그 한인교회와 선교

정은일 목사(요하네스버그 한인교회 원로)

들어가면서

"그러므로 너희는 가서 모든 민족을 제자로 삼아 아버지와 아들과 성령의 이름으로 세례를 베풀고 내가 너희에게 분부한 모든 것을 가르쳐 지키게 하라 볼지어다 내가 세상 끝날까지 너희와 항상 함께 있으리라 하시니라"(마 28:19-20).

이 말씀은 우리 주님께서 교회에 주신 궁극적인 사명입니다. 그래서 선교는 교회가 반드시 감당해야 할 일입니다만 사실 쉬운 일이 아닙니다. 그러니까 이 일은 교회의 큰 숙제인 셈입니다. 그리고 교회(교단)가 이 일을 감당하면서 어떻게 하면 보다 효율적으로 할 것인가를 깊이 생각지 않으면 안 됩니다. 왜냐하면 교회가 열심히 했는데 나중에 보면 결실은 없고 헛수고만 한 결과를 가져오기 때문입니다. 이런 모습은 선교 현장에서 흔히 일어나는 일입니다. 그래서 선교에는 많은 시행착오가 있는 것이 사실입니다. 그런 면에서 저는 오랫동안 남아공 요하네스버그 한인교회를 담임목사로 섬기면서 교회가 나름대로 선교해 온 경험을 지면으로 나누고자 합니다. 요하네스버그라는 지역 현장이 한국교회의 상황과는 많이 다르기도 하고 또 해외에 있는 한인교회라고 해도 교회마다 형편과 사정이 다르기 때문에 저희 교회 경험을 일반화할 수는 없지만 일정 부분 참고할 수 있으리라고 생각합니다.

요하네스버그 한인교회 소개

요하네스버그 한인교회는 1991년 4월 28일 당시 포체스트롬 대학에 유학 중이던 배굉호 목사(현 남천교회 원로)에 의해 설립되었고 교회가 설립된 후 8개월째 되던 그해 12월, 역시 포체스트롬 대학에 유학차 갔던 제가 합류했습니다. 그리고 다음 해인 1992년 4월 교회 설립 1주년 기념 예배와 함께 학위를 마친 배목사님은 한국으로 귀국하셨습니다. 그리고 그 뒤를 이어 제가 그 교회를 담임하여 31년 동안 섬기다가 2022년 12월에 은퇴했습니다. 처음 교회를 시작하면서 현지인 교회(St,Mark's Presbyterian church)를 빌려 예배하는 작고 초라한 공동체였지만 교회의 비전을 아프리카 선교의 전초기지가 되는 것뿐만 아니라 아프리카를 품고 제대로 선교하는 교회가 되는 꿈을 가지고 시작하였습니다. 이렇게 교회를 시작한 지 3년 만에 하나님은 교회당 건축을 위한 부지 약 5,500평을 매입하게 하셨고, 그로부터 2년 후 이웃 주민들의 반대와 재정적인 어려움도 있었으나 하나님의 크신 은혜로 단층 400평 규모의 크고 아름다운 현 예배당과 두 개의 테니스 코트, 농구 코트를 비롯한 수영장, 그리고 한글학교와 주일학교 교육을 위한 부대 건물 등을 건설하여 운영하고 있습니다.

한인사회와 한인교회

남아공 한인사회는 그 역사가 미주나 유럽에 비해 길지 않습니다. 교회가 처음 시작될 때만 해도 남아공 백인 정부가 오랜 기간 인종차별정책(Apartheit)을 시행해 오고 있었습니다. 그래서 미국이 주도하는 경제제재(sanction)를 세계로부터 받고 있었기 때문에 외국 사람들이 남아공에 방문하는 것조차 쉽지 않았습니다. 그러나 그런 환경 가운데서도 신학을 공부하기 위해 한국에서 유학 온 몇몇 목사님들을 비롯하여 약간의 주재원들, 그리고 특수 기술을 가진 몇몇 분들이 어렵게

들어와 거주하고 있었습니다. 그래서 이런 분들을 중심으로 한인교회가 시작되었고, 그 후 1994년 그 나라 흑인들에게도 참정권이 주어져서 만델라(Mandela) 정부가 들어서면서 나라가 외부에 개방이 되고 한국 사람들도 들어오기 시작하였습니다. 그러니까 한인 이민 역사가 대략 35년 정도밖에 되지 않은 짧은 편입니다. 이렇게 시작된 한인사회는 1991년 먼저 시작된 요하네스버그 한인교회가 중심이 될 수밖에 없었습니다. 그래서 교민사회 초기에는 대부분 사람이 교회를 중심으로 관계를 이어갔고 이러한 형편이 교민 전도를 아주 용이하게 하였습니다.

교회 선교 방향

처음 한인들이 남아공에 이주하면 교회는 목사를 중심으로 그분들의 정착을 돕습니다. 거주할 주택으로부터 시작하여 자동차 구입, 자녀들을 위한 학교 입학, 은행 계좌 개설 등 많은 부분을 도와야 하고, 이렇게 한 가정을 정착시키는 데는 한두 달이 족히 걸리게 됩니다. 그러면서 그들을 교회로 인도하고 복음을 전합니다. 그런 시간을 거쳐 그리스도인으로 세워져 갔습니다. 그래서 지금의 요하네스버그 한인교회 성도들의 절반 이상은 그곳에 와서 예수를 믿게 된 분들입니다.

1) 교민 전도

요하네스버그 한인교회는 교민 전도에 초점을 맞췄습니다. 그래서 교민들로 하여금 교회에 대해 친근감을 가지고 교회로 모여들 수 있는 환경을 만들었습니다. 그래서 우선 교민 자녀들을 위한 한글학교를 개설하여 주말마다 국어, 수학, 한국사 등을 가르쳤습니다. 처음에는 아주 초라한 숫자였지만 지금은 100여 명의 아이들과 20여 명의 교사들로 구성된 학교로 성장하였고 한국어를 배우고자 하는 현지인들을 위한 교실도 운영하고 있습니다. 이렇게 하여 지금은 초등학교 과정과 중학교 과정까지 운영하면서 남아공 정부에 정식으로 등록된 학교로 발전하였습니다. 그리고 한국 정부로부터도 학생들의 수업을 위한 교재 및 재정적인 지원을 받고 있습니다. 학교의 교훈은 "하나님 사랑, 조국 사랑, 이웃 사랑"으로 학교가 복음 전파에 중요한 기관이 되는 셈입니다. 그뿐만 아니라 교회가 가지고 있는 체육시설(두 개의 테니스 코트와 농구 코트)들을 오픈하여 교민들로 하여금 활용하게 하고, 나아가 교민 전도를 위한 골프대회와 청소년들을 위한 체육회도 주관합니다. 그리고 매년 한 차례 교회에서 "사랑의 바자회"를 열어 거기에서 나오는 수익금(대략 1천만 원 정도)으로 현지의 보육원, 양로원, 수재민 또는 지진 피해를 본 다른 나라 사람들을 돕고 있습니다. 그래서 이런 행사를 통해 교회는 교민사회의 중심 역할을 하게 되고 나아가 "새 생명 축제"를 통해 그들에게 복음을 전해 왔습니다.

2) 원주민 선교

우선 요하네스버그 한인교회는 선교를 시행함에 있어서 흔히 말하는 '선교적 교회'(Missional Church)가 아닙니다. 말하자면, 교회의 모든 조직과 시스템을 선교에다 맞춘 교회가 아닙니다. 굳이 말하자면 그냥 '선교하는 교회'(Mission Doing Church)입니다. 선교를 더욱 효율적으로 하기 위해서 아주 중요한 요소들이 있습니다. 그것은 선교 정책(policy), 그 정책에 맞는 담당 선교사(Right Person), 후원과 돌봄(Membership Care), 그리고 요즘에 와서 주목받고 있는 네트워킹(Networking) 등입니다. 저희 교회는 이런 요소 중에, 우선 어떻게 선교할 것인가 하는 선교의 방향(정책)으로 현지인들을 위한 교회를 개척(local church planting)하여 그 지역에 복음을 전하는 것으로 정하였습니다. 그리고 그 구체적인 방법으로 현지에 사역자들을 위한 신학교를 세워 현지 사역자들을 목회자로 훈련하여 그들로 하여금 그 지역 교회를 세워나가고자 하였습니다. 우리가 이런 결정을 하게 된 이유는 언어와 문화, 그리고 지역사회 이해 등 여러 면에서 현지인들이 직접 하는 것이 장점이 많다고 판단하였기 때문입니다.

그러나 당시 현지에서 신학교설립 및 신학교육에 대한 경험이 전무한 상태였기 때문에 '무깐뇨 신학교'(Mukwanyo Theological seminary : Pochefstroom 대학교에서의 학위 인정 학교)의 교장이던 필립 베이스(Dr. Filip Buys) 박사와 서로 협력하기로 자매 관계를 체결하였습니다. 그리하여 남아공 동북 지역에 아직 교회가 세워지지 않은 지역을 중심으로 교회를 세우기로 하고 신학교육도 적극 협력하기로 하였습니다. 그래서 동북 지역의 가장 중심지에 신학교 부지로 114ha(약 35만 평)를 매입하였습니다. 그리고 앞으로 원만히 학교가 세워지고 신학교육을 할 수 있을 때까지 사명감 있는 신학생들을 발굴하여 무깐뇨 신학교에 위탁교육을 하도록 하였습니다. 그런데 신학교 터로 매입한 그 지역에 석탄이 매장되어 있다고 하여 석탄 채굴을 위해 그 지역 전체를 개발하게 되는 관계로 결국 그 부지를 매각할 수밖에 없었습니다. 그래서 그 부지 매각을 계기로 신학교 건립계획을 접고 교회 사역을 위한 신학생들을 무깐뇨 신학교에다 완전히 위탁하여 그들의 학비와 생활비 등을 지원하면서 교육해 오고 있습니다. 이렇게 하여 신학교육을 마치고 우리가 세운 교회에 담임목사로, 혹은 부교역자로, 또는 담임 전도사로 사역하고 있는 분들이 현재 약 35명에 이르고 있습니다. 지금까지 이렇게 하여 그 지역에 세운 교회는 남아공에 15개 교회, 그리고 이웃 나라인 모잠비크에 3개 교회 등 모두 18개 교회이고 또 신학 공부를 하면서 부교역자로 섬기는 사람들 중에 교회 개척에 열정이 있는 분들이 개척을 준비하고 있는 실정입니다.

선교 네트워크 및 선교사, 그리고 후원과 돌봄

우리가 선교 세미나를 할 경우, 이러한 주제들은 각각 따로 설명되는 것이 바람직하지만 여기서는 저희 교회가 한 일을 소개하는 관계로 모두 연결하여 대략적으로 소개하려고 합니다. 처음 우리 교회가 선교 방향을 정하고 그 방향으로 추진해 나가기로 결정하면서 선교를 위한 네트워크의 필요성을 인식하게 되었습니다. 그래서 저희 교회와 부산 남천교회(당시 배광호 담임목사, 현 원로목사)가 선교를 위한 자매 관계를 체결하고 지금까지 선교를 함께 해오고 있습니다. 그리하여 남아공 현지의 선교지 교회를 효과적으로 세우는 일과 현지 사역자들을 돌보고 그들의 사역을 지원하는 일 등, 선교사역을 총괄하는 선교사를 남천교회에서 파송하고 저희교회는 그 선교사의 정착을 돕고, 그 선교사의 생활비와 사역비, 자녀교육비 등을 두 교회가 분담해 오고 있습니다. 이렇게 하여 천준혁 선교사와 서대경 선교사(현 요하네스버그 한인교회 담임)를 거쳐 지금은 김신권 선교사가 이 사역을 감당해 오고 있습니다.

그리고 선교지의 어떤 중요한 프로젝트를 시행할 경우, 예컨대 교회당 건축이나 수도가 들어오지 않는 지역에 지하수를 파서 양질의 물을 제공해 주는 등, 선교지의 필요를 선교사의 제안에 따라 현지의 우리 교회가 그 필요성을 직접 확인하고 한국의 남천교회와 협의하여 그 프로젝트를 시행하고 있습니다. 이렇게 하면 선교사를 파송한 본국교회가 직접 현장을 방문하지 않아도 효과적으로 일을 진행할 수 있습니다. 그리고 남천교회는 해마다 선교지 방문팀을 구성하여 선교지 교회들을 방문하여 그들과 함께 예배하고 봉사하면서 성도들로 하여금 선교 동력을 고취시키고, 또한 고신대 복음병원의 의료팀과 협력하여 선교지 교회를 방문하여 그 지역민들에게 의료봉사를 오랫동안 계속해 오고 있습니다. 저희 교회는 그 선교 방문팀들을 섬기면서 함께 선교지 봉사에 동역하고 있습니다.

특히 2023년에는 고신대 복음병원 의료진에 의해 '프라미스(Promise)'라는 자매의 몸에 심각한 종양이 발견되어 의료진들이 그녀와 그녀를 돌볼 사촌 자매까지 비행 경비를 포함하여 병원비 등 많은 경비를 자비로 부담해서 복음병원에서 성공적으로 수술할 수 있게 했습니다. 이 지면을 통해 다시 한번 의료진들의 헌신과 사랑에 깊은 존경과 함께 감사의 말씀을 전합니다. 그래서 선교의 효율성을 보다 높이기 위해서는 선교사를 파송하는 본국 교회와 선교지의 교회가, 할 수 있는 한 네트워킹을 하고 함께 동역하는 것이 중요하다고 하겠습니다.

선교지 교회 개척 방법과 현지 지역민 섬기기

1) 교회 개척 방법

선교는 그 형태가 어떤 것이든, 핵심은 복음 전파에 있습니다. 저희 교회는 교회 개척을 통한 복음 전파를 선교의 방향으로 정했기 때문에 무깐뇨 신학교의 필립 베이스 박사와 협의한 대로 남아공의 동북 지역에 아직 교회가 세워지지 않은 마을에 교회를 개척하기로 하였습니다. 그래서 여러 지역을 방문하여 적합한 마을이 선정되면 우선 천막을 치고 약 3주간에 걸쳐 저녁부흥회를 시작합니다. 그렇게 부흥회를 하다 보면 교회의 기초멤버가 생기게 되고 그들을 중심으로 교회를 시작합니다. 그리고 그 지역민들의 대체적인 주거 형태인 양철 교회를 건립합니다. 이렇게 하는 이유는 그 건물 자체가 그들에게 친숙하기도 하고 비용도 많이 들지 않기 때문입니다. 그렇게 하다가 교인들도 늘어나고 부흥이 되어 그들 스스로 이제 제대로 된 교회 건물을 갖고 싶다는 열망이 있을 때 그들도 헌신하게 하면서 제대로 된 벽돌 교회를 지어줍니다. 이렇게 하는 것이 처음부터 번듯한 교회를 지어주는 것보다 자기 교회에 대한 애착심도 생기게 되고 그들의 자립심도 길러주게 됩니다. 이렇게 하여 현재, 천막 교회가 2개, 양철 교회가 1개, 벽돌 교회가 15개입니다.

2) 현지 지역민 섬기기

우리가 현지 지역민들에게 복음을 보다 효과적으로 전하기 위해서는 우선 그들의 마음을 얻어야 합니다. 그래서 한인교회가 그들에게 가까이 있음과 함께 그들에게 도움이 되는 교회라는 인상을 주는 것이 중요합니다. 그래서 교회가 일정부분 그 지역사회에 감동을 주는 일을 해야 어느 정도 그들의 마음을 열 수 있을 것입니다. 하지만 이런 일은 결코 쉬운 일이 아닙니다. 그나마 아주 효과적인 방법으로 수도시설이나 의료시설이 마을로부터 멀리 떨어져 있는 지역에 지하수 공급과 의료봉사를 하는 것이 그들에게는 아주 실질적인 도움이 되고 있습니다. 그리고 저희 교회 모든 구역이 선교지 교회와 연결이 되어 있어서 1년에 한 차례는 본교회에서 예배드리지 않고 모든 구역원이 자기 구역과 연결된 선교지 교회로 가서 준비해 간 것들을 함께 나누고 같이 예배하며 봉사와 교제, 그리고 노방전도 등을 합니다. 그리고 1년에 한 차례는 선교지의 한 교회 성도들을 교회로 초청하여 함께 예배하며 교제합니다. 그리고 성탄절과 추수감사절에는 전 구역원들이 준비한 식품 및 선물들을 선교지로 보내 그들과 마음을 나눕니다. 그렇게 함으로써 그들과 끈끈한 유대관계를 갖게 되고 그들을 품고 기도하게 됩니다.

무엇보다 중요한 사역을 한 가지 더 소개한다면 선교지의 사역자들이 신학교 졸업을 하고 우리가 세운 교회에 담임목사 청빙 절차에 따라 목사고시에 합격하면 목사 안수를 받게 됩니다. 그러면 두 교회가 모든 경비를 감당하여 그 목사님을 한국의 남천교회로 보냅니다. 그러면 한국의 남천교회는 그분을 받아 한국교회의 목회 현장, 즉 예배, 새벽기도회, 셀 모임, 제자 훈련, 심방 등 목회의 여러 방면을 체험하게 하고 또한 한국의 문화와 대중교통, 신학교와 고신대 복음병원, 그리고 간단한 여행 등 한국 사회를 체험하게 합니다. 이런 경험들이 그들에게는 많은 새로움과 함께 목회적 도전이 되고, 그래서 그런 과정을 경험하고 남아공의 고향으로 돌아가면 새로운 눈이 열릴 뿐만 아니라 자신의 목회 현장도 많이 달라집니다.

선교지 자립

선교사역을 하면서 또 하나의 숙제는 우리가 선교지 교회를 주님 오실 때까지 계속 지원할 수 없다는 데 있습니다. 결국 그들도 지원받는 입장에서 자립하고 성장하여 그들 스스로 또 다른 교회를 세우고 지원하는 데까지 나아가야 합니다. 과거, 한국에 파송된 서양 선교사들이 교회를 세우고 훈련을 시켜서 교회가 스스로 자립하게 하여 오늘에 이르게 한 것이 선교의 중요한 모델입니다. 저희 교회도 이 문제를 두고 고민을 해 왔습니다. 저희가 세운 현지 교회들이 대체로 아직 그 지역에 교회가 세워지지 않았던 시골 지역이다 보니 경제적인 자립도가 매우 낮은 편입니다. 그래서 그 지역 사역자들과 함께 그 교회의 자립도를 높이는 방안을 모색하고 그 지역 특성에 맞는 방법들을 강구하고 있습니다. 우선 지역에 따라 채소 농사와 양계 사업 등을 하여 교회 사역자의 생활비 및 교회 운영비를 감당하도록 하는 프로젝트를 시작하여 일정 부분 성과가 나타나고 있습니다. 그래서 실질적으로 농작물이나 닭과 달걀 등을 원만히 운송하기 위한 작은 트럭을 지원하기도 하면서 그들의 자립을 위한 방법을 모색하는 실정입니다. 앞으로 하나님께서 가장 좋은 방법으로 인도하시리라 믿습니다

독노회(AIRC : Africa Independent Reformed Church) 설립

처음 선교를 시작하고 교회를 개척 설립한 후, 그 교회를 남아공 개혁 교단(Gereformeerd Kerk)에 가입시켰습니다. 그 이유는 남의 나라에 독립교회들을 계속 세워나가는 것이 그 나라 입장에서 보면 바람직하지 않기 때문이었습니다. 그래

서 남아공의 가장 보수적이고 건전한 개혁 교단에 우리가 세운 교회들을 모두, 그 교단의 한 노회에 가입하게 하였는데 처음에는 그들이 크게 환영하였지만, 시간이 지나면서 그 노회의 다른 교회들이 우리가 세운 교회에 대해 질투 어린 시선으로 못마땅하게 바라보았습니다. 이유는 우리가 세운 교회는 우리 교회나 한국으로부터 교회 건축 및 의료봉사, 그리고 지하수 제공 등 많은 지원을 받는 데 비해 그들은 그렇지 못해 상대적인 박탈감이 있었던 모양입니다. 그들은 우리 선교지 교회들에 JKC(Johannesburg Korean Church)에서 탈퇴하라는 노골적인 압력을 가했습니다. 그래서 노회가 교회의 목사와 장로를 장립하는 일을 비롯하여 여러 행정적인 지원에 협조를 잘하지 않아 많은 어려움을 겪었습니다. 이런 관계로 선교지 사역자들이 독노회를 조직하자고 수년간 건의를 해왔습니다만 우리 입장에서는 남의 나라에 독노회를 세우는 것이 간단한 문제가 아니기에 수년간 미루어 오다 더 이상 목사와 장로 장립 등을 미룰 수 없는 형편이 되어 2018년 1월 26일 AIRC를 설립하게 되었습니다. 그러자 그곳에서 독립교회로 운영해 오던 교회들이 이 노회에 가입을 원하는 교회들이 생겨나기 시작했습니다. 그렇게 할 경우 그 교회 사역자의 신학교육 수학 정도와 신앙고백을 확인하고 또 교회가 노회의 지도와 통제를 확실히 받을 것을 서약하고 받아들이기로 하였습니다. 그래서 현재, 노회에 가입한 교회는 22개 교회로 매년 8월에 한 차례 정기 노회가 열려 필요한 행정절차를 처리하고 있습니다.

나가면서

지금까지 요하네스버그 한인교회와 한인 전도를 포함한 현지인 선교에 관하여 대략적으로 소개했습니다. 여러 가지로 부족하지만, 하나님의 특별하신 은혜로 여기까지 오게 되어 감사하게 생각합니다. 사실 지금까지 우리 교회의 선교에 대해 지면으로 소개하는 것을 좀은 주저했습니다. 왜냐하면 지금까지 우리 교회가 시도한 이런 형태의 선교는 그 모델이 거의 없기도 하고, 또 이렇게 시작한 선교가 아직 충분한 결과가 나오지 않았기 때문입니다. 하지만 우리의 시도가 충분히 영글어지지는 않았지만 이렇게라도 소개하는 것이 선교에 있어서 한국의 파송교회와 선교지 교회가 협력하는 데 어느 정도 참고될 수 있다고 생각했습니다. 그리고 앞으로도 좀 더 자세하게 소개할 기회가 있으리라 생각합니다. 한국교회의 선교가 아주 효율적이고 건강하게 이루어져 우리 주님께서 맡기신 위대한 사명을 잘 감당할 수 있기를 기대합니다.